SEMPRE CONECTADOS

SAÚDE SOCIAL EM UMA ERA DE SOBRECARGA

Julia Hobsbawm

SEMPRE CONECTADOS

SAÚDE SOCIAL EM UMA ERA DE SOBRECARGA

TRADUÇÃO
UBK Publishing House

ubook ubk Publishing House

Publicado mediante acordo com Bloomsbury Publishing Plc. Edição original do livro, *Fully connected*, publicada por Bloomsbury Publishing Plc.

COPIDESQUE Jana Bianchi
REVISÃO Mariá Moritz Tomazoni | Bia Seilhe
CAPA E PROJETO GRÁFICO Bruno Santos
IMAGEM DE CAPA Yuriy Vlasenko/Shutterstock

Dados Internacionais de Catalogação na Publicação (CIP)
(Câmara Brasileira do Livro, SP, Brasil)

Hobsbawm, Julia
Sempre conectados : saúde social em uma era de sobrecarga / Julia Hobsbawm ; tradução UBK Publishing House. -- Rio de Janeiro : Ubook Editora, 2019.

Título original: Fully connected : surviving and thriving in an age of overload
Bibliografia.
ISBN 978-85-9556-153-3

1. Sociedade da informação I. Título.

19-31865 CDD-303.4833

Ubook Editora S.A
Av. das Américas, 500, Bloco 12, Salas 303/304,
Barra da Tijuca, Rio de Janeiro/RJ.
Cep.: 22.640-100
Tel.: (21) 3570-8150

Para meu marido Alaric e para nossa querida família: Roman,
Anoushka, Wolfie e seus irmãos mais velhos, Rachael e Max.
E para a minha grande irmã-amiga, Jessica Morris.

"Traçava como com um esquadro linhas entre momentos e fatos distantes entre si, estabelecia convergências e divergências."

Elena Ferrante, em *A amiga genial*

PRÓLOGO:

NÃO ACENANDO, MAS SE AFOGANDO

É um dia ensolarado de agosto no litoral inglês. Estamos em 2007, e é o primeiro dia das minhas férias. Estamos em Aldeburgh, cidade costeira famosa pelo festival de música do compositor Benjamin Britten. Aldeburgh continua a emular os anos 1950 do seu tempo: o conselho municipal vota regularmente contra a instalação de mais antenas de telefonia móvel, mantendo a área quase sem recepção de sinal de celular. As pessoas vão para Aldeburgh para se afastarem da vida moderna. É por isso que estou aqui.

Decido correr um pouco, apesar de não estar em forma e de estar resfriada há muitos meses. Estou com um lencinho amassado na mão. Mas lá vou eu, me esforçando ao longo de uma praia. Ofego um pouco enquanto dou passadas lentas e pesadas ao longo da costa. Não perdi o peso extra que ganhei na gravidez, apesar de nosso filho mais novo ter dois anos de idade. Tudo parece vago e ligeiramente desfocado. Fiquei no escritório até a meia-noite da noite anterior às férias, terminando mais um trabalho. O padrão de hoje em dia para trabalhadores como eu é estar "sempre ligado".

Mas sempre adorei meu trabalho e minha família. Considero que sou uma das sortudas. Sei tudo sobre o “bom estresse”. Nado com vigor no mar da vida moderna. Não sinto tremores subaquáticos; não vejo nem sinto sinais de que estou prestes a ser engolida pelas ondas. Corri talvez mil metros e estou a menos da metade do caminho até a Scallop, a escultura de metal gigante de Maggi Hambling que fica na praia entre Aldeburgh e a vila de Thorpeness. Acho interessante como o aço se curva à ação dos elementos. As pessoas são atraídas para a escultura, faça chuva ou faça sol — eu também. Quero muito alcançá-la, mas noto, vagamente, que não vou chegar tão longe. Minhas pernas viram gelatina e eu paro. O céu azul lá em cima me observa com suavidade enquanto volto com cuidado pelo cascalho.

— Meu Deus, estou muito fora de forma — digo a mim mesma. — Isso acontece sempre que tento fazer qualquer exercício mais enérgico.

Mas há um alarme interno tocando que não consigo entender direito. Há algo mais, algo de errado.

Meu marido e nossos cinco filhos estão na casa de férias. Ao voltar, sinto-me horrivelmente desligada de tudo. Estou cercada de pessoas, mas sozinha.

— Acho que exagerei, vou tirar um cochilo — murmuro, e me arrasto para a cama no andar de cima. Sinto como se estivesse me afastando.

À noite, assim que conseguimos nos livrar das tarefas familiares, vamos para um pequeno hospital local. A médica faz um breve exame em mim. Pega o telefone do Hospital Geral de Ipswich, a quase cinquenta quilômetros de distância, e faz uma ligação. Ela se vira e diz ao meu marido, que empalidece quando entende o que está acontecendo:

— Eles estão esperando por vocês. Dirija rápido.

É irônico que eu esteja sobrecarregada por algo tão sério e tão repentino: a vida moderna está passando pelo que o escritor Robert Colville chama de “a grande aceleração”. Que adequado é que eu não tenha tempo para me preparar.

O diagnóstico vem à noite, depois de uma radiografia e de exames de sangue: pneumonia grave, complicada por septicemia. No Reino Unido, cem mil pessoas são hospitalizadas com septicemia todos os anos, das quais 37 mil morrem. A septicemia é uma intoxicação sanguínea cujo início é repentino e muitas vezes não detectado ou mal diagnosticado, um problema de saúde global que é responsável por sessenta a oitenta por cento das vidas perdidas no mundo todos os anos.[1] Descobrimos que meus órgãos estão a, no máximo, duas horas de desligarem. Os próximos dias passam em um borrão de antibióticos intravenosos.

No início, melhoro de forma súbita (ou seja, sobrevivo), e depois de forma progressiva nas semanas seguintes. Levo meses para sentir que posso voltar ao normal. Mas já não carrego um lencinho comigo. Deixo de me sentir como se estivesse constantemente debaixo d'água. Começo a negociar e navegar meu caminho de volta à vida, jurando encontrar um novo equilíbrio.

As cantoras e compositoras da The Indigo Girls me dão uma alfinetada, cantando na música "Ghost" sobre amor e sobre se afogar emocionalmente. Uma década depois, percebo que minha doença não começou com uma infecção, mas com uma sobrecarga. Não ter um "botão de desligar" significa exatamente isto: estar sempre ligada. Em 2007, o mundo estava começando a minerar novas jazidas de informação, e as redes sociais pareciam uma espécie de corrida do ouro das descobertas da comunicação.

O que eu absorvia disso nunca era suficiente: multitarefa era meu sobrenome. Lá estava eu (juntamente com todos os outros) pulando de cabeça na Era da Sobrecarga, enquanto me agarrava a problemas antigos e não resolvidos: como encontrar meu próprio ritmo, como gerenciar o tempo e como lidar não apenas com os benefícios das conexões, mas com seus limites. Mais de uma década depois, o problema é infinitamente pior.

NOTAS

1. Ver: www.worldsepsisday.org.

PREFÁCIO

"Estou bem, mas tenho muito o que fazer — coisas loucas que eu disse que faria há muito tempo parecem se aglomerar... Não consigo ter esses longos e calmos períodos de tempo necessários."
Iris Murdoch, escritora e filósofa irlandesa

SEIS GRAUS DE SOBRECARGA

Já sabemos o quão conectados estamos. Muitas vezes sentimos vontade de nos desligarmos, mas parece que estamos tão ligados a tudo e a todos que esse desejo raramente é atendido. Nós nos sentimos virtuosos se nos desintoxicamos por um único dia. A desconexão ainda não tem um lugar adequado na Era da Sobrecarga.

Então, a nível pessoal, como a sobrecarga faz você se sentir? Por pessoal, eu me refiro ao seu "eu misto" — a pessoa que tem uma vida familiar e uma vida profissional, as duas muitas vezes perfeitamente conectadas. Em vez de seis graus de separação, aqui estamos a seis sintomas de conexão e seus descontentamentos, alguns dos quais você pode reconhecer. Eles definem a escala da missão que a Saúde Social é projetada para remediar.

1. Obesidade informacional

Você descobre que sua vida está sobrecarregada de informação. Toma cuidado com o que come e como se mantém em forma, mas não consegue suportar a "infobesidade".[1] Se alimenta constantemente *on-line*, pelo celular, pelo *tablet*, pelos *feeds* de notícias, pelos *feeds* do Twitter, por *feeds* internos e por e-mails intermináveis. Acaba se alienando por horas, e regularmente. Os canais de TV e as mídias de notícias constantemente o convidam a interagir com eles. A escolha começa a perseguir você, exigindo uma ação — quando, na verdade, certa passividade de vez em quando pode ser bem-vinda.

Frequentemente você quer "se desligar" e pode se sentir muito perto de ter uma "pane" — ou pelo menos conhece alguém assim. Você lê menos, não mais. Lê coisas mais curtas, não mais longas. Vê como os adolescentes se recusam a ler livros, e percebe que qualquer coisa que tenha mais do que algumas centenas de palavras em um jornal é, muitas vezes, considerado uma "leitura longa", como se você merecesse ganhar uma estrelinha no final por ter lido aquilo. Sua jovem equipe parece saber muito sobre poucas coisas, e eles não sabem mais como se concentrar por tempo suficiente para manter uma conversa mais profunda.

2. Fome de tempo

Você tem mais controle sobre o que entra no seu corpo do que na sua agenda. Mais de cinquenta por cento do seu horário depende de outras pessoas. O tempo parece constantemente uma ampulheta cuja areia está prestes a se esgotar. Você vai trabalhar por dez mil dias em sua vida, e provavelmente conta os contatos em seu network físico e social em termos de centenas ou talvez de milhares corporativos, mas pensa duas vezes quando percebe que há apenas 168 horas na semana. Como a maioria dos humanos tem que dormir durante cerca de um terço dessas horas, você fica com uma pequena quantidade de tempo em um mundo sem limites. Não tem certeza de que é capaz de justificar o tempo gasto em um encontro com alguém no trabalho, a menos que haja uma razão distinta e válida para isso. Você começou a ver como o tempo é gasto como se de fato fosse moeda para transações comerciais, mesmo sem perceber. Tempo é dinheiro, então ver as pessoas durante o tempo de trabalho deve ter relação com a geração de algum tipo de retorno mensurável.

3. Tecnobarriguinha

Conhecemos a "barriguinha da meia-idade", mas o que dizer da "tecnobarriguinha", quando a tecnologia se expande à nossa volta como um acúmulo de gordura na cintura, vazando para além de todas as nossas fronteiras?

Foi quando as pessoas começaram a usar aplicativos de monitoramento do sono que comecei a me preocupar. Quem manda na sua vida, a tecnologia ou você? É impossível ter certeza. Usar a voz e estar cara a cara com alguém começa a parecer um luxo quando a experiência é comparada a de e-mails, mensagens de texto, Twitter e outras línguas da tecnologia. Tudo exige que você terceirize o que faz e como o faz para um aplicativo, para uma nuvem ou para a Internet das Coisas. Quanto de você é *você*, e quanto de você é *você mais a melhoria artificial*? Você se comunica frequentemente usando grupos de e-mails, bate-papos em grupo ou no modo "transmissão", e raramente envia uma carta manuscrita ou atende ao telefone — não só porque isso parece muito demorado, mas também porque é menos confortável se comunicar sem a camada protetora da tecnologia no meio.

A intimidade parece problemática. Conhecer alguém e falar com essa pessoa, fazer e manter contato visual: tudo isso é se expor. Traz riscos e incertezas. No entanto, quando você começa a pensar sobre isso, as pessoas em quem você confia e para quem se volta são todas pessoas que você conhece cara a cara, pessoas com as quais você escolhe passar o tempo, pessoas com quem você compartilha uma série de informações valiosas. Você encontra conforto, alegria e respostas no compartilhamento social. Compartilha piadas no Facebook, fotos no Instagram e artigos através de aplicativos de notícias, e isso aumenta sua sensação de ligação de um jeito bom. As pessoas e as relações pessoais se tornam mais importantes em um cenário cada vez mais hostil. Mesmo assim, você não tem certeza se é capaz de organizar sua vida social sem ajuda.

A mesma coisa que promete simplicidade e solução é uma fonte crítica e constante de mal-estar: a própria tecnologia de conexão. A vida moderna foi tão completamente transformada, e tão rapidamente, que se você é da geração Y, um "*millennial*" ou da geração sucessora, a Z, vai entender por que minha filha, que tem a atraente data de nascimento de 01/01/01, me fez uma pergunta sem ironia alguma: "Mãe, na sua época já existiam carros ou só cavalos?"

4. Redes emaranhadas

Todos nós vivemos e trabalhamos dentro de redes de contatos, sem perceber que as estradas, os cabos de comunicação, os metrôs e os cabos aéreos são exatamente isso. Mas e as redes pessoais de contatos? Quem projetou um sistema para reunir — e separar — as diferentes trilhas das conexões? As suas redes são, provavelmente, um emaranhado desorganizado de sistemas diferentes. Se houver um padrão, é difícil de ver. Essas conexões, se olhadas de cima, são um engarrafamento em um anel rodoviário muito complexo.

A linha que separa as pessoas de dentro e de fora do trabalho é tênue: pessoas que você conhece muito bem, e pessoas que mal conhece. Se você fosse fazer um treino em circuito na academia, iria de equipamento em equipamento, de exercício em exercício, de forma a fazer um treino bem distribuído. Redes, em geral, funcionam dessa forma, mas você não encara suas conexões como um circuito. Alguns contatos permanecem inativos durante anos, outros estão na lista de "responder a todos". Se você tivesse que identificar as 150 pessoas mais importantes da sua vida agora mesmo, de qualquer forma organizada e significativa, levaria dias, não horas. Você não tem um plano para estabelecer com quem se conecta e com quem se comunica, nem quando — a única coisa que faz é criar prioridades, de modo que aqueles dos quais você mais precisa a curto prazo ganham daqueles que podem ajudar ou dar informações a longo prazo.

A ideia de organizar suas redes de contatos — ou, pior ainda, "fazer *networking*" — o apavora. Parece ser mais um item na sua lista de tarefas, fora que tem um aspecto artificial e competitivo. Você prefere não fazê-lo. Mas, de alguma forma, sabe que deve, ou pelo menos que deveria. Que vai ser deixado para trás de alguma forma se não o fizer. Talvez tenha se juntado ao teste de sofá coletivo inaugurado pela era social: você desliza para a esquerda ou para a direita para ser selecionado para encontros românticos, primeiro por algoritmos para, só então, ser escolhido pela subjetividade humana. Ou você experimenta intenso FOMO (sigla para "*fear of missing out*", que pode ser traduzida como "medo de ficar de fora") cada vez que faz *login*.

A grama do vizinho é sempre mais verde, ou alguém está sempre fazendo mais amigos e se divertindo mais do que você.

5. Inchaço organizacional

Compromisso. Inchaço. Bloqueio. *Orgbloat*, ou inchaço organizacional. A vida moderna parece cada vez mais inadequada e complexa. No entanto, a pressão para se manter competitivo e conectado é maior do que nunca.

Se você trabalha em uma grande organização, terá inúmeros sistemas e protocolos, treinamentos e avaliações no trabalho, mas eles não parecem produtivos ou unidos. As pessoas que chegam para trabalhar com você geralmente não ficam por mais de dois anos, então o conhecimento institucional diminui, ao mesmo tempo que a interrupção é contínua. Ou se você está no mundo de *freelancer* ou trabalho autônomo, "fazer sua própria sorte" é o padrão.

Nesse tipo de vida, todo mundo tem um contrato de trabalho intermitente e as regras continuam mudando. O mercado vai da produção de petróleo ao jornalismo, da área de saúde à produção, como se você estivesse montando um animal inquieto. É difícil se manter concentrado, porque as traves do gol não param de se mexer. Na Grã-Bretanha, quase doze milhões de dias de trabalho são perdidos por ano por causa do estresse, o que significa, entre 2015 e 2016, 37 por cento de todos os casos de doença relacionados ao trabalho e 45 por cento de todos os dias de trabalho perdidos por motivo de saúde.[2]

A produtividade, no entanto, está caindo, e continua confundindo os economistas pelo ritmo com que diminui. Além disso, há mais casos de ansiedade e depressão. Quando Kenneth Koe, um dos criadores do antidepressivo Zoloft, morreu, seu obituário no *The New York Times* informou que, desde a invenção do medicamento, "mais de cem milhões de pessoas foram tratadas".[3] A Zoloft entrou no mercado em 1991. Alcançou uma distribuição epidêmica a pessoas que, no mesmo período de tempo, tiveram acesso a um mundo de plena conexão. Não há nada pior do que dizer a uma pessoa triste ou deprimida que ela "não tem motivos para se sentir triste ou deprimida". No entanto, insistimos em dizer isso a nós mesmos sobre os tempos em que vivemos.

6. Engarrafamento de vida

O grito feminista mobilizador "o pessoal é político", de Gloria Steinem, que surgiu dos ensaios com o mesmo nome de Carol Hanisch, continua sendo verdadeiro.[4] Você pode trazer muito de si para o trabalho. Ainda assim, quem você realmente é, o que sente e o que sabe podem não estar sempre presentes. Você ainda tem que jogar o jogo, se encaixar em um molde e trabalhar segundo "o sistema" à sua volta. Vê que a vida moderna deveria funcionar bem. A economia global, as redes sociais e a cultura popular estão mais conectadas do que nunca. Mesmo assim, algo ainda parece fora de alcance. Talvez esteja fora de sincronia. Você pode estar, como escreveu o poeta Stevie Smith, "não ondulando, mas se afogando". Gostaria de melhorar o seu lote e o de todos os que o rodeiam. Gosta de trabalhar em equipe, desde que o que esteja fazendo seja realmente importante.

Você desconfia do termo "liderança" porque muitos líderes são horríveis. Olha ao redor, para os políticos, para os líderes empresariais e para seus chefes, e pensa: "Não, nem tudo está bem." Então se lembra (ou, se você é um *millennial*, alguém lhe diz) que, na geração passada, todos bebiam e fumavam muito mais (especialmente no escritório), ninguém sabia sobre saúde pessoal e condicionamento físico como agora, e conceitos como saúde pessoal, saúde mental e bem-estar eram todos considerados muito "avançados" e não eram nem remotamente o padrão. Mas olhe para nós agora.

Algo aconteceu com a nossa cultura. E há uma palavra para isso: mudança.

NOTAS

1. Usado pela primeira vez em 2013, o termo "infobesidade" se refere ao que a empresa de consultoria Bain descreve como "a torrente que flui através da maioria das organizações de hoje [que] age como colesterol ruim, obstruindo artérias e diminuindo reações" (ROGERS; PURYEAR; ROOT, 2003).
2. A definição de "estresse" é ampla, mas ele é geralmente entendido como "um estado de pressão ou de tensão mental ou emocional resultante de circunstâncias adversas ou exigentes" (www.oxforddictionaries.com). Ver os dados da pesquisa Labour Force Survey [Pesquisa da Força de Trabalho] publicada pelo UK Health and Safety Executive [Executivo de Saúde e Segurança do Reino Unido], intitulada "Work-related Stress, Anxiety and Depression Statistics in Great Britain 2016" ["Estatísticas sobre estresse, ansiedade e depressão relacionados ao trabalho no Reino Unido em 2016"]. Disponível em: www.hse.gov.uk.
3. O ensaio da feminista e escritora Carol Hanisch, intitulado "The Personal is Political" ["O pessoal é político"], apareceu em Notes from the second year: Women's liberation in 1970 [Notas antológicas do segundo ano: libertação das mulheres em 1970]. Citado em: www.womenshistory.about.com.
4. Obituário do The New York Times de Kenneth Koe, 2015.

INTRODUÇÃO: CONEXÃO DE PICO

"O que significa passar, de um dia para o outro, de uma sociedade em que as pessoas andam pela rua olhando ao redor para uma sociedade em que as pessoas andam pela rua olhando para máquinas?"
Jacob Weisberg, jornalista político estadunidense[1]

Os primeiros cabos de conectividade contemporânea foram colocados em 1857, submersos entre Terra Nova e Irlanda: um núcleo de fios de cobre envoltos em guta-percha e "embrulhados em fio de juta embebido em uma mistura constituída por $^{5}/_{12}$ de alcatrão de Estocolmo, $^{5}/_{12}$ de piche, $^{1}/_{12}$ de óleo de linhaça cozido e $^{1}/_{12}$ de cera de abelha comum".[2] Esses primeiros cabos telegráficos foram o início de uma era que levou a uma vida moderna conectada: o telefone, o carro, a ferrovia, a lâmpada elétrica, o avião, a geladeira e, é claro, o computador. Os gigantes da tecnologia global de que agora dependemos para conectar pessoas ou objetos entre si — Google, Facebook, China Mobile, Delta Air Lines, Samsung, Amazon e seus serviços *on-line*, AliBaba, LinkedIn, Twitter — são todos descendentes diretos do século XIX, e não empresas nascidas diretamente no século XX ou XXI.

SEMPRE CIENTE, 24 HORAS POR DIA, SETE DIAS POR SEMANA

Hoje temos mais oportunidades de estar conectados do que em qualquer outro momento da história humana. Celular, mídias sociais e internet — o que os cientistas sociais Barry Wellman e Lee Rainie chamam de "A Tripla Revolução"[3] — marcam o planeta. Hoje eles são mais rápidos do que nunca, através de uma mistura explosiva de plataformas e mídias. O Fórum Econômico Mundial indica que, até 2020, estarão em circulação cinquenta bilhões de dispositivos conectados.[4] Sejam bem-vindos à era totalmente conectada.

Em certo nível, nos conectamos uns aos outros no mundo moderno da mesma forma com que sempre nos conectamos: com linguagem, com imagens e com histórias. "Nossas histórias", afirma o escritor Elif Shafak, "e, portanto, nossos destinos, estão interligados".[5]

Quando o Facebook atingiu oficialmente mais de um bilhão de usuários em um único dia em 2015, seu fundador Mark Zuckerberg publicou: "Este é só o começo da conexão do mundo inteiro."[6] Mas o quão saudável ou desejável é isso, de verdade? Em *May We Be Forgiven* [*Que sejamos perdoados*], um romance contemporâneo, o personagem George, um executivo de uma rede de TV que espalha caos e comete assassinatos, anuncia: "Estou sempre ciente, 24 horas por dia, sete dias por semana."[7] Há um toque de loucura infiltrada em toda essa conexão, e ela tem um nome: sobrecarga.

A conexão é como a industrialização precoce: a onda de progresso (dos bancos móveis na África aos aplicativos revolucionários para rastrear alimentos da fazenda à mesa na China) também tem sua versão da fumaça que sai das chaminés, suas próprias consequências insalubres. A humanidade está começando a sufocar com o excesso. A maioria de nós não tem uma estratégia de sobrevivência ou táticas tangíveis para tal. Nos agarramos às ideias de "desintoxicação digital" ou de desconexão temporária como se fossem novidade — como ir a um spa, e não como se fosse uma rotina diária. É quase impossível *não* estar totalmente conectado na sociedade de hoje. E-mails, textos, *feeds* de notícias, celulares que não são "inteligentes"... a lista é longa.

Não somos mais capazes de ir ao banco, de embarcar em um avião ou pagar uma conta sem usar tecnologia conectada. Entramos em uma estranha era virtual onde quase tudo existe primeiro eletronicamente: pagamos com nosso cartão, que dispensa o dinheiro vivo, somos rastreados por aplicativos embutidos nos dispositivos e absorvemos anúncios que usam algoritmos que estão começando a adivinhar coisas sobre nós com muito mais precisão do que gostaríamos. Os humanos já existem há muito tempo, mas agora estamos vivendo lado a lado com outra espécie totalmente diferente: a tecnologia.

O CÉREBRO TRANSBORDANTE

Enquanto sir Tim Berners-Lee é o padrinho do mundo conectado atual por ter inventado a World Wide Web, o pai biológico da conectividade como a conhecemos foi Thomas Edison — que, há apenas 150 anos, inaugurou a conexão em massa. Ele foi o inventor de dispositivos que vão desde o fonógrafo até a lâmpada elétrica. Edison, que tinha estudado extensivamente o sistema telegráfico a cabo,[8] inventou o filamento de carbono original, a base para a forma mais comum de tecnologia conectada que conhecemos até hoje — a rede telefônica — para a Bell Telephone Company.

O telefone digital surgiu na década de 1980, mas os ecos evolutivos de Edison ainda estão presentes na tecnologia de rede de hoje. Surpreendentemente, há pouca diferença entre a época dos tubos de vidro cheios de carbono e do uso de ímãs e baterias em pequena escala e a época em que Elon Musk está projetando seu sistema de trânsito subsônico Hyperloop usando fontes magnéticas passivas para criar levitação.[9] No entanto, há uma diferença crucial entre antes e agora: o comportamento humano. Antes éramos utilizadores de redes — viajantes em trens, barcos e automóveis e pessoas atendendo telefones —, mas agora nossas vidas estão tão integradas a elas que nos comportamos como se tivéssemos realmente *nos tornado* as próprias redes.

Aonde toda essa conectividade nos leva? Os avanços e os benefícios da tecnologia em rede, nos países avançados e nos em desenvolvimento, não podem ser exagerados. Claro que adoro estar conectada. Quem não adora? Consultas médicas usando Skype. Webinars. Teleconferências. Compartilhar e postar vídeos do YouTube, ou fazer *upload* de documentos em aplicativos de compartilhamento em nuvem, como o Dropbox ou o Slack. E-mail, LinkedIn, Instagram, Twitter, Facebook, FaceTime, WhatsApp, Snapchat... a lista é infinita, assim como as possibilidades.

A vida pode passar em uma série de janelas dentro de janelas, sempre se abrindo e se expandindo cada vez mais. A conexão vem antes da conversa via iPad ou laptop. O celular é menos usado para fazer ligações do que para enviar textos ou rolar os *feeds*. Se eu quiser saber alguma coisa, é claro que procuro primeiro no Google ou na Wikipédia, no BuzzFeed ou na BBC. Obter informação e transmiti-la aos outros dessa forma se tornou uma segunda natureza. Conexão é movimento. Nada fica parado, nem nós. As empresas de tecnologia nos vendem possibilidades ilimitadas. Ser finito, de alguma forma, equivale a fracassar. O céu azul, azulzinho, do armazenamento *on-line* sempre chama a atenção.

Pode ser uma questão de conveniência, ou da necessária emoção da inovação. Há também uma remodelagem radical da forma como vivemos e trabalhamos. Apesar dos claros benefícios dessa era conectada — os avanços médicos, mecânicos, culturais e comerciais —, ela também exacerba, complica, acelera e se infiltra em nossas vidas, criando outros problemas que vêm acompanhados de muitas soluções. Nossas vidas estão cheias de dissonância cognitiva, baseada em algumas das tensões que acontecem quando se coloca seres humanos, com seus limites naturais, em um mundo social computadorizado que é literalmente programado para não ter limites e nunca ser desligado. Ao contrário dos computadores, nós não temos armazenamento ilimitado, nem tempo ilimitado: ainda temos apenas 168 horas na semana, um número que não mudou fundamentalmente desde que o calendário sumério começou a expressar o tempo em ciclos.[10]

Os vinte por cento do tempo da minha semana que são gastos para "gerenciar" a minha caixa de e-mail, incluindo ter de olhar para a pasta "tralhas" (que ainda consegue engolir mensagens de que preciso; os algoritmos não substituem a mente humana), parecem ser um custo necessário da vida moderna, mesmo que nossa mente pareça como o poeta romântico do século XVII John Keats descreveu seu "cérebro transbordante": cheio demais de coisas para expressar, e sem tempo para fazer essas coisas saírem, antes que "eu deixe de ser".[11]

Aponte-me alguém que trabalhe em um escritório, em uma escola, em um *call center*, em um armazém, em uma câmara parlamentar, em um serviço público de primeira linha, em uma ONG ou em uma universidade que não tenha que lutar contra a sobrecarga, que não admita que grande parte de sua vida cotidiana não está funcionando bem ou mesmo apropriadamente. Os indivíduos e as instituições compartilham muitos dos mesmos problemas: já chegamos no limite da nossa capacidade total.

GRAUS DE CONECTIVIDADE

Nasci em 1964, na Bloomsbury em Londres, por volta da época em que Gordon E. Moore, o fundador da Intel, criou a "Lei de Moore" — que diz que a capacidade de computação duplicaria a cada dois anos.[12] Isso foi só alguns anos antes de o psicólogo Stanley Milgram realizar um estudo marcante que procurava saber o quão curtos eram os caminhos de conexão social entre as pessoas. A famosa resposta foi "seis" — daí a frase "seis graus de separação", que todos instintivamente conhecemos e entendemos significar, ironicamente, justamente o oposto do que ela quer dizer. Em vez de mostrar como estamos separados ou desconectados, o experimento mostrou o quanto estamos *conectados* a todos, por apenas seis movimentos. Em um mundo pequeno — e essa experiência foi, de fato, apelidada de "Teoria do Mundo Pequeno" —, as ligações são limitadas. Agora já não são: Twitter, ebola, companhias aéreas... pode escolher. Ainda podemos viver, trabalhar e operar em pequenos grupos, mas alcançamos muitos, muitos outros. E hoje em dia podemos alcançá-los muito, muito rapidamente.

A Lei de Moore está dentro de dois outros movimentos: a morte da distância e a ascensão do que eu chamo de "conexão de pico". Primeiro, a distância. Em 1969, eu tinha cinco anos quando o avião supersônico Concorde fez o seu primeiro voo e Neil Armstrong deu os seus primeiros passos na Lua, a 370.300 quilômetros da Terra. Mesmo uma geração mais tarde, em 1997, no mesmo ano em que a estação espacial Atlantis atracou com a estação espacial Mir, o pensador administrativo Frances Cairncross cunhou o termo "a morte da distância" para transmitir como as novas tecnologias de conexão estavam revolucionando não apenas a noção de tempo, mas o conceito de quilômetros.[13] Minha vida profissional coincidiu com a morte da distância. Durante o início da década de 1990 — depois de vinte anos de consumismo em massa e de ter por perto uma considerável quantidade de televisões e computadores, todos conectados por cabos a uma parede —, o conceito de distância mudou. Tudo veio para perto de nós. Primeiro, para as nossas mesas; agora, para as nossas mãos.

Segundo: conexão de pico. Nos anos 1960, eu estava muito menos interessada em pessoas caminhando na Lua do que em ter por perto meu bem mais precioso: a boneca Sindy. Sindy se foi, mas me lembro exatamente da sensação de tê-las nos braços e o que ela significou para mim. Podia vesti-la e brincar com ela; era como uma amiga. As meninas de hoje ainda brincam com bonecas, mas seus personagens favoritos estão muitas vezes a uma distância infinita, no cosmos da internet. Enquanto escrevo, o jogo preferido das crianças no momento é o Pokémon Go, que envolve o brinquedo que é preferência mundial: o *smartphone*. O mundo começou sua ascensão há pouquíssimo tempo, só há meio século ou menos. Totalmente conectado — e nem sempre de uma boa maneira.

A ORIGEM DAS ESPÉCIES ESTRESSADAS

Podemos até dizer a nós mesmos que é a tecnologia aquilo que mais nos conecta, o que nos torna de alguma forma mais humanos ("mais habilitados"), mas a tecnologia é como o amplificador do instrumento que faz a música. Nós, as pessoas ou os grupos de pessoas, ainda somos os transmissores mais bem-sucedidos. Os códigos e algoritmos de computação que deram origem à era social conectada foram apenas um eco evolucionário de algo fundamental: o fato de que tudo, do desenvolvimento da espécie à disseminação de ideias, é feito pelas pessoas. O ritmo de expansão da sociedade humana tem sido, em termos evolucionários, muito rápido.

O historiador Yuval Noah Harari acredita que a velocidade com que os humanos evoluíram significa que, como espécie, somos imaturos para lidar com o estresse. Ele observa que, para um trabalhador nas colônias de trigo de Jericó de 8.500 a.C., as comunidades agrícolas recém-florescentes do mundo antigo "aumentaram a velocidade da vida para dez vezes a velocidade de antes e, assim, tornaram nossos dias mais agitados e cheios de ansiedade".[14] Muitas vezes me sinto agitada e ansiosa, como os nossos antepassados de Jericó. Os padeiros do Oriente Médio jamais imaginariam que hoje eu poderia baixar um aplicativo[15] com o "básico da panificação" na Apple ou na loja da Android por menos de duas libras, ou que o "pão artesanal" se tornaria um dos principais produtos do tipo de empório produzido em massa ao redor do mundo: o supermercado. Será que os nossos antepassados do Neolítico, que estavam domesticando o trigo einkorn em um mundo com menos de cinco milhões de habitantes, poderiam imaginar as possibilidades de exportação global do próprio pão em um mundo com sete bilhões de pessoas, onde a produção de cereais em breve ultrapassará as 2,5 bilhões de toneladas?[16] Portanto, não é apenas à velocidade que a vida totalmente conectada deve se adaptar: é também à escala.

Não vemos o cotidiano da vida conectada como uma crise — especialmente não como uma crise de saúde, em particular —, mas deveríamos. Não questionamos muito ter que ir à academia e fazer exercícios físicos, mas ainda não percebemos que nossa nova conexão também gera muitos descontentamentos. Tomemos a "geração Z", o grupo social que seguiu os "*millennials*" e que, segundo Goldman Sachs, é "a primeira geração a nascer em um mundo pós-internet, verdadeiramente com um dispositivo nas mãos".[17] Eles podem passar até dezoito horas por dia olhando para suas telas, mais confortáveis nas mídias sociais do que em muitos ambientes presenciais. O desenvolvimento das inteligências artificiais logo vai gerar computadores que podem "falar" com eles. Isso é socialmente saudável? Está socialmente aqui. Agora.

A capacidade de atenção dos estudantes está mudando fundamentalmente; algumas universidades estão sendo construídas sem salas de aula, tendo em mente períodos de retenção da atenção mais curtos e abraçando o novo desejo dos jovens de compartilhar de forma contínua em vez de absorver o conhecimento passado de cima para baixo.[18] Cinemas lutam para impor a regra de "celulares desligados", porque os clientes parecem incapazes de parar de se preocupar com seus telefones. Se pensarmos na surpreendente estatística do estudo da *Lancet* que diz que vinte por cento da população global em breve será clinicamente obesa,[19] quais seriam as medidas para a hiperconexão, para a conexão inchada ou para a conexão descontente?

Não há como medir ou monitorar com precisão suficiente o impacto do mundo conectado porque, até recentemente, estávamos apaixonados e encurralados pela sua existência, cegos às suas consequências sociais. Talvez "cegos" não seja a palavra certa. *Distraídos*. É verdade que os pais se preocuparam com o "*sexting*", e que a Wikileaks — e, subsequentemente, Edward Snowden — expressaram um profundo mal-estar público sobre as invasões da privacidade. Mas a cultura dessa nova tecnologia é viciante, e as empresas de tecnologia nos oferecem produtos comercializados e lindamente embalados que já se firmaram. Tal como o cigarro e o açúcar, esses produtos podem ser muito viciantes. Talvez estejamos percebendo só agora suas desvantagens, mas as vantagens comerciais são claras demais. O famoso comentarista estadunidense Michael Wolff, escrevendo sobre a televisão, observa uma tendência semelhante. Ele compara a velocidade geral, o acesso e os custos da tecnologia conectada aos dos alimentos enlatados, congelados e processados após a Segunda Guerra Mundial. Sua previsão é que, assim como aconteceu com a ascensão das preocupações dentro do mundo da alimentação, uma sensibilidade refinada em torno do conteúdo possa se tornar desejável como um contrapeso à obesidade informacional.[20] Nesse momento, todos querem mais. Mais informações. Mais escolhas. Mais personalização. Mais plataformas. Os nossos apetites viciantes foram libertados. E estamos nos alimentando demais.

UM NOVO SISTEMA OPERACIONAL

Se fôssemos computadores, poderíamos usar um novo sistema operacional. Os carros fazem isso. Os celulares fazem isso. Quando vai ser a nossa vez, a dos humanos, de ter uma nova e fresca visão sobre o emaranhado que se tornou a vida conectada? Ajudaria sentir que nossos corpos, tanto os físicos como os organizacionais, estão limpos, magros e desentulhados, que temos maneiras de "desfragmentar" e de corrigir os bloqueios e as interrupções?

A medicina está sempre inventando novas soluções. No espaço de meses, o tratamento do câncer saltou de algo que consistia em fazer cirurgias e propor medicamentos iguais a todos os tipos de tumores para o desenvolvimento de procedimentos altamente personalizados para cada paciente.[21] Quando o tempo é essencial — e ele é, para todos nós — não há razão para não ser radical e se concentrar em prolongá-lo (nossa expectativa de vida) ou melhorar a sua qualidade (geralmente, a forma com que o gastamos). A boa notícia é que as inovações muitas vezes não dependem de técnicas muito novas e caras. A nova forma de pensar na área da saúde está servindo de base para novas práticas. Por exemplo, uma cirurgia muito precisa, como a requerida para o câncer de intestino, está sendo transformada por meio de procedimentos simples que visam tornar as técnicas mais simples e menos invasivas. Isso está redirecionando a maneira com que a cirurgia em questão é conduzida, e está apresentando resultados tão radicais quanto as de um novo medicamento —, mas, na verdade, é apenas uma mudança na técnica.[22] Tudo isso parece óbvio quando acontece, mas é devido ao processo de tentativa e erro que, quando algo funciona, damos a ele o nome de inovação.

A moderna conectividade em massa que começou há 150 anos, e que foi acelerada na virada desse século com o e-mail e a internet, está cheia de soluções para seus próprios problemas — assim como a saúde e a medicina. Algumas dessas respostas são antigas e outras são modernas. Faríamos bem em olhar para elas — isso pode significar a diferença entre ser uma sociedade que se sente mal ou ser uma sociedade que se comporta como se estivesse realmente bem.

O REINO DOS SÃOS

> "Tenho um câncer cerebral agressivo. É uma tarefa gigantesca, mas o meu diagnóstico permite que eu seja escandalosamente ambiciosa sobre o que penso. A incerteza deixou de ser meu pesadelo e passou a ser minha nova melhor amiga."
>
> *Jessica Morris, atriz americana*[23]

A maioria das pessoas que vivem em países desenvolvidos, como eu, tem um conhecimento básico sobre bem-estar físico e mental. Sabemos que é preciso fumar menos, beber menos, nos exercitar mais e apreciar a diferença entre um carboidrato e uma caloria. A adesão à academia e o mercado do bem-estar são coisas tão dinâmicas que não é tão absurdo sugerir que o funcionamento de spas turísticos em algumas partes do Oriente Médio podem compensar significativamente a perda das receitas oriundas da venda do petróleo. Sabemos o valor da hidratação e do sono; técnicas calmantes que vão de ioga a *mindfulness* são modelos de negócio em expansão em si mesmos, além de culturalmente normalizados. Não podemos escolher onde nascemos e estamos apenas começando a ter alguma influência sobre quanto tempo podemos viver. Mas sabemos que vamos viver mais tempo, seja com ou sem doenças.

A abordagem da minha amiga Jessica a seu agressivo tumor cerebral, que a catapultou de uma hora para a outra para um ponto intermediário entre o que a escritora Susan Sontag chamou de "o reino dos sãos" e "o reino dos doentes",[24] tem tudo a ver com saúde e muito pouco a ver com doença. Ela está juntando o máximo possível de informações fornecidas pelos pacientes com os últimos dados de pesquisa e tratamentos médicos e sintetizando toda essa informação para criar um novo padrão na compreensão do que funciona e do que não funciona. Em vez de se deixar assustar pelo câncer, ela está energizada, e com isso está abrindo novos caminhos.

Sabemos que a boa saúde vem da ação individual, mas com o apoio coletivo da cultura que nos rodeia: quando todos à nossa volta deixam de fumar, fazemos a mesma coisa. Por outro lado, sabemos que a obesidade gosta de um amigo: é mais provável que você a "pegue" de alguém com quem socializa.[25] Assim, para mudar o comportamento, você precisa ter "provas sociais"[26] de que os outros também estão fazendo isso. A teoria da prova social nos ensina algo que a ciência das redes e a psicologia também podem ensinar: que o comportamento é contagioso. O comportamento saudável — ou o mau comportamento — pode ser parcialmente determinado por outras pessoas. Ou por nós. Só precisamos saber o que almejamos.

A saúde é uma metáfora útil justamente porque, a certo nível, faz sentido para todo mundo, e podemos nos identificar com a ideia de que a vida moderna não é assim tão saudável. Talvez uma palavra melhor seja *funcional.* Na maioria das vezes, a vida moderna — profissional e pessoal — não funciona bem. Além da burocracia (o tipo de rede de conexão mais ineficiente), outros velhos caminhos de conectividade, particularmente as malhas de transporte, também podem variar em termos de eficiência. Quanto mais as coisas estiverem conectadas a centrais gigantescas, maior o risco de serem comprometidas ou causarem um caos substancial quando "caírem".

Quando a Sony sofreu um ataque catastrófico e malicioso de hackers em 2015, seu sistema eletrônico global não funcionou por um período de semanas. Para além do constrangimento de ver a correspondência de celebridades com executivos se tornar pública, algo muito mais sistêmico atacou a Sony. Fui informada de que praticamente todos os e-mails, todos os registros, todas as faturas e todas as encomendas se perderam, e durante certo tempo a produção de filmes e de séries para a televisão entrou em queda livre. O que fez com que o sistema voltasse a funcionar foi algo que nunca ninguém imaginaria: a prática de pedir favores de forma manual, verbal e cara a cara. Um executivo me disse: "Eu tinha que ligar para um cara que conheço e dizer: 'Olha, precisamos imprimir esse material e precisamos dele agora, mas não temos sistemas para fazer esse pedido ou meios de processar pagamentos. Você confia em mim?'" O estado saudável de relacionamentos manteve a Sony funcionando durante um período crucial; esse tipo de mitigação de problemas aconteceu em todas as áreas da empresa. No âmbito pessoal, é impossível ignorar até onde chegamos em termos de alfabetização e da prática dos princípios básicos de saúde; alimentação saudável, exercício e bem-estar mental são todos fatores que podem determinar a diferença entre uma vida de obesidade, sedentarismo e estresse e uma vida ativa, móvel e ágil. Temos dezenas de dietas, programas de exercícios, aplicativos e, acima de tudo, um impulso cultural considerável para alcançar o bem-estar. No entanto, ainda não temos um sistema significativo que gire em torno da boa conectividade, e também não reconhecemos a escala do problema que acontece com a saúde de uma sociedade quando a sobrecarga não é controlada. É por essa razão que este livro toma a saúde como sua metáfora para a conexão social e argumenta que podemos mudar, com sucesso, como funcionamos em um mundo digital hiperconectado olhando para as mais antigas de todas as tecnologias — o corpo humano e a psique humana.

HARDWARE, SOFTWARE

Quando meus netos nascerem, pode ser que se maravilhem que tenhamos sobrevivido sem hologramas ou robôs. Pode ser que trabalhem apenas na "Segunda Era das Máquinas",[27] que será intermediada por "humanos" computadorizados e simulados que são artificialmente programados para nos imitar. A "tecnologia vestível" pode até se tornar "humanidade vestível". Por que isso importa? Bem, simplesmente porque temos um elevado grau de inteligência, o que nos distingue de forma significativa dos outros animais. Erramos como humanos, perdoamos como humanos e nos conectamos como humanos. Os sinais que transmitimos uns para os outros são muito visíveis e audíveis, e impulsionam o nosso progresso como espécie. Os autores de *A segunda era das máquinas* admitem que, apesar da dor e do sofrimento gerados pela perda de postos de trabalho, a única área que não pode ser retirada dos seres humanos é, de fato, o setor dos serviços que giram em torno da vida social.[28] Portanto, não é de todo positivo direcionar tanta energia para ensinar computadores a pensar por nós e a antecipar nossos movimentos, menos ainda para nos substituir. As máquinas têm uma simplicidade animal. "Sensores" não têm linguagem, o tecido conjuntivo e a complexidade cognitiva que torna os humanos tão... bem, humanos. Os esforços para ensinar um protótipo de carro sem motorista a usar os seus "sentidos", bem como os seus sensores, me deixa abismada e irritada. Que tipo de ambição da sociedade é essa? Deixando de lado a política relacionada (o emprego de milhões de pessoas que dependem dos carros, que vai desaparecer se os carros sem motorista forem realidade de uma forma convencional), isso tem a ver com outra coisa: uma obsessão em estar conectado a tudo só para estar conectado, mais do que por qualquer outra coisa.

Portanto, precisamos de perspectivas saudáveis nessa nova e corajosa Era das Máquinas, além de comportamentos saudáveis baseados em um conceito da própria saúde. Perspectiva de saber que abraçamos tecnologia terceirizada em excesso por nossa conta e risco, e perspectiva de saber que ela nos cerca como a subida da maré, queiramos ou não. Precisamos de perspectiva para julgar a velocidade e o ritmo dessa maré, e saber quando é necessário, se não colocar boias salva-vidas, nadar como loucos para chegar à praia — pelo menos em parte do tempo. A professora de psicologia Sherry Turkle do MIT conta a incrível história de um jovem de vinte e poucos anos chamado Trevor que é "um mestre do *phubbing*" — a arte de falar com outras pessoas sem tirar os olhos do celular. Quando digo a ele que estou trabalhando em um livro sobre conversas, a reação dele é quase uma risada. "Conversas? Isso acabou em 2009."[29]

Ou, como diz o filósofo e comerciante Nassim Nicholas Taleb:

> "Somos vítimas da visão pós-iluminista de que o mundo funciona como uma máquina sofisticada, que deve ser entendido como um problema de livros didáticos de engenharia e executado por especialistas. Em outras palavras, como um equipamento, não como o corpo humano."[30]

Esquecemos os benefícios dos costumes sociais estabelecidos no momento em que *o Homo sapiens* se tornou, literalmente, o rei da selva em relação a todos os nossos concorrentes animais: reuniões familiares, pequenos grupos de conexões de confiança cara a cara e intimidade social associada aos nossos cinco sentidos. E histórias. Comunicação. Os humanos se comunicam natural e instintivamente. Por que queremos um futuro social em que isso de alguma forma desempenhe um papel secundário em relação às máquinas, especialmente quando temos algum tipo de escolha? Não importa o quanto as inteligências artificiais evoluam, ainda haverá, na maior parte do tempo, escolhas a serem feitas. Se não as fizermos, como imaginamos que nosso mundo complicado vai parecer funcional e saudável?

Dada a nossa dependência da tecnologia, talvez devêssemos olhar para a "saúde" de uma pessoa e onde ela vive e trabalha em termos de conexão/integração como sendo tanto o "hardware" quanto o "software". Eles podem, afinal, ser integrados em vez de se oporem um ao outro, já que "mente mais corpo" é agora aceito como uma combinação de saúde mais vantajosa do que manter apenas um ou o outro em boa forma. Os padrões de comportamento em tecnologias de rede, a física e as ciências "duras" podem ser analisados em paralelo com a estrutura das relações, além do "poder brando" e dos "laços sociais" das ciências sociais, especialmente em sociologia, comportamento organizacional, ciência das redes sociais, neurociência e psicologia. Temos visto o início dessa visão na pesquisa que combina neurociência com economia, e o surgimento de novas teorias como a da economia comportamental ou a do "*nudge*", regularmente implantadas para aumentar atitudes e métricas de comportamento usando técnicas simples, mas eficazes, baseadas em grande parte na psicologia social.[31]

É hora de conectar a literatura acadêmica sobre redes e a riqueza de estudos e artigos que abrangem o cânone acadêmico, que muitas vezes estão profundamente enterrados em revistas como se fossem artefatos armazenados no porão de um museu, conhecidos por poucos e ignorados por muitos; redescobrir esse arquivo de ideias nos ajuda a conhecer o momento único em que nossa sociedade se encontra. Isso porque muitas das soluções estão por aí, em vertentes não relacionadas que precisam se unir e olhar para as coisas de uma nova forma, a partir de uma perspectiva ordenada. Gestão e bem-estar, sociologia e economia comportamental, análise de redes sociais e o novo estudo social que me interessa — comportamentos em rede em si.

O antídoto que proponho é a Saúde Social. Ela é uma forma de reunir diferentes disciplinas em um novo e único conjunto unido de mentalidade e prática: saúde em torno da conectividade. Este é o início de um longo caminho. Com o tempo, espero ver estudos médicos em massa agregando milhões de exemplos de atividades em torno das conexões pessoal e profissional, da mesma forma com que agora podemos olhar para as tendências da obesidade. Tenho certeza de que minha amiga Jessica deseja o mesmo em relação à falta de dados relativos ao câncer quando se trata de experiências dos pacientes.

Como você verá, o cerne da Saúde Social é exatamente isso: não dados secos, mas sua principal força motriz; a experiência aprendida e compartilhada das pessoas e o quão totalmente conectadas (ou não) elas são.

SAÚDE SOCIAL

"A saúde é um estado de completo bem-estar físico, mental e social, e não apenas a ausência de doença ou enfermidade."
Organização Mundial da Saúde, 1946[32]

Faz mais de setenta anos desde que a Organização Mundial da Saúde foi formada e incluiu o uso da palavra "social" para definir "saúde". "Social" é uma das palavras mais elásticas da nossa língua. A Wikipédia diz que é "um conceito difuso no qual as fronteiras de aplicação podem variar consideravelmente de acordo com o contexto ou com as condições, em vez de serem fixas", enquanto o Oxford English Dictionary faz referência tanto a "um sistema hierárquico com comunicação complexa" como a algo "relativo a posição e status na sociedade". Muitas vezes, o termo é ligado a outras palavras que especificam seu significado: classe social, assistência social, capital social e, é claro, redes sociais. No entanto, independentemente do que a palavra possa significar, algumas constantes se aplicam: humanos que têm relações uns com os outros seguindo certos padrões ou formas estão organizados de uma maneira social. Às vezes é útil, saudável e produtivo; às vezes é o contrário. Às vezes as pessoas estão sozinhas e socialmente isoladas; outras vezes estão em comunicação permanente — em grupos, gangues, associações ou sociedades.

Ser social é complexo e simples. Vamos pensar nisso em termos técnicos muito modernos. Primeiro, há o hardware das relações sociais — as estruturas e os sistemas. Por exemplo: classe social. Se você nasceu em uma classe social, nunca vai se tornar um membro de outra, mesmo que possa se juntar a ela através de riqueza ou carreira. Se você é um consultor de gestão, por exemplo, as chances de sair socialmente com varredores de rua é baixa. O "capital social" do varredor de rua, o que o Banco Mundial chama de "a conectividade dos cidadãos à sua comunidade",[33] é igualmente baixa, a menos que a pessoa se torne parte de um projeto comunitário maior; uma rede formada por um indivíduo não é tão poderosa quanto uma rede formada por dez. Em segundo lugar, há o software — a rede de relações e conexões que são feitas pelas pessoas de formas mais aleatórias. Na ciência das redes, os conceitos de "*brokerage*" (ou "poder de conectividade") e de "*bridging*" (ou "criação de pontes")[34] estão no centro da compreensão do que move o conhecimento, a influência e o comportamento entre diferentes grupos. Em uma era que está se tornando inchada com tantas conexões, a Saúde Social é o próximo passo. Em vez de fazer apenas o que sentimos que fazemos a maior parte do tempo — sobreviver —, a Saúde Social promete um estado mais apto: *prosperar* na Era da Sobrecarga.

Ser social hoje — estar conectado em casa e no trabalho, no seu país e na sua comunidade —, e fazer isso de forma segura e agradável, mas também produtiva: são estes os desafios. A produtividade, em sua definição econômica mais seca, é "uma medida da produção por unidade de entrada",[35] e sua ideia é polarizante. É uma obsessão para gestores e políticos, uma vez que até 25 por cento da produtividade no local de trabalho eletrônico moderno é comprometida ou perdida por não haver uma melhor capacidade de se lidar com os mecanismos.[36]

A produtividade global está estagnada em cerca de 2,1 por cento, e a expressão "enfraquecimento do desempenho" é aplicada em todo o mundo, dos Estados Unidos ao Japão.[37] A noção de produtividade não é só contestada (pode ser especialmente difícil calculá-la em uma economia baseada no conhecimento), como também antagoniza pessoas que não gostam de ser medidas, cansadas de décadas de "gestão de desempenho" inadequado ao longo da vida empresarial. Produtividade como um fim também não faz muito sentido, porque o próprio conceito pode ser conflitante. Há confusão sobre se a produtividade é criativa ou apenas mecanicista. Acredito que seja ambas as coisas. Acredito que a produtividade é essencial, não apenas como um complexo componente do sucesso econômico, mas como uma medida da nossa própria criatividade e do nosso próprio bem-estar. Você não pode ser produtivo se não estiver motivado, ou se estiver se sentindo preso, esmagado, mal administrado, ou fazendo parte de um ambiente disfuncional. Mas a vida empresarial e a vida política da maioria de nós são apenas isso: profundamente disfuncionais. Falta a elas Saúde Social.

No entanto, ligar a ideia de conexão social saudável a uma definição criada há mais de setenta anos pode não ser suficiente para o nosso argumento. Isso me lembra da forma com que os sistemas informáticos bancários sofreram com adições incrementais de código, que trazem mais pressão ao sistema. A terceirização aumenta o problema, como sabe qualquer um que se enfurece ao ficar pendurado no telefone de um *call center.*

Mas a ausência de conexão saudável não se encontra apenas em torno dos sistemas bancários, embora esse seja um exemplo útil. Ela também está na sociedade.

A REDE SOCIAL

A incorporação do significado da palavra e da sua atividade, que entendemos como "social", acontece nas redes. As redes são o tecido conjuntivo da sociedade. Falamos sobre "pertencer" a uma rede da mesma forma como "pertencemos" a uma família. Redes, grupos, associações, sociedades, agremiações, culturas de trabalho — tudo cria diferentes manifestações de redes.

Vivemos em redes, as imitamos, dependemos delas, mas nem sempre nos sentimos confortáveis em construí-las e usá-las nós mesmos. Podemos abraçá-las, mas também podemos sentir aversão, ambiguidade, timidez, desconfiança e hostilidade em relação à ideia de *fazer networking* e *gerir as nossas redes de contatos*, amando ao mesmo tempo as redes físicas. Isso é, em si mesmo, uma desconexão fatal — porque, ao fazê-lo, estamos ignorando uma das formas centrais de sobreviver e prosperar na Era da Sobrecarga.

Talvez seja fácil para mim — sou uma criadora de conexões natural. Na minha vida, eu me engajo no que em hebraico é chamado de "*shidduch*" (algo como "arranjos", em português). Há alguns casamentos duradouros cujos noivos juntei informalmente por sentir que as pessoas seriam certas uma para a outra. Ao mesmo tempo, construí um negócio que me permite ser uma mistura dos três estereótipos identificados por Malcolm Gladwell em seu livro seminal *O ponto da virada*: o Conector, o Vendedor e o Especialista — em outras palavras, a pessoa que faz a ponte entre os conhecimentos dos grupos.[38] Outro termo para isso é, naturalmente, o "*networker*", alguém que *cria redes*.

A ciência das redes acadêmicas pode parecer muito distante da história mais vocacional e prática do *networking*. Certamente algumas sobrancelhas se levantaram quando fui nomeada a primeira professora de *networking* do mundo, aceitando uma Cátedra Honorária de Visitante na Cass Business School de Londres. Para muitos, criar *network* é algo para físicos, matemáticos e cientistas sociais; a sua aplicação no mundo real do trabalho foi menos provada.

É verdade que a prática do *networking*, pelo menos superficialmente, parece ser bastante simples. A maior parte da literatura sobre o assunto é do tipo "seja simpático e influente". Afinal, o *networking* é culturalmente entendido no contexto de se cultivar algo, geralmente para ganho comercial, em vez de ser conectado à ciência, a dados ou a padrões — e, portanto, à predição. Toda escola de negócios no mundo dá aulas de *networking*, seja de um tipo ou de outro, mas ele é ensinado como parte do currículo de carreira, não como um tema central. Para piorar as coisas, é visto como algo que os extrovertidos fazem melhor do que os introvertidos. Está mais associado à vulgaridade do que à observação social ou à teoria cultural. Sempre me espanta que muitas pessoas se esquivem da ideia de que fazem *networking*; uma fantasia comum em certos círculos é que coisas como empregos, conexões e ideias inovadoras vêm de Marte, aterrissando magicamente ao nosso redor sem intervenção, sem qualquer tipo de comportamento dirigido, e que, se houvesse algo planejado, seria grosseiro demais falar sobre isso.

Isso é, naturalmente, novidade para as muitas redes de cientistas; o CERN pode ser muitas coisas, mas, acima de tudo, funciona como uma rede. E não se trata apenas de cientistas, é claro. A falta de redes fortes é um obstáculo fundamental à mobilidade social. Criminosos ou pessoas criativas, políticos ou forças policiais, músicos ou gerentes, todos dependem de redes e da sua manifestação humana mais óbvia — o *networking*. Como afirma o físico Albert-László Barabási: "As redes estão por todos os lados. Você só precisa procurar."[39]

RESULTADOS CONECTADOS

Estou delineando aqui o caso da Saúde Social porque acredito que é hora de dar à conectividade, em todas as suas múltiplas formas, um objetivo definido e uma definição — e, para fazer isso de modo correto, a Saúde Social necessita de uma definição própria. Gostaria de chamar a atenção para a forma como os comportamentos interligados podem ter efeitos diferentes e explicar quais podem ser as alavancas para melhorar o que os decisores políticos chamam de "resultados".

Existem princípios claros por trás da ideia de Saúde Social:

1. Todos nós vivemos vidas dominadas por, e incorporadas em, tecnologias em rede e redes sociais.
2. Não podemos ser iguais às máquinas.
3. Não temos um sistema de gestão para melhorar a conectividade, e continuamos sofrendo com o fato de que não há um processo verdadeiramente organizado ou uma visão subjacente do que significa ser saudável na Era da Sobrecarga.

Se fosse acrescentar "Saúde Social" à definição atual da OMS, poderia dizer o seguinte:

> "Saúde Social é saber com quem e com o que se conectar — e quando. Ela evita a infobesidade através da gestão da conexão, on-line e off-line. Enquanto a boa saúde física e mental depende da nutrição, somada ao exercício e ao sono, a Saúde Social coloca o conhecimento, somado às redes e ao tempo, no centro do que os indivíduos e as organizações precisam para funcionar com sucesso."

Já que a linguagem do mundo está se reduzindo — dos 280 caracteres no Twitter às três palavras do aplicativo de mapeamento de geolocalização, *what3words* —, vamos encurtar essa definição:

> A Saúde Social é o fluxo produtivo e funcional do conhecimento e das redes, acontecendo no momento certo (o que, em inglês, juntando-se as iniciais de "conhecimento", "redes" e "tempo", pode ser chamado de "KNOT", que em português significa nó).

COMO USAR ESTE LIVRO

Você pode estar lendo este livro porque tem um interesse geral na nossa realidade de conectividades aceleradas e gostaria de ter algumas ideias e encontrar sugestões de leitura. Pode estar interessado em negócios, gestão, mudança, estratégia, comunicação, psicologia ou apenas estar se fazendo esta pergunta: é possível simplificar a complicada vida conectada? Existe uma maneira de navegar através da Era da Sobrecarga? Espero que este livro lhe dê contexto e ideias que você possa explorar e levar adiante. Vou chamar você de Turista, que está visitando uma terra que eu amo e quero mostrar.

O livro está dividido em duas partes, embora não tenha sido concebido para ser lido necessariamente de uma vez só: escolher algumas partes aqui e ali pode ser a forma mais correta de lê-lo (sobretudo se considerarmos o pouco tempo que você, meu leitor, provavelmente tem). A primeira, "O caminho para a vila do bem", expõe o tamanho daquilo que penso que todos enfrentamos atualmente na Era da Sobrecarga, e como a metáfora da saúde e a história da saúde e da busca pela boa forma ao longo do último século pode nos guiar até um plano de Saúde

Social. Como a minha própria vida coincidiu com algumas das muitas mudanças tecnológicas aqui apresentadas, espero que perdoem certa autobiografia nestas páginas. Podem ver essas seções como sendo uma história da viagem pessoal que fiz, "do telex ao Twitter".

Na parte dois, "O seu eu misto", olho para o período pessoal e profissional de nossas vidas e como nos aproximamos da Era da Sobrecarga em cada uma dessas esferas sobrepostas, desde como nos conectamos no trabalho até o mundo do sexo e da intimidade — e os papéis que interpretamos em tudo o que fazemos. Somos nações de *networkers*, e espero persuadi-los das razões por que isso acontece.

No final do livro há alguns conselhos práticos, uma série de seis passos que podem ser tomados se você quiser mudar alguns comportamentos rapidamente.

Sou otimista e pragmática. A Saúde Social e os comportamentos saudáveis podem ser criados por meio de uma série de práticas, princípios, exercícios e hábitos. A abordagem deve ser tanto física como mental. Esse é um conjunto humano de habilidades e se baseará na tentativa e no erro, bem como na construção de experiências compartilhadas. Foi Aristóteles quem disse: "Nós somos o que fazemos repetidamente. Excelência, portanto, não é um ato, mas um hábito."

NOTAS

1. WEISBERG, 2016.
2. GLOVER, 2010. Ver também: TRENTMANN, 2016.
3. Termo cunhado por Rainie e Wellman (2012).
4. FÓRUM ECONÔMICO MUNDIAL, 2016.
5. SHAFAK, 2015.
6. Zuckerberg fez esse post no Facebook em agosto de 2015. Em 2017, o Facebook tinha mais de 2 bilhões de "usuários ativos mensais".
7. HOLMES, 2012.
8. Artigos para a Appleton's Cylopaedia of Applied Mechanics (1849) citam Thomas Edison como coautor, e grande parte do material encontra correspondência em seus próprios manuscritos.
9. EDWARDS, 2016.
10. Acredita-se que os sumérios da Babilônia foram os primeiros a criar um calendário. Usaram as fases da lua, contando doze meses lunares por ano e doze horas entre o amanhecer e o pôr do sol.
11. John Keats, When I Have Fears [Quando eu tenho medos]. Originalmente escrito em 1818 e publicado postumamente em 1848.
12. Ver: "50 years of Moore's Law" ["Os 50 anos da Lei de Moore"]. Disponível em: www.intel.com.
13. CAIRNCROSS, 1997.
14. HARARI, 2011.
15. Aplicativo Bread Baking Basics, produzido pela Ruhlman Enterprises Inc, lançado em outubro de 2011.

16. Ver o relatório da Food and Agriculture Organization of the United Nations [Organização das Nações Unidas para a Alimentação e a Agricultura], intitulado "World Food Situation: fao Cereal Supply and Demand Brief" ["Situação global dos alimentos: relatório da fao sobre o suprimento e a demanda de cereais"], de dezembro de 2015.
17. WOLF, 2015.
18. A Northampton Chronicle informou, em novembro de 2013, que as salas para palestras "podem não ser incluídas" no novo campus da Universidade de Northampton, enquanto o design de Frank Gehry para o prédio Dr. Chau Chak Wing da School of Technology de Sydney, que foi inaugurada em 2015, apresenta um "uma sala colaborativa para palestras com 120 lugares" e salas "projetadas para configurações flexíveis com mobiliário móvel para permitir atividades de grupo". Ver: www.uts.edu.au.
19. NCD RISK FACTOR COLLABORATION, 2016.
20. WOLFF, 2015.
21. Isso é até mesmo chamado de "medicina personalizada". Ver: MENDES, 2015.
22. O artigo "Life-threatening Bowel Ischemia Can Often be Treated by Balloon Angioplasty" ["A isquemia intestinal potencialmente fatal pode ser tratada por angioplastia com balão"], publicada na Medical Xpress em fevereiro de 2016, relatou que esta intervenção relativamente simples fornece resultados com "uma clara melhoria em comparação com os resultados de tratamentos anteriores", só um dos exemplos de como a medicina está questionando o que constitui boas técnicas de tratamento, que nem sempre envolvem alta tecnologia.
23. MORRIS, 2016.
24. O livro de Sontag (1968) foi um tratado inovador sobre os costumes e as atitudes sociais em relação ao câncer, baseado em sua experiência pessoal.
25. Ver o estudo de Christakis (2007) sobre comportamentos relacionados com a obesidade.
26. Ver: CIALDINI, 2001.
27. BRYNJOLFSSON; MCAFEE, 2014.
28. BRYNJOLFSSON; MCAFEE, 2015.
29. TURKLE, 2015.
30. TALEB, 2012.
31. Ver, de forma variada, as obras de Kahneman (2012), Thaler e Sunstein (2009), Sutherland (2015), Halpern (2005) e Halpern (2015).
32. Preâmbulo à Constituição da Organização Mundial da Saúde, adotada pela Conferência Internacional da Saúde em Nova York, 1946. Ela entrou em vigor em 1948.
33. Ver: DASGUPTA; SERGALEDIN, 1999.
34. Ver: BURT, 2005.
35. Ver: www.investopedia.com.
36. Relatório do McKinsey Global Institute, "The Social Economy: Unlocking Value and Productivity through Social Technologies" ["A economia social: obtendo valor e produtividade através de tecnologias sociais"]. Disponível em: www.mckinsey.com.
37. Relatório sobre produtividade da The Conference Board de 2015, intitulado "Global Productivity Growth Stuck in the Slow Lane with No Signs of Recovery in Sight" ["A produtividade global parou no meio da estrada sem sinais de recuperação à vista"]. Disponível em: www.conference-board.org.
38. GLADWELL, 2001.
39. BARABÁSI, 2002.

PARTE UM

O CAMINHO PARA A VILA DO BEM

1

PAISAGENS HOSTIS

A TAXA DE DIFUSÃO

Um dia, em 2014, a reclusa cantora britânica Kate Bush colocou à venda na internet ingressos para *Before the Dawn* [*Antes do amanhecer*], seu primeiro ciclo de shows em 35 anos. Todos os ingressos foram vendidos em quinze minutos, com a internet proporcionando um perfeito acelerador de vendas. A notícia se espalhou como uma epidemia. Kate Bush usou uma linguagem interessante quando comentou sobre a velocidade e a escala do esgotamento das entradas vendidas pela internet: "I'm overwhelmed."[1] Em inglês, a palavra "overwhelmed" pode tanto significar "abismada" ou "impressionada" quanto "sobrecarregada".

A sociedade é sustentada e ligada por um mosaico de redes, embora nós não as percebamos na maior parte do tempo. As redes são estruturas — animais, vegetais, mecânicas e humanas — que transportam tudo, de fofocas a megabytes, madeira, telecomunicações e shows de música pop.

Toda rede se espalha mais rápido se tiver um acelerador. No caso do HIV, ele é o sexo desprotegido. No caso do vírus da Zika, ele é a água na qual os mosquitos se reproduzem. O acelerador pode ser político — como, por exemplo, a pobreza, em locais onde as pessoas não têm outra opção senão beber água contaminada. Mas pode ser populismo ou shows de música pop. Onde quer que as pessoas se conectem, elas espalham algo.

A mais de oito mil quilômetros de distância, uma jovem em algum canto da Guiné, na África Ocidental, criava um conjunto de efeitos de rede mortíferos. Louise Kamano foi a pé de sua aldeia perto da cidade de Guēckēdou até a margem do rio Moa e atravessou para o outro lado em uma canoa. Ninguém a impediu, apesar do fato de ela atravessar uma fronteira, indo de um país para o outro. Ao pisar em terra firme, em Serra Leoa, uma nação com seis milhões de habitantes, ela começou a espalhar algo ainda mais perigoso do que os crocodilos e as armas AK-47 descartadas depois da guerra recente: Louise Kamano estava infectada com ebola.[2]

Vistos de perto, em uma imagem ampliada, os efeitos da DVE, ou doença do vírus ebola, parecem estranhamente bonitos. As células doentes formam agregados azuis e rosas, firmemente unidos em aglomerados sobrepostos, porosos e pegajosos. Essas células dão origem a febre alta, intensos vômitos, diarreia, hemorragias e danos no sistema nervoso central. O corpo atinge o pico de contágio no período que compreende os últimos dias antes da morte, o momento em que ela acontece e os momentos que a seguem.

O físico especialista em redes Albert-László Barabási analisa os componentes e as características dos diferentes tipos de redes. Ele chama de "redes sem escala" aquelas que começam a se replicar exponencialmente a partir de muitas centrais e nós simultaneamente, ficando rapidamente fora de controle. Embora estejam a mundos de distância, uma epidemia e a internet têm mecânicas de disseminação de rede semelhantes. Como diz Barabási, "em redes sem escala, um vírus se espalha e persiste mesmo que não seja muito contagioso".[3]

De uma nação para outra: no total, seis países da África Ocidental perderam, juntos, onze mil pessoas em um único ano.

Cerca de metade das pessoas infectadas com ebola sobreviveu, mas sobreviventes como Louise, ao se deslocarem, espalharam o caos. Um blog local na Guiné falou sobre a situação da seguinte maneira: "As ruas enlameadas e os edifícios de má qualidade não devem esconder o fato de que cidades como Guēckēdou são cosmopolitas, onde pessoas de toda a região se conectam à economia global. Os comerciantes formam um mosaico de grupos étnicos e de nacionalidades que vão e vêm através das fronteiras."[4]

Ao contrário dos quinze minutos necessários para espalhar a notícia das vendas de Kate Bush, alimentada pelo boca a boca e distribuída por cabos de conexão, a incubação do ebola é de até 21 dias, e a contaminação é acelerada em grande parte pelo toque humano. Acredita-se que, ao atravessar novamente a fronteira entre Serra Leoa e a Guiné, Louise Kamano passou a doença à respeitada curandeira local, Finda Nuyuma, que morreu mais tarde. Os rituais funerários na África Ocidental são luxuosos e incluem embrulhar e acariciar o corpo, de modo a enviá-lo em segurança, com beijos, para a vida após a morte. Rituais, como nos recorda o sociólogo Richard Sennett, "transformam objetos, movimentos corporais ou palavras brandas em símbolos".[5]

Os funerais — o símbolo mais completo da conexão humana — serviram de faísca para propagar o ebola, e são um lembrete de como estar conectado pode ser tanto a salvação dos humanos quanto a nossa destruição.

Cultura, doença, ideias: o tecido conjuntivo é assustadoramente familiar. Quando atingem níveis epidêmicos ou endêmicos, chamamos a situação, graças ao observador social Malcolm Gladwell, de "o ponto de virada". Mas como interromper, ou pelo menos reduzir, o tipo errado de propagação? Como, por exemplo, o pânico. Ou comportamentos viciantes e imitativos. Ou doenças. Ou algum outro mal-estar. A melhor arma contra o ebola acabou sendo se basear em coisas básicas: sabão, água e quarentena (algo a que vou me referir mais adiante neste capítulo).

Mas é quase impossível colocar de quarentena o boca a boca. Considere, por exemplo, o ódio radical propagado em células terroristas formadas dentro de prisões na Bélgica e na França no mesmo ano da epidemia de ebola, que também utilizaram redes de propagação em uma estrutura diferente de espaços fechados com "pensamentos de grupo" que "infectaram" muitas pessoas em locais próximos. Este mal-estar particular da Jihad acabou estourando nas ruas de Bruxelas e de Paris em 2015 e 2016, subjugou as autoridades e causou muitas mortes. De maneira inversa, a rede de inteligência falhou. A informação se transformou em um monte de agulhas perdidas em um palheiro gigante e desconectado. O tempo não estava em sintonia com a informação. O boca a boca entre as autoridades se tornou secundária a um certo "processo". O volume de informação criado virou um tsunami paralisante que vai engolir você.

A Saúde Social é ter o que eu chamo de "KNOT" (ou, em português, "nó") formado pelo conhecimento (Knowledge), somado às redes (Networks) e ao tempo (Time) — ou seja, a inteligência certa, as redes suficientes e o tempo para agir de forma oportuna —, é tanto uma abordagem sistêmica quanto uma de saúde mental individual e bem-estar. O pessoal é realmente político.

Não há dúvida de que a saúde física na África Ocidental em 2014 foi deficiente, mas podemos facilmente rastrear a má conexão e desconexão a nível político e burocrático — desde a famosa resposta lenta da Organização Mundial da Saúde (ignorando os apelos de advertência das operações de campo menores e mais ágeis dos Médicos Sem Fronteiras) até a má gestão por políticos regionais desesperados para manter diante do mundo a aparência de estarem "abertos para negócios" por muito mais tempo do que seria sábio. Foi essa falta de senso de Saúde Social e de comportamento conectado bem-sucedido que fez com que o ebola se espalhasse além dos limites de uma aldeia relativamente remota para as cidades e vilas mais populosas. Esse surto foi uma lição sobre como precisamos levar a sério a conexão e realmente entender seu poder, agindo de acordo com o que sabemos sobre comportamento em rede no homem e no ecossistema físico e humano ao nosso redor. Sem isso, estamos perdidos.

MENINAS PERDIDAS

Como escreveu a romancista Edna O'Brien, agosto é um mês terrível. Durante o verão de 2002, a psique nacional britânica foi assombrada por duas jovens meninas que desapareceram de Soham, em Cambridgeshire.

Dia após dia, os seus rostos brilhavam de forma terrível nas fotografias na televisão e nas primeiras páginas dos jornais. Holly Wells e Jessica Chapman, ambas com dez anos, desapareceram de uma hora para a outra. Todo mundo sabia o que elas estavam vestindo: na fotografia, elas estão lado a lado, como fazem as melhores amigas, usando com orgulho suas tiras vermelhas e brancas do Manchester United. Uma delas sorri confiantemente para a câmera, enquanto a outra dá um sorriso mais hesitante. Todos nós procuramos algum significado nessa fotografia, todas as vezes que a vimos; talvez ela contivesse o mistério do destino das meninas.

As garotas desapareceram em um condado inglês que tem fronteiras (e conexões) com um total de sete outras: Lincolnshire e Norfolk ao norte/nordeste, Suffolk ao leste, Essex e Hertfordshire ao sul e Bedfordshire e Northamptonshire ao oeste. A massa terrestre de Cambridgeshire tem pouco menos de 6.500 quilômetros quadrados. O alerta sobre o desaparecimento foi criado rapidamente, mas durante as duas semanas seguintes houve uma sensação crescente de medo à medida que as meninas não eram encontradas.

Elas não foram encontradas porque alguém as matou. Esse alguém era um homem chamado Ian Huntley, o zelador da escola em que elas estudavam. Ele tinha uma série de condenações e quase condenações em sua cidade natal de Grimsby, em Humberisde, mas "falhas no sistema" fizeram com que ele ficasse livre para matar e enganar a mídia e as famílias, fazendo-as pensar que ele estava ajudando a procurar as meninas. Ele se mostrava tão comprometido em ajudar que o comportamento devia ter alertado os responsáveis por traçar perfis psicológicos dos suspeitos. Na verdade, ele tinha assassinado Holly e Jessica poucas horas depois do desaparecimento delas, a poucos metros de distância de onde foram vistas pela última vez. Elas saíram para comer uns doces em um lugar próximo e Huntley as convidou para a casa dele usando um pretexto casual. Como o conheciam e não podiam imaginar que estavam em perigo, as meninas aceitaram o convite. Ninguém sabe o que aconteceu depois, exceto pelo fato de que, em 17 de agosto, os corpos foram encontrados, parcialmente decompostos, na fronteira do condado de Norfolk.

No caso dos assassinatos de Soham, a Saúde Social da polícia e sua incapacidade de detectar padrões ou intervir foi lamentável. Às vezes, as forças policiais são acusadas de encobrir provas. Nesse caso já haviam descoberto evidências do crime, mas não conseguiram entender o que elas significavam e foram incapazes de ligar os pontos. No inquérito público que se seguiu aos assassinatos, foi revelado que, três anos antes, em 1999, um relatório dos serviços secretos da polícia interna de Grimsby tinha dito sobre Huntley que: "É bastante óbvio que ele é um agressor sexual em série, e está livre para continuar." Por que os padrões não foram reconhecidos? Não havia nenhum padrão de Saúde Social, nenhuma ideia de que um procedimento que colocasse a própria conectividade em seu centro poderia ter sido desenvolvido ou implementado. A rede policial falhou; o conhecimento da propensão de Huntley a atacar garotas não foi transmitido. Na época em que ele se candidatou à vaga de zelador de escola em Soham, informações vitais foram deixadas em uma máquina de fax. O erro humano permitiu que um homem desumano matasse duas meninas. As forças policiais envolvidas eram informatizadas — conectadas em sentido técnico, mas desconectadas onde era mais importante. No mesmo inquérito público,[6] uma lista de erros de Saúde Social foi exposta. Havia "inchaço organizacional", "tecnobarriguinha" e "obesidade da informação" em abundância.

A confusão, o caos e os erros de comunicação nos órgãos públicos, que vão da polícia aos serviços sociais do governo local, dão uma lição objetiva sobre o que acontece quando não há Saúde Social nos órgãos públicos. No verão de 2016, duas mulheres em Fife, na Escócia, foram condenadas por infligir tortura e ferimentos hediondos em vários meninos, incluindo o assassinato do filho de dois anos de idade de uma delas. As equipes dos serviços sociais envolvidos falharam em funcionar segundo os comportamentos que descrevi na definição de Saúde Social, ou segundo o que alguns poderiam chamar de "pensamento conjunto". Por que isso continua acontecendo? Porque a ideia de que vidas interligadas estão cheias de disfunções e de que precisamos tomar medidas específicas para resolver esse problema ainda não aconteceu. Problemas conectados — e soluções — acontecem em todos os lugares: em burocracias pequenas ou grandes, em casos de falha de comunicação entre pessoas em uma conversa bidirecional ou mesmo em contextos amplos envolvendo vários agentes. Os princípios da recuperação dos que são, no mínimo, maus hábitos e más práticas, podem ser tão surpreendentes quanto eficazes. É aquilo a que as agências políticas se referem, após o ocorrido, como "lições aprendidas".

QUARENTENA

Nesse mesmo verão de 2002, quando Holly Wells e Jessica Chapman foram raptadas e mortas, levei a minha jovem filha Anoushka a um evento para famílias em um parque. Não era um parque de diversões, mas foi um passeio com castelos infláveis e barraquinhas de brincadeiras. Deixei-a em uma área fechada para crianças e saquei o meu novo brinquedo: um celular. Na época isso significava apenas um telefone móvel — ou seja, nada de especial. Se fosse um *smartphone*, eu teria visto as notícias — os jornais foram dominados pelas notícias sobre as duas meninas de Soham. De alguma maneira inconsciente, todos devem ter se sentido desconfortáveis. Tirei os olhos do celular por um momento e, quando olhei para trás, minha filha tinha desaparecido.

A polícia que estava no local foi maravilhosa, e imediatamente entrou em ação. A primeira coisa que fizeram foi fechar a área, colocando o parque em quarentena temporária. Encontraram rapidamente a minha menina, com seu cabelo castanho curto e olhos castanhos escuros. Ainda tenho uma fotografia dela daquela época, com as mãos unidas, vestindo a roupa que estava usando naqueles poucos minutos agonizantes que pareciam se estender por séculos de medo e desespero. Ela usava uma camiseta azul marinho e uma calça legging. A camiseta tinha uma grande estrela prateada no peito e as mangas eram listradas de cor-de-rosa e azul. É incrível quantas vezes você pode soltar seus filhos no mundo com roupas imemoráveis, mas regularmente agradeço a um Deus invisível por aquele não ter sido um desses dias, já que eu era capaz de lembrar muito bem com que roupa ela estava.

Recentemente, contei a Anoushka, agora uma adolescente, sobre esse dia; e acontece que ela se lembra muito bem dele. Ela diz que saiu da área confinada "porque queria, mesmo sabendo que não devia. Então fui e me sentei em um banco e depois vieram e me encontraram". Eu nunca tinha preenchido aqueles longos e horríveis minutos com acontecimentos até agora. A forma com que a polícia acabou encontrando nossa filha não mostrou nenhum distúrbio de conexão; e, além do fato de que olhei para longe por um segundo, também não houve nenhum distúrbio de conexão no processo de perdê-la. A resposta para encontrar Anoushka foi socialmente saudável: tudo se encaixou bem. Acredito que ela foi encontrada porque as possíveis saídas e avenidas através das quais ela poderia ter caminhado ou sido levada para fora do parque foram fechadas rapidamente. Com efeito, a polícia implementou uma quarentena imediata, uma desconexão.

A abordagem de quarentena ocorreu num contexto mais amplo na África Ocidental durante a crise do ebola. Não foi uma menina que saiu acidentalmente do recinto e foi embora. Foi uma doença que ultrapassou os limites de barreiras animais, invadindo humanos e depois se espalhando pelos portões destravados da Saúde Social mal administrada. Lembre-se de que Louise Kamano só atravessou a fronteira para Serra Leoa, o país vizinho. Embora as políticas de policiamento de um único parque em Londres sejam muito diferentes das de policiamento de uma população inquieta com ansiedade, tentando colocá-la em quarentena, existem paralelos claros. Quando o ebola se espalhava de forma desenfreada e o controle das suas fronteiras médicas e geográficas estava praticamente perdido, havia uma solução crítica: colocar em quarentena as pessoas doentes assim que apresentassem sintomas. Mas os costumes e as superstições locais e o medo de que os médicos em seus trajes brancos estivessem praticando feitiçaria em vez de medicina fez com que muitos ficassem escondidos em casa, espalhando a doença para dentro das suas comunidades. Apenas uma líder africana (a única líder feminina da África) teve a coragem de dizer e fazer o impensável: no auge da crise, a ex-presidente da Libéria, Ellen Johnson Sirleaf, impôs um toque de recolher nacional das nove da manhã às seis da tarde.

Inicialmente, a estratégia foi recebida com ceticismo por parte da própria OMS e com tumulto por parte da comunidade. A ex-presidente

Johnson admitiu que o movimento aumentou as tensões. Mas a quarentena, em conjunto com uma campanha de conscientização de saúde pública altamente visível servindo de retaguarda, encurtou de forma drástica a propagação da doença. O *New York Times* comentou que "a doença diminuiu drasticamente na Libéria nos últimos meses".[7] Mas ficou evidente que o que a antiga presidente fez foi corajoso e direto. Ela desligou o sistema de transmissão da rede quando esse se tornou a única opção. Ela comunicou a decisão, gerenciou o processo, usou a intuição de que aquilo tinha que ser feito e agiu rapidamente.

Compare e contraste os dois casos. No exemplo de Soham, houve uma falha múltipla do sistema, espalhada por múltiplas áreas geográficas. Uma cultura de certas atitudes pode muito bem ter contribuído para a inércia por parte da polícia, além de uma falta de motivação para identificar o que Huntley era no início da sua "carreira" de agressor sexual — um predador instável. A alegação de uma jovem mulher de que tinha sido estuprada por Ian Huntley foi rejeitada, e é discutível que isso se deva em parte ao fato de que a polícia acreditou que ela tinha, de alguma forma, "pedido por aquilo", só porque tinha saído de uma balada com ele e ido para um beco. Embora a polícia tenha feito grandes esforços para encontrar as duas meninas em Cambridgeshire, meninas mais velhas e mulheres jovens não se deram tão bem em Humberside. Uma ligação fatal se desenvolveu entre esses dois grupos. Em vez de impedir Ian Huntley de chegar a suas presas, as ações da polícia ampliaram as suas opções de acesso a elas.

No entanto, na África, ocorreram comportamentos completamente diferentes — e os resultados também foram diferentes. A desconexão foi iniciada de forma ativa, cortando a ligação entre as áreas geográficas envolvidas, mas também ativando a quarentena. Quão diferente seriam as coisas se Ian Huntley tivesse sido colocado em quarentena? Uma grande descoberta do relatório de Bichard sobre os eventos concluiu que o recolhimento e o compartilhamento de dados pela polícia eram inadequados. Huntley tinha, afinal, mudado de condado sem ser notado por qualquer nova força policial. Tal como Louise Kamano, que todos sabiam ter sido exposta ao ebola mas que não foi colocada em nenhum sistema, atravessou fronteiras. Só que, no caso dela, foi de um país vizinho para outro.

Um amigo meu, que adotou uma criança gravemente violentada, me disse que os pais sempre a mudavam de área, uma medida pensada para esconder os sinais físicos e emocionais do abuso que estavam infligindo a ela. Foi apenas um encontro aleatório com um antigo professor, que viu a criança chegando em uma nova escola a centenas de quilômetros de distância da anterior, que disparou uma série de ligações que acabaram libertando a criança daquele sofrimento. Os criminosos em série muitas vezes se movimentam para evitar a detecção. É essa mobilidade que lhes dá liberdade. Perfis geográficos agora mostram o quão limitado pode ser o alcance dos assassinos — eles, assim como Ian Huntley, na verdade, quase sempre matam surpreendentemente perto de suas casas,[8] mas muitas vezes levam os corpos das vítimas para outro lugar para se desfazerem deles. O tempo de quarentena pode ser muito valioso e é muitas vezes ignorado, uma vez que o instinto das forças policiais é olhar para uma área geográfica mais ampla e mais conectada, não para uma mais estreita.

Tim Berners-Lee, fundador da World Wide Web, comentou que a conectividade está ausente em muitas organizações, apesar das possibilidades que lhes foram abertas no laboratório europeu de física de partículas do CERN em 1989. Das muitas citações listadas na internet sobre o que ele disse, a que se destaca para mim não é sobre a internet em si, mas sobre a gestão das organizações: "Qualquer CEO de empresa deve ser capaz de fazer uma pergunta que envolva a conexão de dados em toda a organização (...) A maioria das organizações está perdendo essa habilidade de conectar todos os dados em um lugar só."[9]

Para uma força policial, um departamento governamental, uma escola ou uma multinacional, a palavra "dados" não significa apenas dígitos, mas também pessoas. A maioria das organizações não tem a capacidade de conectar pessoas, ideias, problemas e soluções. Não chamam suas bases de dados de "bases de pessoas", mas talvez devessem. Acham que estão conectadas, e dizem a si mesmas que a tecnologia faz isso. Mas se esqueceram dos sistemas e das estruturas básicas do comportamento humano e, com eles, da Saúde Social. Passemos agora brevemente a uma outra paisagem hostil e a suas desconexões e seus descontentamentos: a vida profissional moderna.

SORTE CULPADA

Sou uma criança da geração "emigrante" formada pelos refugiados de Adolf Hitler de Viena, patrocinados para chegar à Inglaterra em 1936, antes que o horror total da "*Kristallnacht*"[10] se tornasse tão cruelmente claro. Como tal, sinto um arrepio fantasmagórico quando vejo relatos de pessoas que tentam atravessar o Mediterrâneo traiçoeiro para conseguirem ter uma vida decente: poderia ter sido eu. Por isso, me sinto sortuda. Tenho a sorte de prosperar e viver uma vida saudável e comum enquanto podia tão facilmente não ter sobrevivido. Todos nós fazemos isso — aqueles de nós com um lugar seguro para viver, livres da repressão, saudáveis (também me sinto sortuda por ter escapado do pior da pneumonia), com o estômago cheio e trabalho remunerado.

Porém... algo estranho está acontecendo em paralelo no sortudo mundo do trabalho. Sentimos um tipo diferente de opressão, somos invisivelmente assediados por tudo que temos que fazer, pelo pouco tempo que temos para tal e pelos sistemas de gestão inadequados que não permitem que façamos o que precisamos. Vivemos sob coação de um tipo diferente; vivemos em uma terra aberta e livre, mas somos forçados a operar em uma paisagem hostil.

Será que estou exagerando? A vida profissional de hoje — aquele trabalho gerencial, de escritório (mesmo que seu escritório seja mais virtual do que físico, sua caixa de entrada continua cheia do mesmo jeito) — constantemente coloca as pessoas sob pressão: da concorrência, da informação, da falta de tempo, do excesso de escolhas e de uma abordagem desorganizada e caótica para a vida moderna em rede. Não há começo, meio ou fim para o trabalho. Ele é contínuo. Está ao nosso redor, para onde quer que olhemos. Se fôssemos militares em vez de mães trabalhadoras, pais, estudantes, professores, repositores de prateleiras, trabalhadores de escritório, políticos ou artistas, reconheceríamos nosso campo de batalha como multifacetado e cheio de perigos, um terreno repleto de riscos: a ameaça de perder a batalha por uma vaga de emprego; de ter que lutar contra um concorrente invisível que opera em um fuso horário diferente, em uma economia diferente e que tem salários mais baixos — e é, portanto, mais "competitivo" do que você; o risco de se endividar ou de ter que encarar o aumento dos custos; o perigo de não conseguir acompanhar as exigências multidirecionais das tarefas de casa e do trabalho.

O "equilíbrio entre a vida profissional e a vida pessoal" já foi uma promessa — agora parece uma provocação. Podemos ir à academia, planejar o que comemos ou tentar alcançar o "mindfulness" algumas vezes ao dia, mas nossa gestão da informação tem pouco padrão; ela corre em torrentes através das redes a que pertencemos e que se comunicam conosco. Gerenciamento de spam, gerenciamento de informação inútil, mensagens do LinkedIn, mensagens no Instagram, mensagens de texto: o clamor das pessoas que estão tentando chegar até nós (e nós até elas). O que há de errado com o nosso território hostil? Se fizermos de novo uma analogia militar, onde está a estratégia para combater esses inimigos?

ESQUIVA E MERGULHO

Em uma paisagem hostil, você deve estar devidamente equipado, comportar-se de maneira flexível e adaptável e ser capaz de usar ferramentas e sistemas que estão unidos; um erro e você pode decepcionar a si mesmo e a outros. E deve conhecer o seu inimigo. Na linha de frente, estamos pelo menos enfrentando as ameaças. Qualquer pessoa tentando administrar o tempo de consumo e o relacionamento de um filho adolescente e eletrônicos conhece esse sentimento.

Nossas crianças estão tão conectadas que pedir que se desliguem é como uma privação para elas. Muitos de nós sentimos a mesma coisa. Estamos viciados. Nós nos sentimos acorrentados aos nossos dispositivos, mesmo quando os aplicativos e a modernidade podem nos libertar. Qualquer um com pais idosos sabe como o mundo conectado pode ser complexo e confuso. Tudo o que é moderno é mal projetado para pessoas com habilidades cognitivas restritas ou deficientes, mãos artríticas, visão ruim; e a idade, e mais ainda a demência, acabará enfraquecendo as faculdades mentais de uma pessoa cedo ou tarde. Assim, a era da conexão é mais para os jovens, mas os muito jovens são então expostos a muito mais do que eles ou os seus pais pediram.

É provável que alguns de nós tenhamos um padrão saudável de comportamento em nossa vida doméstica — uma refeição familiar regular, ou uma rotina de exercícios e alimentação saudável. O tamanho da unidade familiar facilita a mudança. Você consegue controlar a sua saúde ou os hábitos alimentares da sua família. É mais fácil impor restrições, limitações ou desconexões a um pequeno grupo de pessoas do que a uma grande instituição ou população. Por isso, costuma ser muito mais difícil tornar seu local de trabalho mais saudável do que sua casa.

É por essa razão que, no contexto mais amplo da sociedade, da política, dos sistemas empresariais e organizacionais, vemos a vida conectada começar a se firmar como um vício indesejado. De vez em quando, participo de reuniões no escritório do Ministério de Relações Exteriores do Reino Unido, que fica na rua King James, no coração de Westminster, em Londres. Como membro do Conselho de Excelência Diplomático externo que olha para a diplomacia moderna, tenho ocasionalmente um vislumbre do funcionamento interno de uma das grandes invenções do governo: o serviço público.

O processo do governo a nível microscópico de execução de políticas é interessante de se observar de perto. Aliás, sempre gosto do jeito do emissário profissional — o embaixador do embaixador (ou "o cara por trás do cara", como diz o dramaturgo David Mamet), que anota com atenção durante as reuniões, os crachás de segurança laminados pendurados propositadamente sobre a camisa, o cordão balançando solto. Há muito que vem com o oficialismo. Os locais desses encontros combinam o clássico com coisas de catálogo: os tetos altos e as enormes colunas do *design* original de George Gilbert Scott são divididos por repartições feias em forma de caixotes. O *layout* físico chocante é uma metáfora para a luta clássica-contemporânea dentro de qualquer escritório moderno. Como podemos fazer as coisas antigas, o trabalho diário, quando estamos sob novas pressões sem precedentes, em que o tempo não é mais contado em séculos ou meses, mas em nanossegundos?

De todas as questões complexas que esses "mandarins" enfrentam, a escala e o volume de suas tarefas em um mundo conectado e em rede, juntamente com o ritmo e a escala de tudo isso, são vertiginosos e preocupantes. O Ministério das Relações Exteriores não tem espaço ou tempo real para refletir, reagrupar e alterar a configuração básica do que faz. Em vez disso, quinze mil funcionários em 225 postos de trabalho em todo o mundo devem selecionar, encontrar e transmitir uma riqueza de informações, constantemente conectados a uma rede de políticos, equipes de base e comunidades locais, bem como quaisquer britânicos que façam visitas em bons momentos ou sejam apanhados em maus momentos, enquanto estão o tempo todo sob o olhar do implacável ciclo de rotação das redes sociais. E eles fazem isso, na minha opinião, incrivelmente bem.

Conectar-se e se comunicar com cidadãos, funcionários e partes interessadas é visto como uma dor de cabeça para muitas instituições e organizações — e com razão. Para fazer isso de forma eficaz e na velocidade que esperamos (geralmente de forma instantânea, ou o mais perto possível disso), são necessárias competências e experiências as quais poucos possuem. Quanto mais se confia na tecnologia, pior se torna o problema. Visite sites do governo e tente encontrar o que você quer, ou ligue para um escritório do governo. Então faça a mesma coisa com o seu provedor de telefonia móvel. Você vai se deparar com a mesma situação. Você entra em um emaranhado insalubre de automação que não tem nada a ver com boas intenções e tudo a ver com um transbordamento: muito para transmitir e muito pouco tempo para fazer essa transmissão, e muitas vezes em pouquíssimo espaço (um bom site não pode conter muitas palavras).

Muitas facetas da conexão social e da comunicação básica — especialmente dentro da política — apresentam os sintomas clássicos de ansiedade e estresse, sinais de que nem tudo está funcionando como deveria. A interrupção dos sistemas de comunicação, uma falha de conexão importante, é comum na vida pública. No Reino Unido, em 2017, o desastre de Grenfell, um incêndio em um conjunto habitacional social no meio de Londres no qual 71 pessoas morreram (incluindo uma jovem que eu conhecida), desmascarou uma ausência hedionda de Saúde Social entre as autoridades. Um emaranhado inchado surgiu no terrível rescaldo dos processos burocráticos entre Kensington e o Conselho de Chelsea, e sua "equipe" autônoma que gerenciava o conjunto habitacional. A Organização de Gestão de Inquilinos de Kensington e Chelsea foi avisada com bastante antecedência sobre a deficiências no sistema de segurança contra incêndios — mas não fez nada. Houve um bate e volta de informações entre as duas organizações, muitas reuniões foram realizadas, mas ninguém agiu, assumiu a responsabilidade ou implementou mudanças. Essa equipe, apelidada de TMO (sigla para o nome em inglês, *Tenant Management Organisation*), foi dissolvida três meses após o desastre. A palavra-chave aqui é "após". Como em: "não antes".

Uma história semelhante aconteceu no Reino Unido em 2017 em relação ao terrorismo. Depois disso, as autoridades admitiram que quatro ataques terroristas distintos em Londres e Manchester eram, em parte, evitáveis — se a informação correta tivesse sido comunicada através das redes certas, com rapidez suficiente. O autor de um relatório encomendado pelo governo, David Anderson, escreveu sobre o ataque de Manchester — onde morreram 23 pessoas em um show da cantora Ariane Grande — que "em retrospectiva, a inteligência pode ser vista como tendo sido relevante para o ataque planejado". A Saúde Social reconhece que muitas vezes você precisa fazer pequenas mudanças para efetuar mudanças maiores, para valorizar a abordagem granular, assim como a grandiosa. Concordo com a antropóloga e jornalista Gillian Tett, que observa que: "Podemos mudar as regras formais e informais que usamos para organizar o mundo. Ou poderíamos, se pararmos e pensarmos."[11]

Olhe além das nossas fronteiras nacionais. Nossas instituições globais estão rangendo nas emendas políticas. Tudo foi criado em meados do século passado, na geração pós-Segunda Guerra Mundial: as Nações Unidas, a União Europeia, a OTAN e o Banco Mundial. Até mesmo a Organização Mundial da Saúde surgiu da ONU imediatamente após a

Segunda Guerra Mundial. Não pode ser coincidência que elas estejam fora de sincronia com a nova geração, com essa nova dinâmica: não foram construídos para essa era em particular — e isso se mostra óbvio.

Não só os velhos e estabelecidos sistemas de governo e de governança global estão sob pressão. A nova geração de tomadores de decisão — isto é, tanto os líderes do futuro quanto os eleitores comuns — estão reagindo não por meio de uma ponderação calculada do que fazer a seguir, mas exatamente o contrário. O comentador britânico Matthew d'Ancona falou bem sobre isso, observando que: "Na Babel do nanossegundo digital, os eleitores são conduzidos menos por imperativos morais puros do que pelo peso esmagador dos estímulos imediatos e próximos."[12] Estamos na adolescência de um novo século, mas de alguma forma nos agarramos a um conjunto narrativo — como a definição de saúde da OMS — dos anos de meia-idade do último século.

O mundo de hoje está conectado — por laços sociais, por viagens, por políticas, por rituais e costumes, por medo e por amor. O desafio é reconhecer que tudo isso pode resultar em uma paisagem profundamente hostil e buscar maneiras de sobreviver e prosperar nela. Agora é hora de se concentrar na busca pela boa forma e pela saúde e ver como e onde elas podem nos instruir a aplicar suas lições na Saúde Social.

NOTAS

1. PERRY, 2014.
2. Episódio "Outbreak" ["Epidemia"] da série Frontline [Linha de frente], da pbs, publicado em 5 de maio de 2015 e episódio "Outbreak: The Truth About Ebola" ["Epidemia: a verdade sobre o ebola"] da série This World [Este mundo], da bbc, publicado em 2015.
3. BARABÁSI, 2002.
4. TINTI, 2014.
5. SENNETT, 2012.
6. O "The Bichard Inquiry Report: Safeguarding Children" ["O relatório de inquérito de Bichard: cuidando das crianças"], de sir Michael Bichard, foi publicado em 2004 na sequência da condenação de Ian Huntley pelos homicídios de Jessica Chapman e Holly Wells, refletindo as conclusões de um inquérito independente sobre procedimentos de proteção, manutenção de registros, controle e partilha de informações dentro da Polícia de Humberside e do Constabulário de Cambridgeshire.
7. GLADSTONE, 2015.
8. MEDEIROS, 2014.
9. Ver: www.brainyquote.com.
10. N. T.: A Kristallnacht, também conhecida como Noite dos Cristais, foi um pogrom (ato de perseguição deliberada) contra os judeus pela Alemanha Nazista que aconteceu na noite entre 9 e 10 de novembro de 1938.
11. TETT, 2016.
12. D'ANCONA, 2015.

2

A BOA FORMA FÍSICA COMO METÁFORA

OS NOSSOS CORPOS, NÓS MESMOS

"Osso do dedão ligado ao osso do pé
Osso do pé ligado ao osso do calcanhar
Osso do calcanhar ligado ao osso do tornozelo
Osso do tornozelo ligado ao osso da canela
Osso da canela ligado ao osso do joelho
Osso do joelho ligado ao osso da coxa
Osso da coxa ligado ao osso do quadril
Osso do quadril ligado ao osso da coluna
Osso da coluna ligado ao osso do ombro
Osso do ombro ligado ao osso do pescoço
Osso do pescoço ligado ao osso da cabeça
Agora ouça a palavra do Senhor"
James Weldon Johnson, "Dem Bones".

Quando estava na escola, na década de 1970, antes de nos sentarmos em nossas mesas de madeira dura na Gospel Oak School, nos limites do frondoso parque Hampstead Heath, na zona norte de Londres, sentávamos no piso de madeira dura no encontro matinal e cantávamos. Uma das nossas canções favoritas era o famoso hino gospel *Dem Bones*. Originalmente escrito um ano antes da Grande Depressão de 1928, foi gravado inúmeras vezes durante o século XX por grandes nomes quase esquecidos, como Shirley Caesar, The Kingsmen, as Lennon Sister e Rosemary Clooney, tia do ator George Clooney. Todos, em todo o mundo, pareciam se identificar com essa melodia cativante.

O que significa ser saudável? Vamos começar pelo início. Todo mundo tem um corpo. Grande, pequeno, gordo, magro, de pele negra ou clara, de outros tons. Em forma de pera ou de maçã. Alto e ossudo. Curto e carnudo. Falamos de corpo "fisicamente apto" ou "com deficiência". A linguagem e o significado na saúde giram em torno do próprio corpo, qualquer que seja a sua forma, tamanho ou condição. Tão único quanto um floco de neve, conectado por biologia, história, geografia e humanidade. E por sangue e osso.

Dem Bones me lembra um livro infantil chamado *Funnybones* [*Ossos engraçados*], no qual esqueletos saem para brincar à noite, os ossos batendo fora de sincronia uns com os outros.[1] A estranheza o torna engraçado. Mas meus filhos sempre riam com um toque de ansiedade: os ossos deveriam estar conectados, não balançar de forma independente. Se não estiverem ligados, estão quebrados. Mesmo quando muito jovens, as crianças compreendem que estar partido é errado, dói e precisa ser consertado.

Gosto da ideia do corpo conectado, com todos os ossos e as articulações unidos, como metáfora para uma conexão saudável em um contexto mais amplo. O desejo de fazer parte de uma estrutura física íntegra é antigo e inteiramente natural. Não apenas o nosso próprio eu físico e espiritual ou religioso, mas também o nosso eu social e coletivo: uma família, uma aldeia, uma comunidade.

Queremos pertencer e estar completos, mas também queremos, com determinação, evitar rupturas. A linguagem relativa ao corpo é frequentemente usada para se falar sobre a sociedade: descrevemos uma "fratura" ou "fissura", que depois se alarga até virar uma guerra. Quando um sistema colapsa, é descrito da mesma forma que uma veia colapsada. Um sistema mecanicista — um carro, talvez — tem uma "pane", que é como descrevemos uma pessoa cuja saúde mental precisa ser curada. Uma organização quebrada é descrita como "disfuncional" ou "não funcional" — ou seja, quebrada. A linguagem corporal é abundante: os computadores ficam "infectados" com "vírus".

A Saúde Social que descrevi anteriormente é sobre como tratamos nossas conexões físicas e emocionais em um mundo que é cheio de conectividade e seus muitos descontentamentos, assim como nos conectamos com nossa saúde física e mental e com nosso condicionamento físico. Mas alcançar esse estado particular de saúde não é o mesmo que perder peso ou ganhar músculos. É muito mais holístico do que isso. No cerne da questão há o senso de pertencimento e de completude. Embora a questão das ligações e a própria palavra "social" pareçam hoje totalmente absorvidas pela ideia de uma ligação eletrônica, ela tem muito menos a ver com o fato de se estar no Snapchat ou no Instagram e mais a ver com quem nos conectamos, e com a sensação de nos sentirmos ligados, desligados ou, pior ainda, abandonados. O escritor Johann Hari estava certo quando disse que "o oposto do vício não é sobriedade. É a conexão".[2]

Há uma cena famosa no filme da Pixar *Toy Story 2*. O herói Woody, um caubói de brinquedo magro e gentil, rasga o braço por acidente enquanto seu dono humano Andy está fora. Mais tarde, o menino chega correndo, pega seu brinquedo preferido e repara imediatamente no braço rasgado. "Oh", diz ele, devagar e com tristeza. "Você está quebrado." Há uma cena incrível de Woody girando, descartado por seu amado Andy, até cair no fundo de um cesto de lixo. Na verdade, ele está tendo um pesadelo, e acorda só para lembrar que foi descartado: "classificado" como um produto ruim na prateleira de cima do quarto de Andy, ao lado de outro brinquedo quebrado: "Wheezy", um pinguim coberto de poeira. A dor de ser amado e depois abandonado é o ponto central do filme. O apelo universal da trilogia *Toy Story*, além de seus roteiros, piadas e a premissa de que os brinquedos têm sentimentos, é um senso de comunidade: os brinquedos se unem, criam alianças improváveis e consertam os sentimentos "quebrados" uns dos outros.

A ACADEMIA DE ARISTÓTELES

Arqueólogos mostram que desde que começamos a desenvolver sistemas de aproveitamento de alimentos e a crescer em sociedades estáveis, há cerca de setenta mil anos, nossos corpos mostraram os sinais desse desgaste e desses esforços. Esqueletos antigos apresentam sinais de hérnias e artrite.[3] Há certa discussão hoje em dia acerca da possibilidade de que o estresse poderia ser bom, por de alguma forma nos manter conectados com o que nos energiza. Mas quando é combinado com ansiedade, ele não é nada bom. À medida que a tecnologia, a velocidade, o ritmo e a conectividade aumentam, o estresse também aumenta. Um importante estudo europeu sobre estresse relacionado com o trabalho concluiu que "os fatores de risco mais óbvios estão ligados à carga de trabalho, à quantidade e intensidade do trabalho e aos horários de trabalho".[4] Os jovens, especialmente a geração dos *millennials*, tão atingidos pelas limitações da fase tardia do capitalismo, sentem isso profundamente, talvez porque sentem mais estresse e têm menos empregos. Eles precisam se virar e viver com pressa recebendo em troca poucas recompensas óbvias.

Sempre que posso, falo com pessoas nos pontos de ônibus, nos táxis, em filas ou em lojas. É uma boa maneira de ler o mundo, de ter uma imaginem de como as coisas são (além disso, faço amizades naturalmente). Comecei a falar com uma jovem que embrulhava algumas roupas para mim em uma loja. Perguntei se ela estudava. "Não, mas este não é o meu único trabalho", disse ela. "Tenho dois. Ambos de meio-período. Quem me dera ter só um." Vi, debaixo da juventude e da beleza dela, os sinais de preocupação e de estresse. Os sinais da sobrecarga. A escritora Laurie Penny, nascida em 1986, disse: "A ansiedade se tornou a doença que define nossa geração. Meu transtorno de ansiedade é um acessório da geração *millennial* tanto quanto meu *smartphone* e meus jeans *skinny*."[5]

Como podemos consertar o que está quebrado se não conseguimos ver a rachadura? Isso se aplica à saúde mental de maneira muito óbvia. Também se aplica a sistemas em que a quebra é interna e, muitas vezes, endêmica. Um osso enfraquecido pode sofrer uma fratura — um osso cujo interior está enfraquecido pela osteoporose, por exemplo. O que aconteceu com a Organização Mundial da Saúde que enfraqueceu tanto suas unidades observacionais e de resposta que ela precisou admitir que sua reação à crise do ebola tinha sido inadequada? "O fracasso mais flagrante foi o da OMS, em relação à demora em soar o alarme", escreveu Ashish Jha, diretor do Harvard Global Health Institute [Instituto Global de Saúde de Harvard] e professor de Medicina da Harvard Medical School, em um relatório que avaliava todas as falhas sistêmicas envolvidas na crise. "Pessoas na OMS estavam cientes de que havia um surto de ebola que sairia de controle na primavera, e demoraram até agosto para declarar uma emergência de saúde pública... Foram meses preciosos."[6]

Enquanto as falhas de Saúde Social ocorrem porque as coisas acontecem muito lentamente, grande parte do estresse se deve, muitas vezes, à falta de tempo e à doença que sempre o acompanha: pressa. Eu me pergunto se a crescente popularidade da corrida e do ciclismo em todo o mundo — há maratonas em todas as grandes cidades, as vendas de bicicletas estão em ascensão — é uma metáfora da urgência com que todos nós agora vivemos nossas vidas. Espelham o desespero da sociedade em fazer progresso, e rápido. Movimento, agilidade, velocidade... esses termos se tornaram metáforas para o sucesso, bem como para certo tipo de sobrevivência social.

A Saúde Social surge da definição de corpo físico individual saudável, mas a utilizo aqui como metáfora também para um corpo mais amplo, o corpo institucional e organizacional. A palavra "corporação" tem origem no latim "*corpus*" — do corpo — e "*corporare*" — aquilo que forma um corpo.[7] Os corpos precisam ser nutridos, moldados, receber investimento e ser tratados de algumas maneiras para obter o que queremos deles. Olhando para a saúde como uma metáfora de como nos conectamos, e especificamente para a busca pela boa forma e nossa atitude de mudança em relação a isso, podemos começar a visualizar os passos, a sincronização, o padrão e a configuração para avançar de forma significativa e produtiva.

Usando técnicas aprendidas e uma mistura de mudanças de comportamento tangíveis, a mentalidade e a organização se colocam no centro da saúde física e mental e da aptidão física. Existe um lugar específico para o investimento nesse tipo de saúde: chama-se academia. A academia e as aulas de atividades físicas, que as pessoas usam para moderar e gerenciar a saúde. A cultura moderna faz com que as vendas globais de roupas esportivas, roupas de lazer e "roupas para atividades" sejam estimadas em mais de 160 bilhões de dólares até 2020.[8] São muitos trajes de treino, conjuntos esportivos, calças de ioga e tops. Vestimos nosso estado de saúde externamente, ou o sinalizamos por meio das nossas roupas.

A sociedade moderna e urbana leva um certo tipo de saúde e de boa forma física muito a sério. A sério o suficiente para gastar 3,4 trilhões de dólares com isso. Esse é o montante que o novo Global Wellness Institute sugere representar a economia que vai do bem-estar no ambiente de trabalho até a indústria de spas, assim como o novo queridinho do pedaço, o "turismo de bem-estar" (florescente nos Emirados Árabes Unidos). Um terço desse valor, cada um equivalente a quinhentos bilhões de dólares, se refere à "alimentação saudável, nutrição e perda de peso" e à "boa forma e relação entre corpo e mente".[9] Na Itália, o homem descrito como "o Napoleão das academias",[10] Nerio Alessandri, fundou um dos gigantes do negócio de equipamentos de ginástica, a Technogym, que deve dar sua própria contribuição modesta para essa soma global com um volume de negócios previsto em 7,7 bilhões de libras até 2020. Se há algo que torna essa tempestade de estatísticas impressionante é a escala em que o mundo abraçou a saúde e a boa forma como um mercado e o que isso representa em relação a outras indústrias. Deixe-me colocar esses dados de outra forma: essas despesas ultrapassam as despesas militares globais — a Anistia Internacional informou que o mercado armamentista subiu cinquenta por cento em pouco mais de uma década para 1,7 bilhões de dólares.[11]

Obviamente, estatísticas podem ser mais manipuladas do que um hóspede submetido a um tratamento de spa. Posso imaginar que o Global Wellness Institute atende fornecedores de produtos e serviços que estão muito interessados em parecer grandes, mas esses números não podem ser inteiramente sem fundamento. O que é muito interessante sobre o mercado de bem-estar, no entanto, não é apenas o quão rico ele torna seus fundadores e financiadores — o quão *mercado* ele é —, mas o fato de que ele é tanto ativo quanto participativo. Os consumidores literalmente não se sentam no sofá com estes produtos, eles se tornam ativos. As pessoas *ficam em forma* e *se comportam* usando o que consomem (há mais de duzentos mil clubes de saúde no mundo todo). O setor de vestuário de lazer apenas alargou este mercado e, provavelmente, não está contabilizado por completo nos números; usar roupas de academia já é meio caminho andado para fazer academia — parece, pelo menos, que é isso que está na mentalidade das pessoas. O resto é o aspecto físico da coisa.

Em relação à porcentagem de mulheres usuárias, a Technogym relata um aumento de quinze por cento no final da década de 1980 para quase sessenta por cento hoje. Transformação, mudança, movimento: as mulheres e seus corpos sabem como fazer isso. No entanto, o movimento original das academias era decididamente masculino. Em sua história panorâmica das academias, *The Temple of Perfection* [*O Templo da Perfeição*], o historiador Eric Chaline nos leva de volta à Grécia Antiga e às origens da Olimpíada homoerótica há quase três mil anos, na qual "exercício e nudez masculina estavam tão intimamente ligados que o verbo grego "exercitar", *gymnazien*, pode ser traduzido literalmente como "exercitar-se nu".[12]

Nos tempos em que os homens honravam os deuses e se besuntavam em óleo (eles próprios e uns aos outros) até a perfeição em espaços só para homens, algo mais se agitava: uma sensibilidade de que a boa forma física, a saúde e o bem-estar estavam ligados. A Atenas clássica e seus ginásios proporcionavam, como nos diz Chaline, "a coisa mais próxima do ensino superior no mundo antigo, com filósofos e sofistas visitando os ginásios para se exercitarem e depois darem lições a amigos e alunos, tanto no abrigo dos edifícios quanto debaixo de árvores".[13] Quando Aristóteles fundou a sua escola, no século IV, o conceito de excelência e de potencial de felicidade alcançado através de um esforço racional ligado à boa forma física e a uma educação moral, social e intelectual tinha um nome: *arête*. O que parece ter acontecido é que a saúde-como-narcisismo de hoje, combinada com um foco distintamente relacionado ao *arête* no "bem-estar" holístico completo, imita o antigo modelo helenístico de saúde com suas noções hipocráticas quase místicas dos "humores" ou *chymoi* da medicina ocidental pré-moderna. Estamos voltando a um conceito de completude em saúde, condicionamento físico e bem-estar indiscutivelmente não visto desde o próprio Aristóteles.

A academia é, em muitos aspectos, o oposto de um "ginásio" de ligação entre mente, corpo e espírito. Fui usuária da minha academia local durante quase dez anos antes de um outro usuário intrépido iniciar um grupo de discussão, motivado pelo referendo britânico de 2016 sobre sua adesão à União Europeia. Culturalmente, não há nada de sistematicamente social ou intelectual relacionado à academia moderna. Permanece um templo para a perfeição física, não para a conexão mente-corpo-social. É uma pena. Clubes de Saúde Social dentro de academias parecem ser o próximo passo mais natural, ecoando a ascensão dos espaços de colaboração que veem a atividade comunitária como uma parte essencial da "venda" para a nova geração de empreendedores, os "empreendedores solo". Quando todos se tornam atomizados e a individualidade ameaça a comunidade, a Saúde Social é uma exigência fundamental, juntamente com a saúde física e emocional.

Dieta, boa forma física e rotinas de saúde são bons parâmetros de referência a partir dos quais se pode abordar uma ideia holística de saúde. Não apenas por suas possibilidades positivas, mas também pelas preventivas. Quanto vai custar não cuidar da nossa Saúde Social, que é a saúde das nossas redes e relacionamentos e dos nossos fluxos de conhecimento, e como podemos atribuir e gastar nosso tempo cuidando dela no espírito de *arête*?

PESSOA DO ANO

Em 1980, um carismático californiano que havia largado a faculdade, chamado Stuart Karl, fez um convite para uma atriz vencedora do Oscar e mundialmente famosa. Ele tentou empreender com a revista *Spa & Sauna*, à qual o *The New York Times* mais tarde se referiu em seu obituário como uma revista "para fornecedores de colchões de água e banheiras de hidromassagem",[14] antes de se interessar pelo crescente mercado de videocassetes e de publicar a revista *Video Store*. Ele ficou convencido de que havia um mercado para vídeos sem entretenimento, com entrevistas documentais e tutoriais de "como fazer" as coisas. Ele fundou a Karl Home Video e lançou, entre outros projetos, uma entrevista com John Lennon. Depois a mulher dele, fã do *Jane Fonda's Workout* [*A malhação de Jane Fonda*], teve uma ideia. O resto, como dizem, é história.

Como ela disse mais tarde: "Ninguém tinha feito um vídeo sobre boa forma antes. Não me lembro exatamente quando percebi que, sem eu ter me dado conta, aquele pequeno vídeo de malhação tinha dado origem a uma nova indústria. As mulheres começaram a se interessar. Os amigos diziam uns aos outros: 'Olha só! Isso funciona mesmo!' Os aparelhos de videocassete se tornaram mais baratos à medida que a procura crescia e, antes que eu soubesse, dezessete milhões de cópias do vídeo original tinham sido vendidas."[15]

O vídeo de malhação de Jane Fonda se tornou o VHS mais vendido de todos os tempos. Fonda encarnou toda a energia, o otimismo e a ambição audaciosa e experimental das mulheres americanas nos anos 1970, liderando o mundo em uma nova onda de feminismo americano.

Falamos sobre subir nos ombros de gigantes. No caso de Jane Fonda, e talvez sem que soubesse, ela estava sobre os ombros de alguém consideravelmente menor. Uma pequena telefonista loira chamada Abbye "Pudgy" Stockton,[16] que se preocupava com seu peso, tornou-se a primeira mulher a malhar como os homens, usando halteres, na academia Muscle Beach, no sul da Califórnia, uma geração antes da mídia ter feito de Jane Fonda uma estrela de cinema. Sua academia só para mulheres, a Salon of Figure Development no Sunset Boulevard, em

Los Angeles, abriu apenas dois anos depois de a Organização Mundial da Saúde ter definido o bem-estar como sendo uma combinação de bem-estar físico, mental e social. Às vezes, leva tempo para as velhas ideias voltarem a aparecer, reacendidas pela sorte, pelo tempo e por outra coisa: as ferramentas de comunicação.[17]

Jane Fonda alcançou um público tão vasto porque tocou no *zeitgeist*. A sua ligação foi alimentada pela tecnologia. O vídeo saiu em 1982, no mesmo ano em que a revista *Time* deu o título de "Pessoa do Ano" ao computador. A tecnologia trouxe um conceito antigo de boa forma, antes buscada em conjunto ou em espaços públicos, para dentro de casa. A busca pela boa forma retornava a algo antigo: um tipo aristotélico abrangente de poder mental, físico e emocional.

O DESABROCHAR DOS HÁBITOS

> "Primeiro definimos nossos hábitos,
> e depois os nossos hábitos nos definem."
> *John Dryden, poeta, crítico literário e dramaturgo inglês*

A época em que me recuperei da pneumonia e da sepse, no começo dos meus quarenta anos, não foi a primeira vez que me dediquei a uma mudança de "estilo de vida" em relação aos meus hábitos. A maioria das mulheres que têm bebês precisa passar a usar pelo menos um número de roupa maior do que antes (muitas vezes, vários números maiores). Nunca fui boa em entender dietas — ou seja, em aprender o básico sobre nutrição em vez de "entrar em uma dieta" de forma cega —, mas parte do processo de melhorar era prestar mais atenção à minha saúde física e mental.

Comecei um processo de "autoajuda assistida", que incluía algumas sessões valiosas com uma esplêndida *coach* de negócios estadunidense, Ginger Cockerham. Ginger e eu fizemos sessões de *coaching* por telefone, não porque eu estava com pouco tempo, mas por causa da distância — ela vivia a sete mil milhas de distância da minha casa. Isso foi na época pré-Skype, então eu me sentava ao lado do telefone e ficava girando o fio por cinquenta minutos enquanto falava com ela no Texas. Ginger me ensinou a me levar a sério. Ela falou comigo não como se eu fosse apenas uma humilde empresária, mas sim a líder de uma grande empresa. Ela explicou como e por que eu precisava de processos, padrões e técnicas para lidar com um cenário hostil cheio de desafios. Com sua ajuda, pude parar de drenar minha energia fazendo coisas em que não era tão boa e me concentrar naquilo que ela chama de "maior e melhor" — ou seja, fazer aquilo em que você é melhor pela maior parte do tempo e deixar o resto para os outros.

Usei essa abordagem quase uma década depois, quando me aproximei do grande momento de "virar uma cinquentona" e comecei a sentir os efeitos físicos da perimenopausa. Por necessidade, finalmente dei um jeito de fazer algo que achei ainda mais difícil do que manter o equilíbrio entre a vida profissional e a vida pessoal: exercícios físicos regulares.

Na academia, andei por entre as máquinas reluzentes, segurando uma grande ficha branca com exercícios cuidadosamente anotados pelo meu alegre *personal trainer*, e não senti nada além da triste desgraça do fracasso inevitável. Sabia que não teria vontade nem força de vontade. Depois me lembrei do conselho sábio de Ginger. Joguei fora a ficha da academia. Não estava sob as regras ou ordens de ninguém, exceto as minhas. Em vez disso, comecei a criar meu próprio treino, baseada na utilização dos aparelhos pelos quais me sentia energizada, que gostava de usar e nos quais sentia que estava suando, mas sem chorar para que o martírio terminasse. A força de vontade é, afinal de contas, considerada agora como um recurso finito, assim como a energia.[18] O resultado? Acabei chegando em um sistema que tenho utilizado praticamente três vezes por semana desde então: um treino muito rápido de vinte minutos de atividades cardiovasculares combinados com exercícios usando pesos.

Aristóteles tinha outra palavra para descrever o bem-estar, uma satisfação de vida completa que ele chamou de *eudaimonia*, que se traduz melhor como "florescimento humano". Os sociólogos e estatísticos chamam de outra coisa: satisfação. Suas definições são bastante imprecisas e, de certo modo, universais. Para ajudar, a OECD (Organization for Economic Cooperation and Development, sigla em inglês para Organização para a Cooperação e Desenvolvimento Econômico) lista diferentes aspectos do bem-estar: "salários reais, nível de instrução, expectativa de vida, segurança pessoal, instituições políticas, qualidade ambiental, igualdade de renda e igualdade de gênero, bem como crescimento econômico sob a forma de produto interno bruto (PIB) per capita".[19] Essa é a forma mais direta de descrever o conceito de prosperidade e torna muito difícil imaginar que uma agência ou ação individual tenha muito a ver com seu alcance. Minha experiência demonstrou que é personalizando e usando seus instintos que alguém desenvolve hábitos que o ajudam a prosperar.

Nos setenta anos desde a formação da Organização Mundial da Saúde (e desde a criação da OECD, que surgiu quinze anos mais tarde), começamos a procurar formas de adaptar nosso dia a dia, nosso estilo de vida e nosso ambiente de modo que não só sobrevivamos, mas possamos prosperar. Em termos de saúde, pura e simplesmente, as grandes questões em alta em 1946 não se concentravam em personalizar o tratamento do câncer para prolongar a vida em Manhattan, nem na provisão de cirurgia por laparoscopia em Cingapura, nem em como cultivar vegetais com vitamina A na zona rural de Bangladesh e, assim, reduzir a cegueira noturna nas crianças.[20] Não faz muito tempo, vivíamos ou morríamos em massa porque não tínhamos bem-estar subjacente nem avanços médicos. A epidemia da "gripe espanhola", que surgiu imediatamente após a Primeira Guerra Mundial, chegou menos de dez anos após a descoberta dos primeiros antibióticos. Mesmo assim, matou muito mais pessoas entre 1918 e 1919 do que a própria Grande Guerra. A doença era transmitida pelo ar e se espalhou de pessoa em pessoa, até que cerca de cem milhões de pobres almas tivessem perecido. Continua a ser a epidemia mais devastadora de que há registo, mas a própria doença não foi, e nunca deveria ter sido, tão mortal. As taxas de mortalidade anteriores eram inferiores a 0,1 por cento. Não é uma bactéria tão letal como a da terrível peste bubônica, também conhecida como Morte Negra, que era transmitida por ratos na Idade Média. A peste matou duzentos milhões de pessoas entre 1347 e 1352, e era transmitida por pulgas carregando a bactéria *Yersinia pestis*, que pulavam entre ratos em uma sociedade básica com pouco ou nenhum saneamento.

Podemos olhar para a pandemia de gripe de 1918 e 1919 e ver que as condições subjacentes, justamente a falta de bem-estar na sociedade, contribuíram para o fato de essa cepa parecer ter mais força: a taxa de mortalidade aumentou para 2,5 por cento.[21] Muitas das pessoas infectadas estavam fracas — especificamente, fracas por causa da guerra. Muitos dos que foram convocados para lutar não eram os mais aptos. Os rigores da vida da classe trabalhadora já tinham afetado um novo exército europeu emergente: quase trinta por cento dos voluntários do exército britânico na década de 1860 foram rejeitados por razões físicas.[22]

A saúde mudou ao introduzir um componente social, ao chegar à antiga ideia de que as pessoas precisam de bem-estar holístico, boa educação, saneamento e emprego tanto quanto da medicina pura. No entanto, a forma com que encaramos a saúde precisa de uma atualização: tentar funcionar de forma eficiente e saudável hoje em dia exige grandes capacidades de adaptação para prosperar e sobreviver. As ferramentas sociais que nos rodeiam — a constante conexão, a tecnologia sempre presente, as avalanches de informação, de escolha, de prazos e de concorrência — significam que precisamos de novas competências. Precisamos desesperadamente adquirir novos hábitos.

Uma das minhas piadas favoritas é aquela em que o psicanalista pergunta ao paciente: "Você quer mesmo trocar seu comportamento?" "Claro que quero!", responde o paciente, indignado. "Sou uma lâmpada. Sou a favor de trocas." Os humanos são construídos para evoluir, adaptar-se e mudar.

BALANÇO DE PADRÕES

Portanto, a saúde — a Saúde Social — é, em parte, conectar-se a um sistema e pertencer a ele, e não quebrar essa ligação, mas também é algo a ser praticado e cujo equilíbrio precisa ser mantido. Esses são todos ingredientes essenciais da saúde funcional. Eric Chaline, historiador cultural da área do esporte e da busca pela boa forma física, escreve em seu livro sobre a história da academia que a China Antiga, a Grécia e a Índia consideravam a saúde como "um equilíbrio e um fluxo adequado de diferentes energias e substâncias elementares, e as doenças como desequilíbrios ou bloqueios".[23] No momento em que escrevo este livro, a palavra mais usada na linguagem corporativa para descrever esse estado é "resiliência", porque a busca de uma vida holística e de uma vida "boa" não se limita ao indivíduo, mas se estende à corporação. O bem-estar se tornou moda, e o *mindfulness* é um conceito firmemente inserido no contexto dos negócios. Mas a vida nem sempre é equilibrada. Uma aberração da natureza pode fazer com que percamos o chão. De um tsunami àquilo que, na vida empresarial ou na vida em geral, Nassim Nicholas Taleb chama "o Cisne Negro", um evento impensável mas teoricamente possível que foi descartado como improvável considerando o histórico, mas que é possível.[24] Uma crise de *subprime* que desencadeia um terremoto econômico, ou uma crise de obesidade de longo prazo devido a uma combinação do uso de carro, da televisão e da indústria do açúcar, são todas circunstâncias indesejadas regidas pela lei das consequências não intencionais.

A ciência de rede mostra claramente os padrões de aleatoriedade inerentes existindo lado a lado com sistemas previsíveis. Um estudo sobre a forma com que as doenças sexualmente transmissíveis são propagadas entre adolescentes mostrou que sempre há alguém que vai dormir com alguém fora do "conjunto" normal previsto, assegurando que o efeito da rede se expanda.[25] É também por isso que a polícia fala de alguém que "passou batido pela peneira". Significando: "não pudemos ver o padrão com clareza suficiente; havia muitos fatores aleatórios".

Viver na incerteza, sendo presas do acaso, não está nos planos da maioria das pessoas — muito menos nos de gerentes. Mas os princípios da Saúde Social exigem adaptabilidade e flexibilidade como princípios centrais de sobrevivência. Manter o equilíbrio quando as águas ao redor estão agitadas requer habilidade. Um relato de um sobrevivente do tsunami que atingiu o sul da Ásia em 2006 é instrutivo. No mar, em um pequeno barco de pesca, um homem teve a sorte de estar com um capitão com pensamento estratégico. Ele conta:

> "O capitão disse onde deveríamos nos sentar, com base no nosso peso e na nossa altura, para que pudéssemos equilibrar o barco. Pediu para que nos agarrássemos bem... De repente, houve um grande barulho e um solavanco. A onda tinha nos atingido. Surpreendentemente, a água não invadiu o barco e ninguém caiu no mar. Ele salvou a todos nós."[26]

O que me interessa é a formação do comportamento, a *ação*, e não apenas a teoria pura. Todos entendemos a palavra "comportamento" (ou *behaviour*, em inglês) como sendo uma ação em resposta a algum tipo de estímulo. As origens remontam ao inglês médio tardio e ao conceito conjunto de "se comportar" (*to behave*, em inglês) como sendo uma mistura de "ser" (*to be*) e "ter" (*to have*) no sentido de "ter ou se portar de determinada maneira",[27] até chegar ao "comportamento" em si, que é descrito como "o padrão de conduta".[28]

Dentro do conceito de padrão, a própria forma age como uma metáfora para movimento ou ação. Um aspecto leva, interliga-se e interage com outro aspecto. Não é ideal usar termos como pilares, pirâmides ou qualquer coisa vertical, porque eles refletem a hierarquia e seu braço direito, o silo. A mentalidade de silo, como a antropóloga e jornalista Gillian Tett nos lembra, pode ser uma falha fatal em uma organização:

> "A palavra silo não se refere apenas a uma organização física ou tradicional (como, por exemplo, um departamento). Também pode ser um estado de espírito. Os silos existem em estruturas, mas também existem em nossas mentes e em nossos grupos sociais. Os silos criam tribalismo, mas também podem andar de mãos dadas com a visão limitada."[29]

Quando se trata de mudar nosso comportamento, especialmente parar de fazer algo, experimentamos o viés do otimismo, o traço psicológico pelo qual pensamos que as coisas são melhores do que são, ou não tão ruins, ou que seremos sortudos (quando vão à academia, muitos sofrem do oposto: o viés do pessimismo). Assumimos riscos de acordo com esse viés: riscos ao dirigir, beber ou fumar, por exemplo. Hoje em dia, os alertas alimentares estão chegando a tal ponto que poderíamos incluir salame, pão com glúten ou qualquer coisa com frutose em uma lista de substâncias perigosas. Certamente, qualquer pessoa que viva em uma cidade com níveis de poluição atmosférica que atinjam picos históricos sente como se estivesse no meio de condições de risco apenas por viver normalmente seu dia a dia. Mas o viés do otimismo é outra coisa. É quando você sabe que pode mudar o que está fazendo e, viciado, teimoso e relutante, ou por alguma outra razão, não muda. Em vez disso, racionaliza as coisas para continuar fazendo o que sabe que é ruim para você e possivelmente causa danos a outros também.

Percebi o quanto de viés do otimismo eu tinha ao frequentar meu segundo curso de direção para pessoas com muitas infrações. Ao longo de três horas de uma manhã em uma sala de hotel quente e com um carpete com padrões feios (e um péssimo café), trinta de nós, com diferentes estilos de vida, começamos a compreender que estávamos unidos por algo semelhante: todos pensávamos de forma otimista na época em que cometemos nossas infrações. Acreditávamos que dirigíamos melhor do que realmente dirigíamos e que "todos os outros" eram maus motoristas.

Outro obstáculo à mudança de comportamentos e à mitigação de riscos é a prova social. Esse "comportamento de rebanho" é um tipo de conformidade, da histeria em massa de adolescentes até especificidades de pequena escala muito bizarras. O professor de psicologia e marketing Robert Cialdini, especialista em provas sociais, notou que as histórias de suicídios veiculadas em jornais geravam ações imitadoras, na medida em que "histórias de suicídios puros, em que apenas uma pessoa morre, geram desastres em que apenas uma pessoa morre; histórias de combinações de suicídio-assassinato, em que há múltiplas mortes, geram desastres em que há múltiplas mortes".[30]

Fazer mudanças de qualquer tipo requer o desenvolvimento de novos hábitos e a criação de uma nova estratégia a ser seguida. Algumas pessoas pensam que é possível mudar de comportamento em apenas duas semanas, mas outras acreditam que leva muito mais tempo, de 66 dias a dois anos.[31] De fato, os princípios da Saúde Social, tal como os defino aqui — a saber, a manutenção de um equilíbrio de atividade, mentalidade e conexões que potenciem o bem-estar e a produtividade —, só podem funcionar em uma cultura receptiva à formação de novos hábitos por novas razões. Em outras palavras, como aquela lâmpada que quer mesmo ser trocada.

Os humanos precisam de muita prática. Em termos de adaptação à mudança física e ao ritmo, muitas vezes apanhamos de muitas espécies que ultrapassamos em termos sociais. Veja um exemplo: o humilde lagarto. Os lagartos pertencem a uma superclasse de répteis chamada Tetrapoda, que contém mais de seis mil espécies — aproximadamente a mesma quantidade de tuítes postados por segundo no mundo.[32] Mas acontece que eles têm um truque evolutivo de adaptação na manga que nós não temos, e que pode colocar em melhor perspectiva a nossa luta para nos adaptarmos à mudança tecnológica. Em apenas quinze anos — um período normalmente pequeno demais para se registrar em qualquer escala de medição das eras geológicas —, os cientistas que trabalham na Universidade de Austin, Texas, notaram que os lagartos anolis verdes da Carolina, nativos do Texas, conseguiram evoluir em apenas vinte gerações para desenvolver diferentes almofadas para os dedos dos pés que lhes dariam uma aderência às árvores melhor do que as de seus concorrentes, os lagartos anolis marrons. Os pesquisadores descreveram essa velocidade como "surpreendente" e também como "deslocamento de caráter": esses lagartos se adaptaram a um ritmo sobre-humano para garantir sua sobrevivência e a superioridade em seu ambiente.[33]

Em termos humanos, a memória pode ser vista como o nosso equivalente aos dedos dos pés dos lagartos. Precisamos dela para sobreviver. Queremos que se adapte e que sua capacidade aumente. Mas, na nossa sociedade, a única memória avançada que podemos criar é a que fica fora do nosso corpo, eletronicamente. Uma memória ram, ou Memória de Acesso Aleatório (do inglês random access memory), pode conter aproximadamente 32Gb em um laptop. O equivalente humano, localizado no hipocampo do nosso cérebro, não pode operar na mesma velocidade ou escala. Nosso cérebro só chega a 40Hz, o que explica o limite de velocidade em que as telas de computador se atualizam. Podemos fazer truques mínimos para ensinar nossos cérebros a armazenar memória de forma mais eficaz e recuperá-la eficientemente, mas não podemos aumentar o tamanho ou o escopo de nossos cérebros mais do que podemos alongar substancialmente nossas vidas. Podemos viver mais tempo, e isso traz consigo todo um conjunto de desafios sociais, mas não estamos prestes a começar a viver para sempre.

Mas não somos lagartos. Toda a nossa aceleração tecnológica, que é arrebatadora, emocionante e espantosa, precisa ser terceirizada para além de nossos corpos reais — corpos que permaneceram surpreendentemente inalterados e sem evolução por mais de duzentos mil anos. Isso nos liga e nos conecta cada vez mais estreitamente a coisas que não controlamos: computadores e tecnologia. E não necessariamente de forma saudável; dependência em excesso não é uma coisa boa.

Deixe-me explicar de outra forma: em 2016, o tempo médio que as pessoas passaram conectadas ao Facebook foi de cinquenta minutos, ou um dezesseis avos das horas que passaram acordadas, enquanto no Reino Unido a quantidade de tempo que as pessoas passam on-line por dia em todos os seus dispositivos, mídias sociais e internet saltou para duas horas e 51 minutos por dia, um terço das horas de trabalho[34] Isso é pelo menos o equivalente a uma evolução séria da almofada dos dedos dos lagartos — exceto pelo fato de que só usamos nossos dedos dos pés para pisar no pé de outras pessoas. A prática, afinal de contas, faz a perfeição.

A gestão de padrões, como a chamo, é extremamente útil quando tentamos mudar hábitos. Ter um padrão nos ajuda a ter que usar o mínimo de força de vontade possível e seguir em frente com a ação. O padrão para a Saúde Social ganha uma forma particular: o humilde hexágono.

PENSAMENTO HEXAGONAL

> "Abelhas... nunca fazem um favo de cada vez, sempre vários; elas podem julgar a distância até certo ponto, e aquelas que fazem as esferas ou cilindros de modo que, quando concluídas, se juntam, fazem uma parede plana intermediária. Em seguida, têm noção perfeita da distância... em forma de prisma hexagonal."
>
> *Charles Darwin, naturalista, geólogo e biólogo britânico*[35]

"Os pássaros se apaixonam, as abelhas se apaixonam... Vamos nos apaixonar!", diz a canção de Ella Fitzgerald. Acontece que a Apis mellifera, ou a abelha-europeia, é uma das mais eficientes, organizadas e sociais das espécies, que opera num sistema de gestão de padrões que mataria de inveja todos os arquitetos e engenheiros estruturais do planeta. As abelhas têm uma forma de viver o seu dia a dia e de agir que é altamente produtiva e depende demais da liderança (a rainha) e da comunidade (a colmeia). De acordo com a pesquisa sobre a sabedoria das abelhas, a abelha "dominou a arte de construir grandes sociedades e seria uma arrogância pensar que não temos nada a aprender com elas".[36]

Não precisaríamos pensar em abelhas se a humanidade estivesse às mil maravilhas. Deveríamos, pelo raciocínio e pela justiça (dois valores muito humanos), ter alcançado um ponto na evolução social em que nossos sistemas, padrões de comunidade e liderança proporcionam paz próspera. Mas já estabelecemos que a vida moderna não parece muito saudável e nem parece funcionar de forma organizada, colaborativa ou conjunta, tanto quanto poderia e deveria. O hardware da vida moderna é projetado em formas ao nosso redor, principalmente na forma e estrutura da arquitetura. Foram grandes arquitetos do século XX, como Frank Lloyd Wright, que levaram ao público a ideia de que os edifícios precisam ser espaços projetados para servir e refletir os valores humanos. O grande engenheiro de design Cecil Balmond fala de padrão nos seguintes termos:

> "A ideia começa ao se encontrar uma unidade de padrão e utilizá-la repetidas vezes em diferentes adjacências interligadas. O que parece ser aleatório vai crescer para cobrir o plano. Para manter a sensação de semelhança e ter a capacidade de ser diferente, eu queria semear uma autossimilaridade de padrão, necessária para concretizar essas ideias, replicando a "rede", e não o padrão fixo."[37]

Assim, a fim de oferecer um padrão de pensamento para a Saúde Social, quero usar não apenas palavras, mas também formas. A forma mais óbvia é o círculo. Falamos de "círculos sociais", realizamos "mesas redondas" e "circulamos" em uma sala ou em um grupo. Mas prefiro o hexágono como modelo para a Saúde Social e seus padrões. Me inspiro na natureza. Essa figura geométrica bidimensional de seis faces é abundante no mundo natural, dos flocos de neve às colunas interligadas de rocha vulcânica que formam a Calçada dos Gigantes na Irlanda, até chegar à espécie hexagonal que é modelo da Saúde Social: a abelha. Quando se trata de flocos de neve, os cristais de neve crescem primeiro em prismas hexagonais simples antes de se ramificarem. Sua beleza reside na simetria, mas também, no que diz respeito à Saúde Social, na individualidade: não há dois flocos de neve iguais, apesar de todos começarem da mesma forma, a partir do mesmo padrão de cristal de gelo.[38] O comportamento da indústria social colaborativa e inteligente das abelhas as torna mais dignas do hexágono da Saúde Social. Charles Darwin passou quantidades excepcionais de tempo as observando, e seu valor para o ecossistema é agora visto como fundamental para a sobrevivência de nossa espécie. As abelhas melíferas organizam suas colmeias — o lugar onde vivem, trabalham e armazenam seus produtos — em favos de mel em forma de hexágono. O ponto forte para mim ao decidir usar o hexágono como meu principal modelo de Saúde Social, substituindo qualquer forma de pirâmide ou mesmo os círculos, é o fato de que os cientistas agora sabem que o desenho original do favo de mel começa com círculos, que são depois esmagados e moldados pelo calor do mel antes de endurecerem em hexágonos como forma fixa final.[39]

O sociograma tradicional, que mapeia visualmente as relações entre as pessoas, foi o protótipo para a análise de redes sociais modernas, que usa vértices, e não a circularidade, para medir a força, o comprimento e a espessura dos "laços".[40] A forma como olhamos para a conexão moderna, da cultura à epidemiologia, tem que ser mapeada e visualizada para que possamos entender os padrões e ver com nossos próprios olhos como as coisas estão conectadas. O psiquiatra e psicossociólogo austro-americano Jacob L. Moreno foi pioneiro tanto no estudo do que chamou de "ciência da sociedade" como no sociograma dos anos 1930.[41] O sociograma nos ajuda a mapear o terreno. As redes têm tudo a ver com mapeamento, distância e jornadas. O escritor A.A. Gill bem disse: "Quando você é turista em uma cidade, gosta de acelerar a absorção dos hábitos, estabelecer um padrão e ganhar previsibilidade em vez de raízes."[42] Considero a ferramenta desenvolvida pela professora Herminia Ibarra, do INSEAD (Institut Européen d'Administration des Affaires, sigla em francês para Instituto Europeu de Administração de Empresa), para mapear visualmente suas próprias conexões um bom exemplo de como olhar para padrões pode nos mostrar como agir — neste caso, em quem suas redes realmente se concentram e a partir de onde fluem (ver Figura 2.1).

Conectividade se refere à capacidade de avançar além da sua rede de contatos imediata e conectar pessoas e grupos que, de outra maneira, não seriam capazes de alcançar um ao outro. Conectividade aumenta a sua perspectiva externa e permite que você adicione valores únicos.

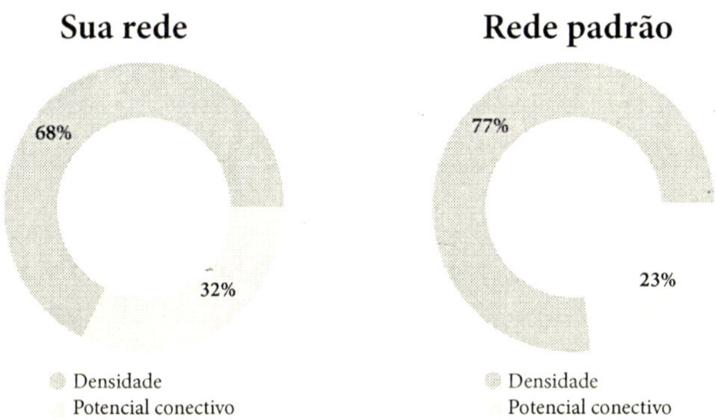

Dependendo do seu tipo de trabalho, se a porcentagem dos seus contatos que se conhecem é maior que cinquenta ou sessenta por cento, você está sob risco de ter uma rede de contatos fechada para influência externa. Uma rede de contatos altamente densa significa menos tempo para relacionamentos além do seu círculo mais próximo. Depois de um tempo, nenhuma informação nova circula. Para melhorar a conectividade da sua rede de contatos, considere o seguinte:

- *As pessoas na sua rede de contatos se beneficiariam ao conhecer umas às outras? Liste os pares que você apresentaria.*
- *Há pessoas na sua rede de contatos atual que poderiam apresentar você a pessoas que ainda não conhece? Liste as pessoas que você já conhece e aquelas a quem você gostaria de ser apresentado por esses conhecidos.*

Figura 2.1 O quão conectiva é a sua rede?
© HERMINIA IBARRA, 2016.

Voltemos ao hexágono e a seu papel como modelo para a Saúde Social. A arte islâmica antiga retrata os hexágonos de forma proeminente no desenvolvimento geométrico, que se desenvolveu lado a lado com sua caligrafia tradicional e seus arabescos, refletindo a antiga ideia de correlação. A representação da arte e do design do hexágono está sempre próxima à natureza e a seus padrões. Em artes e no patchwork artesanal, e em sua contraparte conhecida como *quilting*, o hexágono é usado extensivamente, desde o século XII. Hoje algumas das tecnologias de codificação mais impenetráveis do século XXI têm sua própria aplicação: a arquitetura hexagonal. Recentemente, uma coalizão de designers chamada Architects for Society [Arquitetos pela Sociedade], com profissionais da Espanha, dos Estados Unidos, da Holanda, do Canadá e da Jordânia, projetou "The Hex", uma casa hexagonal portátil para refugiados. As unidades de quarenta metros quadrados "podem ser dispostas umas ao lado das outras em padrões apropriados, ou podem ser unidas e compartilhar paredes para melhorar o desempenho térmico".[43]

O número seis também aparece no estudo de epidemias e pandemias: a primeira "onda" tende a durar seis semanas. Muitas vezes são necessárias seis semanas para confirmar que a "carga viral" de doenças como o HIV se instalou no organismo. Na pandemia de gripe de 1918, a onda de pico de mortalidade ocorreu na cidade de Nova York em seis semanas, entre fevereiro e abril. Jeremy Farrar, diretor do Wellcome Trust, uma das maiores instituições médicas de caridade do mundo, menciona uma janela de seis semanas para chegar ao ápice das epidemias emergentes.[44]

Seis é um número que importa tanto como um símbolo dentro do limite cognitivo como por ser um número significativo tanto na ciência como na natureza (incluindo, é claro, as seis camadas do córtex cerebral). O Pensamento Hexagonal pode, portanto, dar estrutura e estabelecer um padrão que nos permita mudar o comportamento em torno de nossas conexões e seus descontentamentos (ver Figura 2.2).

No início do livro, identifiquei os seis transtornos da Saúde Social, ou sinais de sua ausência, como os Seis Graus de Sobrecarga: 1) obesidade informacional; 2) fome de tempo; 3) redes emaranhadas; 4) tecnobarriguinha; 5) inchaço organizacional; e 6) engarrafamento de vida.

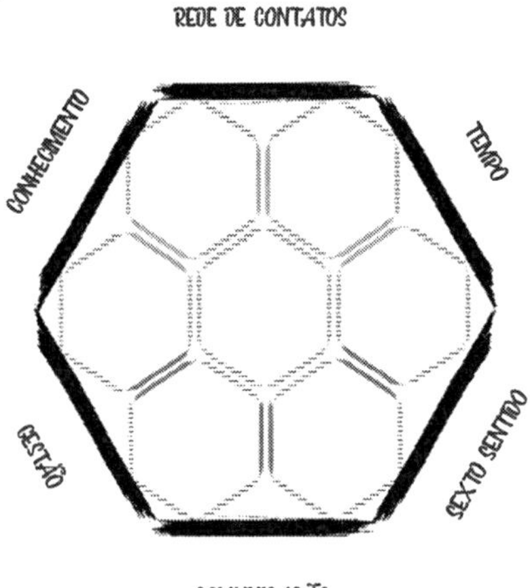

Figura 2.2 O Hexágono da Saúde Social
© JULIA HOBSBAWM, 2016.

O Hexágono da Saúde Social compreende seis elementos saudáveis interligados, que, em conjunto, atuam como corretivos da "perturbação" da conectividade, ou seja, da disfunção. Você se lembra das histórias de Anoushka e Ellen e de Holly e Jessica? Ou da propagação do ebola? Ou das suas próprias experiências de sobrecarga? Enquanto a maioria de nós sabe exatamente como estruturar ações para ter maior controle sobre alimentação, nutrição, exercícios físicos e bem-estar mental, não existe um padrão tão óbvio em torno da saúde em relação a quem e com o que nos conectamos, além de com que frequência e como combater a sobrecarga em geral.

O NÓ DA SAÚDE SOCIAL: "KNOT"

O topo do hexágono contém três fatores fundamentais que são muitas vezes atados e confundidos, e que precisamos desatar, simplificar e esclarecer se quisermos assumir o controle da nossa Saúde Social: *conhecimento*, *redes* e *tempo* — o que forma o nó KNOT. Se quisermos superar a obesidade da informação, a sobrecarga de redes e a fome de tempo, temos que desembalar e separar seus componentes. Elas formam o DNA essencial do Hexágono da Saúde Social. Cada elemento da metade superior do hexágono do nó KNOT é inerente à forma com que olho para os desafios e as soluções criativas para a Era da Sobrecarga. O *conhecimento*, as *redes* e o *tempo* estão entremeados às nossas vidas. O desafio é enfrentá-los adequadamente. Você não pode funcionar sem *conhecimento*, mas navegar até encontrá-lo sem um guia ou um curador é cada vez mais difícil, e não é diferente de tentar recuperar sua câmera fotográfica depois de deixá-la cair nas Cataratas do Niágara: o fluxo intenso varre tudo em um piscar de olhos. A escassez de *tempo* e a pressão para ser multitarefa perseguem cada trabalhador moderno, e a sociedade está cada vez mais orientada a acreditar que tempo pode ser "poupado", como que para enfatizar a realidade de que a maioria de nós não está sobrevivendo nem prosperando na Era da Sobrecarga. Depois há *as redes*. Naturalmente, toda a vida moderna depende inteiramente das viagens, das comunicações e das infraestruturas, que nós assumimos serem tão garantidas que só merecem a nossa atenção quando funcionam mal ou são suspendidas. Quanto ao lado pessoal das redes humanas, este cresce em um emaranhado em torno de nossas vidas, tão negligenciado como as artérias que gradualmente se cobrem de colesterol. Em vez de ser criada, alimentada ou gerida de qualquer forma sistemática, as redes pessoais ou profissionais são muitas vezes insuficientes, inadequadas ou desatualizadas. As bases de dados se tornam cemitérios de dados, não "bases" ou registros vivos de relações.

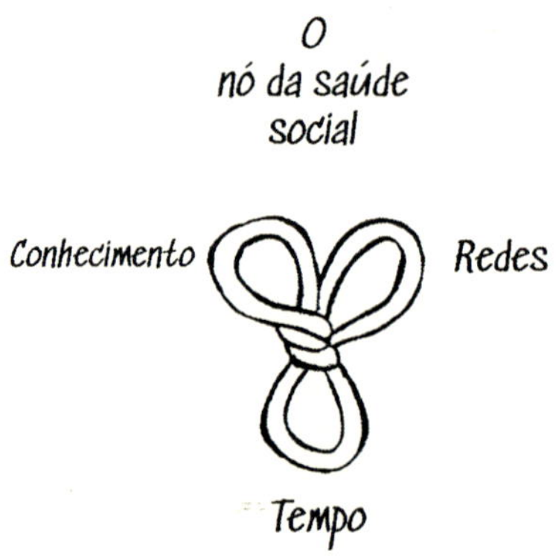

Figura 2.3 O nó da Saúde Social

A capacidade de navegar e negociar através dos oceanos e rios de informação, de saber o que é lixo e ruído sem sentido e o que são comentários ou notícias úteis e críveis, e de criar e construir redes que podem agir tanto como pontes sobre esses rios quanto como mergulhos profundos neles, além de ter o tempo para fazer isso sem desencadear acidentalmente o pavio da sobrecarga — esses são os pilares da boa Saúde Social. O nó KNOT de *conhecimento*, *redes* e *tempo* é nosso andaime. Podemos começar a satisfazer as nossas necessidades se tivermos um sistema que se concentre nesses três elementos.

No entanto, pedras angulares precisam de apoio. Fundações precisam ser criadas, fundações que sejam um híbrido de valores, atitude e comportamento. Precisamos de um trio de mecanismos para ajudar a desatar o nó KNOT. São eles: a *gestão*, a *comunicação* e o *sexto sentido.*

Gestão

O guru da administração Peter Drucker escreveu um artigo seminal em 1946, no mesmo ano em que a ONU sugeriu pela primeira vez a ideia de uma Organização Mundial da Saúde. Em "The Concept of the Corporation" ["O conceito da corporação"], Drucker argumentou que a mudança dos valores sociais e o crescimento do trabalhador da área de conhecimentos exigiam um foco fundamental na organização, não apenas como um sistema econômico, mas como um sistema social. A *gestão* é dominada pela ideia de produtividade. Minha definição para apresentar à OMS é que a própria Saúde Social é alcançada *pela capacidade dos indivíduos e das organizações de terem acesso a conhecimentos e redes suficientes — e de gerirem o tempo necessário para os utilizarem de forma equilibrada — para que possam florescer. Aqueles com Saúde Social podem combinar relações cara a cara com a tecnologia para serem produtivos sem ficarem sobrecarregados.*

Ter Saúde Social é ser produtivo. Todos nós lutamos pela produtividade. Chame de criatividade se quiser, ou use o jargão econômico mais seco, "*output*", mas ela é o que é: gerar resultados conforme quiser (ou conforme outra pessoa quiser). Como salientei na introdução, há muitos anos a produtividade anda de certa forma estagnada. Mesmo que você conteste como a medimos, sabemos que a sobrecarga a reduz em vez de aumentá-la. Claramente há uma correlação entre o crescimento lento, a produtividade e a disposição dos líderes corporativos de olhar para o bem-estar e outras "respostas". Os dados sobre o impacto na produtividade como resultado de indivíduos felizes e motivados são convincentes.[45]

Aplicar a "palavra que começa com G" ao Hexágono da Saúde Social fornece um guarda-chuva para três verificações sistemáticas de comportamento: *ritmo*, *processo* e *desempenho*. A velocidade e o ritmo com que esperamos operar são críticos, mas muitas vezes estão fora de sincronia com uma compreensão verdadeira e intuitiva do que realmente pode ser alcançado, e quando. Não que isso impeça que os ciclos políticos ou corporativos sejam relativamente curtos, sugando as pessoas para dentro de agendas que refletem isso. Um dos grandes avanços no pensamento em torno da dieta foi a mudança, em algum ponto da década de 1990, da súbita redução de consumo de alimentos para a mudança sustentável de hábitos.

A ideia de *desempenho* deve fazer parte da ideia de gestão porque é necessário haver algum tipo de medição para acompanhar o progresso. Embora eu deteste alguns dos sistemas de gerenciamento de recursos humanos mais grosseiros que giram em torno de "avaliações", o aumento da procura pela boa forma e dos aplicativos de produtividade demonstra o apetite humano pela comparação competitiva. Processo é, para mim, o mais subestimado dos substantivos. Muitos comportamentos corporais básicos são uma série de processos mecanicistas, embora inconscientes. Colocamos um pé na frente do outro; temos rituais que interpretamos como certos, mas que são, na verdade, processos que escolhemos e seguimos. Interpretar algo como garantido não deve negar sua validade: você pode querer comer alimentos que não são processados, mas um processo limpo, completo e seguro para preparar esses alimentos é um processo que você valoriza muito. Muitas vezes negligenciamos o processo em nossas vidas pessoais; as pessoas muitas vezes, e com razão, decretam os processos como excessivos e os chamam de burocracia, mas o tipo certo de processo é, na verdade, essencial.

Comunicação

Apelar à *comunicação* em matéria de Saúde Social está se tornando mais necessário, à medida que a "máfia eletrônica" ganha força, trazendo consigo o pacote completo de coisas boas e ruins. Mas, no turbilhão geral de sobrecarga, o risco de "falhas de comunicação" permanece elevado. A primeira metade da minha carreira foi nas comunicações. Eu seria descrita como uma "boa comunicadora", mas ainda caio regularmente na armadilha da má comunicação — todos nós caímos, porque a comunicação é complexa e necessita de uma cuidadosa ponderação. Será que quero dizer isso *dessa* maneira? Perdemos alguma coisa na entonação que estamos usando? Com quem estamos nos comunicando? É o momento certo ou errado de perguntar isso? Estamos convidando nosso interlocutor para uma comunicação bidirecional ou essa informação em forma de silo é apenas uma forma de controle que ocorre de cima para baixo? Essas são apenas algumas das questões com que nos confrontamos diariamente. A reação quando se lê algo é parte de como você mede se sua comunicação "aterrissou" onde deveria ou se passou batido. Estratégias e táticas eficazes são fundamentais para a mentalidade do mecanismo de colaboração. Temos que sobreviver ao mundo totalmente conectado e prosperar nele.

Sexto sentido

Todos conhecem os cinco sentidos da mesma forma que conhecem o alfabeto, e podem contá-los nos dedos de uma mão: visão, audição, tato, paladar e olfato. A deterioração dos nossos sentidos prejudica algumas das nossas funções sociais e sensoriais. Não podemos interpretar as expressões de alguém — e, portanto, suas emoções — se não pudermos ver todas as suas características, por exemplo.

A Saúde Social diz respeito a um sexto sentido: a *intuição*. Alguns podem chamá-la de inteligência emocional. O que sentimos intuitivamente sobre uma coisa, uma situação ou uma pessoa é fundamental para a forma como a experimentamos com nossos outros sentidos: "Não cheira bem", ou "Parece bom", ou "Não consigo ver isso acontecendo", ou "Está tão perto que posso sentir o gosto". Descrito como "um processo que nos dá a capacidade de saber algo diretamente, sem raciocínio analítico, estreitando a lacuna entre as partes consciente e inconsciente da nossa mente, e também entre instinto e razão",[46] a intuição é um sexto sentido crítico. Quando o aclamado advogado de direitos humanos Philippe Sands falou sobre sua busca para descobrir a história oculta da família e como ela se relacionava com a descoberta das origens do quadro legal para os termos "genocídio" e "crimes contra a humanidade" nos julgamentos de Nuremberg de 1945 e 1946, ele falou francamente sobre seguir sua intuição e seu "senso de advogado", que dizia que ele poderia descobrir mais, acrescentando que havia uma série de coincidências e acontecimentos associados ao seu trabalho a que "nenhum romance faria jus".[47]

O instinto fundamentado equivale a um conjunto de observações e julgamentos que conduzem a ações baseadas em fatos, além do conhecimento incompleto de algo *adicional* baseado na intuição. Usar seus sentidos, seu senso comum e, portanto, seu sexto sentido compõe o sexto ramo ou lado do Pensamento Hexagonal e do Hexágono da Saúde Social. Esses três mecanismos de *gestão, comunicação* e utilização de um *sexto sentido* podem suavizar o caminho para uma aplicação bem-sucedida do nó KNOT de *conhecimento*, *redes* e *tempo*. O Hexágono da Saúde Social é concebido como padrão, que, por sua vez, é um guia e um navegador. Quando estamos todos no meio de um tsunami de sobrecarga, fatores como processos calmos, equilíbrio e um guia a seguir podem ser exatamente a salvação de que precisamos.

NOTAS

1. Um livro infantil clássico de Janet e Allan Ahlberg, cuja edição mais nova foi publicada pela Puffin em 1999.
2. HARI, 2015.
3. HARARI, 2011.
4. Um importante estudo da Comissão Europeia em 2015, intitulado "Scoping Study on Communications to Address and Prevent Chronic Diseases: Final Report" ["Estudo de delimitação sobre a comunicação usada para abordar e prevenir doenças crônicas: relatório final"], encomendado pelo Diretório C — Saúde Pública da Comissão Europeia sob o Direção-Geral da Saúde e da Segurança dos Alimentos da Comissão Europeia, mostrou as conclusões de uma pesquisa de opinião realizada em 2013 pela Agência Europeia para a Segurança e Saúde no Trabalho, que revelou que "mais de cinquenta por cento de todos os trabalhadores indicaram que o estresse relacionado com o trabalho é comum", além de informar que até sessenta por cento dos dias de trabalho perdidos na Europa são atribuídos a esta situação. Disponível em: www.ec.europa.eu.
5. PENNY, 2016.
6. COLEN, 2015.
7. Uma análise interessante sobre a etimologia da palavra "corpo" pode ser encontrada em um blog chamado "Gin a Body Meet a Body" ["Se alguém encontra um corpo"], escrito por Anatoly Liberman e publicado pela oup em 14 de outubro de 2015. Disponível em: blog.oup.com.
8. Morgan Stanley informou em 2015 que as vendas de "vestuário e calçados esportivos" aumentaram, em apenas sete anos, para 270 bilhões de dólares, e que se previa um crescimento de trinta por cento nos próximos cinco anos. Artigo "Athletic Lifestyles Keep Apparel Sales Healthy" ["Estilo de vida

atlético mantém o aparelho de vendas"], publicado em 30 de outubro de 2015. Disponível em: www.morganstanley.com.
9. GLOBAL WELLNESS INSTITUTE, 2014.
10. Artigo publicado na Times Magazine, intitulado "Have You Been on This Man's Treadmill? Probably" ["Você já esteve na esteira deste homem? Provavelmente"], escrito por David Aaronovitch e publicado em 15 de agosto de 2015.
11. Artigo intitulado "11 Killer Facts: The Scale of the Global Arms Trade" ["Onze fatos matadores: as dimensões do mercado armamentista global"], publicado pela Amnistia Internacional em 24 de agosto de 2015.
12. CHALINE, 2015.
13. CHALINE, 2015.
14. Obituário do New York Times de Richard R. Stevenson, 1988.
15. Artigo de Jane Fonda, "30th Anniversary of My First Workout Video" ["Aniversário de trinta anos do meu primeiro vídeo de malhação"], publicado em 24 de abril de 2012. Disponível em: www.janefonda.com.
16. Brooke Siem diz em um artigo no barbend.com, intitulado "Abbye 'Pudgy' Stockton is the Reason Why Women Lift Weight" ["Abbye 'Pudgy' Stockton é a razão pela qual as mulheres levantam peso"], que "depois da Segunda Guerra Mundial, ela abriu uma academia para mulheres no Sunset Boulevard e começou a escrever a coluna 'Barbelles' para a revista Strength and Health", conforme publicado em 6 de abril de 2016.
17. Artigo na Health Fitness Revolution, ""Top 10 Heath Benefits of Zumba" ["Os dez benefícios da Zumba para a saúde"], publicado em 10 de abril de 2015. Disponível em: www.healthfitnessrevolution.com.
18. A ideia de "esgotamento do ego", que diz que a força de vontade é essencialmente finita, já existe há algum tempo. Ver: BAUMEISTER et al., 1998. Ver também os resultados de pesquisas publicadas pela American Psychological Association [Associação Americana de Psicologia] em 2016 e, embora alguns discordem e debatam a ideia de esgotamento do ego, o artigo "The New Science of Willpower: Can Self Control Really Get Used Up?" ["A nova ciência da força de vontade: o autocontrole pode realmente se esgotar?"], escrito por Stephanie Pappas e publicado em 14 de outubro de 2016. Disponível em: www.livescience.com.
19. KENDALL, 2014.
20. O doutor Mohammad Yunus, vencedor do prêmio Nobel e fundador do pioneiro provedor de microfinanças Grameen Bank, em Bangladesh, juntou-se ao conglomerado de alimentos Danone Foods para formar o Grameen Danone, um "negócio social" que fornece iogurte fortificado acessível contendo vitamina A suficiente em uma dose diária para acabar com a cegueira noturna causada por deficiência de vitamina A nos pobres nas áreas rurais em Bangladesh. Ver: www.danonecommunities.com.
21. BILLINGS, 1997.
22. Dos 2,5 milhões de recrutas examinados em 1917 e 1918, mais de quarenta por cento foram considerados "incapazes de efetuar esforços físicos". Apenas três de nove recrutas estavam em perfeitas condições. A reforma da segurança social foi acelerada no final, não no início da guerra. Ver: ROBBS, 2002.
23. CHALINE, 2015.
24. O estudo profético de Nassim Nicholas Taleb sobre o que acontece quando aqueles que dirigem a sociedade não conseguem "pensar no impensável", publicado ao mesmo tempo que a crise financeira de 2008: TALEB, 2008.
25. O sociólogo Charles Kadushin, pioneiro da Análise de Redes Sociais, descreve o estudo de caso de uma epidemia de sífilis em uma comunidade de adolescentes, um exemplo precoce do uso de técnicas sociométricas para analisar a ligação que está sendo feita entre a análise de redes sociais e a saúde pública, especificamente a importância da influência social na "difusão" de uma doença que pode ser contraída e disseminada. Ver: KADUSHIN, 2012.

26. OBERGFEL, 2016.
27. Definição segundo o www.oxforddictionaries.com.
28. Definição segundo o www.oxforddictionaries.com.
29. TETT, 2016.
30. CIALDINI, 2001.
31. O artigo "Busting the 21 Days Habit Formation Myth" ["Questionando o mito de formação de hábitos em 21 dias"], escrito por Ben D. Gardner e Health Chatter, publicado no blog do Centro de Investigação de Comportamentos de Saúde da UCL, em 29 de junho de 2012. Ver também: "How Long Does It Take to Form a Habit?", publicado na UCL News Report, em 4 de agosto de 2009, dando sequência ao trabalho de Philippa Lally e colegas do Health Behaviour Research Centre [Centro de Investigação de Comportamentos de Saúde] da UCL do Cancer Research UK [Centro Britânico de Pesquisas Sobre o Câncer].
32. O crescimento surpreendente do Twitter é mais bem compreendido usando a estatística de que seis mil tuítes são postados por segundo, somando duzentos bilhões de tuítes por ano, ou quinhentos milhões de tuítes por dia em 2013, contra apenas 25 milhões de tuítes por dia em 2010. Ver: www.internetlivestats.com.
33. Artigo "Florida Lizards Evolve Rapidly, Within 15 Years and 20 Generations" ["Lagartos da Flórida evoluem rapidamente, dentro de 15 anos e 20 gerações"], publicado na UT News, em 23 de outubro de 2014. Disponível em: www.news.utexas.edu.
34. Globalmente, os usuários do Facebook passam pouco menos de um dezesseis avos do tempo em que estão acordados por dia, cinquenta minutos, na rede social. Ver: STEWART, 2016. Entretanto, no Reino Unido, o Internet Advertising Bureau UK (IAB, sigla em inglês para Agência da Publicidade pela Internet) e a UK On-line Measurement Company (UKKOM, sigla em inglês para Companhia de Medição On-line do Reino Unido) descobriram que os britânicos passam duas horas e 51 minutos por dia on-line em seus dispositivos. Disponível em: www.thedrum.com.
35. Memorando de Charles Darwin para W.H. Miller, de 15 de abril de 1858, publicado pelo Darwin Correspondence Project [Programa de Correspondências de Darwin] da Universidade de Cambridge.
36. O'MALLEY, 2010.
37. Ver Balmond e Smith (2007) escrevendo sobre padrões na arquitetura.
38. Ver o artigo de Kenneth G. Libbrecht, "Snowflake Science" ["Ciência do floco de neve]. Disponível em: www.snowcrystals.com.
39. Em um artigo na revista científica internacional Nature, de 2013, intitulado "How Honeycombs Can Build Themselves" ["Como os favos de mel constroem a si mesmos"], Philip Ball explicou como o favo de mel começa como um círculo, que endurece ao longo do tempo em forma de hexágono. Ver: BALL, 2013.
40. Ver: JONES, 2006.
41. Em abril de 1933, o New York Times publicou um gráfico intitulado "Emotions Mapped by New Geography" ["Emoções mapeadas pela nova geografia"], com as medições de Jacob Moreno dos encontros sociais. No ano seguinte, Moreno publicou um livro que continha algumas das primeiras representações gráficas das redes sociais, mais tarde conhecidas como sociogramas. Ver: MORENO, 1934.
42. GILL, 2014.
43. MCKNIGHT, 2016.
44. JEREMY, 2016.
45. Ver OECD, 2015.
46. CHOLLE, 2001.
47. Discurso Eric Hobsbawm feito pelo professor Philippe Sands, QC no Hay Festival em 29 de maio de 2016.

3

NOVAS HIERARQUIAS DE NECESSIDADES

O RAPAZ NO METRÔ DE PARIS

As portas do metrô se fecharam na Place de L'Opéra, no metrô de Paris, quando o menininho começou a gritar. Um cheiro de borracha quente encheu o vagão, que estava lotado. As cadeiras de plástico duro e brilhante, cor de laranja e contornadas de cinza, estavam cheias, com o acréscimo das coisas que as pessoas carregavam. No início, os passageiros olharam em volta para ver se a porta tinha prendido os dedos dele. Todas as portas dos vagões têm uma mensagem feita para crianças: "Não coloque as mãos perto das portas, porque elas podem prender os seus dedos!" Mas os dedos do menino estavam entrelaçados com os da mãe, que olhava para baixo. Ela parecia estressada, mas não surpresa. Parecia que tinha que superar aquilo, que lhe era algo familiar, não repentino ou surpreendente. Ele não podia ser confortado, nem alcançado pela comunicação.

O menino estava em um mundo autista angustiado, na extremidade do "espectro". Ele não era verbalizado. Raramente vi tal isolamento.

A gritaria não era rítmica, mas era implacável. Foi crescendo e se intensificando na forma de um uivo de protesto sem palavras, não de privação — uma birra por algo negado —, mas de excesso, até de dor. A angústia da sobrecarga sensorial.

Estudos de neuroplasticidade mostram as áreas cerebrais que respondem agudamente ao estresse. Em termos técnicos, as sinapses na amígdala e no córtex pré-frontal do menininho disparavam furiosamente naquela situação. Mesmo sem autismo, aquele tipo de ambiente poderia desencadear uma resposta de estresse à sobrecarga. Imagine não ter defesas contra o som e às sensações em um ambiente cotidiano. Então, imagine não ter capacidade de comunicar esses sentimentos, ou não ter linguagem para descrevê-los. Senti uma pena inevitável. Virei-me para os meus próprios filhos, que não haviam percebido que algo podia estar errado.

— Ei, mãe — sussurrou um deles, alegremente, com a insensatez da inocência. — Aposto que você está feliz porque não sou eu que estou fazendo um escândalo.

A capacidade de formar laços sociais e de comunicar sentimentos é a primeira forma de conexão. Os bebês acompanham a voz da mãe com os olhos desfocados desde o nascimento. O instinto vem antes do sentimento. Estudos extensivos, incluindo os experimentos do famoso psicólogo evolucionista Robin Dunbar que mostram que o tamanho do córtex pré-frontal de uma espécie prediz o tamanho do seu grupo social,[1] apontam para a capacidade do ser humano de se conectar como sendo a definição primária do mesmo como um ser social — e um com o maior cérebro como resultado. O primeiro hominídeo com cérebro tão grande quanto os nossos, o antigo *Homo heidelbergensis*, precedeu o nosso próprio *Homo sapiens*.[2] O cérebro social do menino no metrô de Paris pode ter sido interrompido pelo autismo, mas sua evolução pode ser rastreada diretamente até setecentos mil anos antes, quando seus antepassados desenvolveram cérebros semelhantes aos nossos, o que fez com que sua mãe serena tenha se tornado capaz de mantê-lo seguro e aconchegado em seus braços, protegendo-o de um mundo contra o qual ele não tem proteção. O neuropsicólogo Matthew Lieberman não só mostrou que o padrão do cérebro humano é se preocupar com suas relações como também que, para o cérebro, qualquer tipo de dor social é experimentada de forma semelhante à dor física.[3] A dor de qualquer tipo é um sinal de que algo está errado.

O menino precisava, acima de tudo, de uma conexão com alguém que o protegesse. Ele poderia ter precisado de comida e abrigo também, mas sua primeira linha de defesa foi, na verdade, o amor. O que ele precisava acima de tudo era de ligação. Só porque ele tinha uma condição que tornava difícil pedir tal ligação não significava que podia viver sem ela.

OS *MILLENNIALS* DE MENLO PARK

Em 1948, no mesmo ano em que a OMS oficialmente nasceu e desenvolveu as suas definições de "saúde", Abraham Maslow, um psicólogo americano, inventou um modelo para olhar para as necessidades humanas. Por mais de sessenta anos, ele tem resistido como uma estrutura para as pessoas que tentam entender a complexidade e o comportamento humano. A hierarquia de necessidades de Maslow tem cinco princípios organizacionais simples, baseados em uma hierarquia que ascende do básico ao privilegiado: quando você chega ao topo da pirâmide, e todas as suas necessidades são atendidas, você está de alguma forma completo, inteiro e, por implicação, saudável (ver Figura 3.1).

A hierarquia de Maslow colocou as necessidades físicas de alimento e de abrigo na base mais larga da pirâmide, seguido de segurança. Depois vêm o amor e a sensação de pertencimento, a estima e a autorrealização, até chegar ao topo. Existe, no entanto, uma lacuna nessa hierarquia. Não há qualquer menção à palavra "conexão". Pode estar implícita, mas não consta lá, nem a palavra mais óbvia para a condição de pertencimento — "social".

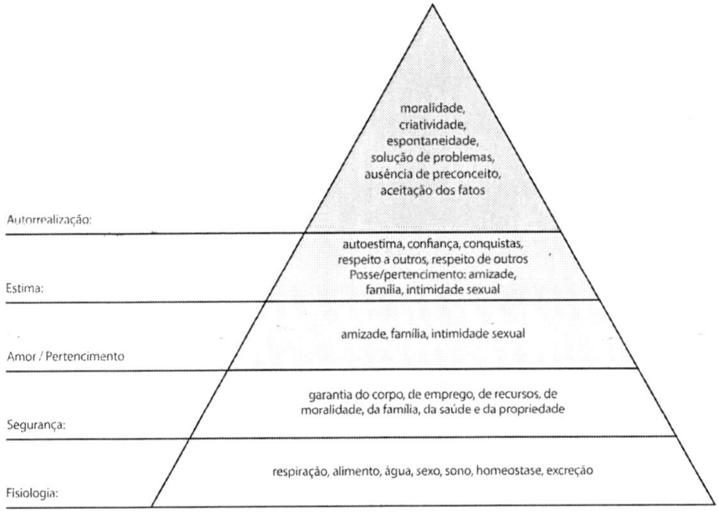

Figura 3.1 Diagrama baseado no paper de Maslow, "A Theory of Human Motivation" ["Uma teoria da motivação humana"]

De certo modo, é possível argumentar que a hierarquia de Maslow resistiu ao teste do tempo suficientemente bem. É uma forma concisa de visualizar diferentes estados e comportamentos humanos. Mas alguns, incluindo eu mesma, estão desafiando a ideia de esta hierarquia de necessidades ser correta no mundo atual. A versão de Maslow está desatualizada porque a conexão recebe um status secundário, e também porque as suas dimensões estão erradas: falta uma peça crucial. A conexão, seja nosso acesso ao hardware de conexões, como sistemas de energia ou de comunicação, ou a capacidade de compreender psicologicamente a maneira pela qual nos conectamos com os outros, em vez de nossa própria "autorrealização", simplesmente não está presente. Um desafio significativo foi publicado na *Psychology Today*, em 2011, observando que "nenhuma dessas necessidades — a começar pela sobrevivência básica — é possível sem conexões e colaboração social".[4]

Queremos que os 1,3 bilhão de pessoas no planeta que estão atualmente sem energia elétrica[5] sejam conectadas a fontes novas, preferencialmente fontes de energia limpa. A discussão sobre como transformar energia solar em energia de bateria é feroz, para que então seja possível armazenar energia localmente em vez de exigir que ela percorra centenas de quilômetros até terras remotas, quando grande parte dela já se dissipou. A conexão emocional não sofre de degradação ao longo da distância ou mesmo do tempo, e está embutida não apenas em um pilar da hierarquia de Maslow, mas em todos eles.

A forma com que enquadramos as nossas necessidades é social e psicológica. O que um humano precisa muda de acordo com o momento. No entanto, o princípio de uma lista de necessidades que nos une continua parecendo correto. Por si só, isso nos liga. E os atuais gigantes da conectividade se ligam diretamente ao próprio Abraham Maslow. Ele morreu em Menlo Park, na Califórnia, onde um século antes Thomas Alva Edison tinha inventado o fonógrafo e inaugurado o início da era de conexão. Menlo Park é também onde os fundadores do Google originalmente instalaram a loja na garagem de um amigo e renomearam o lugar como "Fábrica de Invenções". A geração do milênio de hoje não precisa apenas de conexão, mas a toma como certa. No entanto, suspeito que subestimamos sua sofisticação em relação às necessidades de conexão e ignoramos minha própria abordagem mais binária do século XX. É verdade que quando tentei explicar aos meus filhos que cresci com uma televisão de quatro canais e com um tocador de fita cassete e que só comprei um computador quando tinha vinte e poucos anos, eles não acreditaram. E sim, as nossas crianças dormem com os celulares ao lado do travesseiro. Mas eles têm amigos com quem se encontram, com quem falam, com quem brincam, com quem convivem, em quem tocam, que abraçam e que amam. Eles sabem muito bem que precisam estar ligados aos outros e ao resto do mundo — por esta razão, talvez, os recém-formados exigem sempre mais das grandes empresas do que apenas uma mesa, um bom salário e perspectivas de carreira. A geração deles é muitas vezes rotulada de maneira equivocada como digitalmente nativa, na qual todos perderam o poder da intimidade. Mas enquanto nossos adolescentes são socialmente ambidestros, somos nós, a geração mais velha de *baby boomers* e a geração X, que nos fechamos atrás de mesas e computadores, operando na forma de silos, cortando laços sociais às custas do LinkedIn e de uma abordagem transacional de nossas redes. Uma coisa é certa: a pessoa moderna socialmente conectada precisa — não quer, mas *precisa* — ter amigos no Facebook que realmente vejam cara a cara.

CARA A CARA EM UM MUNDO DE FACEBOOK

> "Depois disse-me que tinha sessenta milhões de amigos — ou seja, nenhum."
>
> *Tanya Gold, jornalista britânica*[6]

Tomando a hierarquia de Maslow como ponto de referência, tenho ilustrado diferentes formas de conexão usando o modelo de uma "hierarquia da comunicação" em classes corporativas, ao ensinar executivos ou estudantes executivos de MBA. Quero que a geração que está faminta por tempo, ou que é jovem demais para ter crescido acostumada ao "longo almoço", compreenda como a reunião presencial intensiva em termos de tempo é, na verdade, muito melhor que um modelo de transmissão de, digamos, jogar mensagens de 140 palavras para todos os lados.

Apesar da infinita variedade de mensagens que a comunicação nos dá, as formas como usamos palavras, imagens e outros mídias são realmente finitas, e existem em uma quantidade muito menor do que tipos de esporte, cores, músicas pop ou mesmo espécies de borboletas.

Há seis formas principais de comunicar:

1. Cara a cara: em reuniões.
2. Por voz: através de chamadas telefônicas (ou por Skype, um híbrido de 1 e 2).
3. Por palavras físicas: escrevendo e usando os Correios.
4. Por palavras virtuais: enviando e-mail com anexos ou links.
5. Por transmissão: difundindo mensagens para indivíduos ou grandes grupos.
6. Pela conversação em redes sociais: interagindo digital e diretamente.

Essas seis formas podem ser condensadas em uma hierarquia da comunicação que espelha a pirâmide de Maslow:

1. Rosto físico/voz.
2. Palavra escrita.
3. Transmissão.

A pirâmide não reflete a interconectividade da comunicação, que é mais um ciclo do que uma hierarquia. Não usamos apenas uma forma de comunicação com uma pessoa, mas possivelmente várias: você envia um e-mail para marcar uma reunião e depois acompanha o agendamento, possivelmente transmitindo pelas redes sociais ou relatando a reunião em algum lugar.

Seria simplista dizer que escrever um e-mail, o trecho de um romance ou um tuíte é inerentemente menos eficaz ou vigoroso do que falar com alguém cara a cara. O que é indiscutível é o poder da intimidade e a confiança que advém do uso do nosso ser físico, e não de avatares. As maneiras que usamos para divulgar pensamentos, palavras e sentimentos podem e devem ser usadas para alcançar escala: impressão e publicação de livros, redes de televisão e formas distribuídas de conexão são excelentes formas de comunicação. A ascensão do "audiolivro" e dos serviços de distribuição como a Audible demonstram isso claramente. A Audible construiu uma biblioteca com mais de duzentos mil audiolivros em menos de uma década. Don Katz, fundador da Audible, disse ao *The Wall Street Journal* que "o consumidor não pensa na diferença entre experiência textual, visual e auditiva".[7]

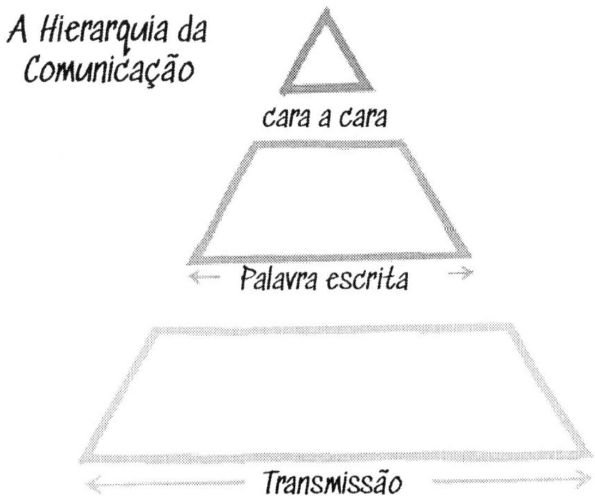

Figura 3.2 A hierarquia da comunicação
© JULIA HOBSBAWM, 2016.

Uma forma de ler, ouvir e ler em voz alta supera todas: as festas literárias. O Hay Festival de Literatura começou na pequena "capital do livro" galesa de Hay-on-Wye em 1998. A cidade tem apenas 1.500 habitantes. No primeiro ano, o festival atraiu mil pessoas para cerca de 25 eventos. Em 2012, estima-se que cem mil visitantes tenham participado de mais de oitocentos eventos distribuídos em onze dias.[8] O Hay teve que se deslocar para um local maior, ocupando vários campos próximos. Hoje em dia, a maioria dos eventos esgota. Algumas das melhores conversas acontecem na fila para entrar nas tendas e ouvir alguns dos maiores pensadores e escritores vivos. Muitos aficionados pelo Hay seguiram o festival mesmo quando ele foi muito além do País de Gales — para Colômbia, Irlanda, México, Espanha, Peru e Bangladesh.

A conferência musical de Woodstock no norte de Nova York em 1969 iniciou a conexão entre pessoas e música, e coincidiu com a chegada do fã extremo. Mas foi o poder da Live Aid em 1985 que iniciou a ligação entre público e artista ao vivo, em algum tipo de experiência juntos, ligados não só pelo momento físico, mas também pela tecnologia. Especificamente, pela televisão. O músico Phil Collins foi carregado pelo

Concorde, o agora extinto jato supersônico de passageiros, retirado do Estádio de Wembley no meio do show em um fuso horário e entregue para apresentar ao vivo o mesmo show na Filadélfia, em outro país, cerca de horas depois. O efeito foi conectar uma audiência global de 1,9 bilhão de pessoas em 150 nações em uma única transmissão de TV ao vivo via satélite. Só no Reino Unido (onde o Live Aid foi criado por Bob Geldof e Harvey Goldsmith), mais de 25 milhões de visitas combinadas foram feitas para ver música ao vivo em um único ano.[9]

Vi o Live Aid ao vivo na tela da minha televisão e me lembro como se fosse ontem. Foi logo antes do meu 21º aniversário. Assisti sozinha em um quarto na casa dos meus pais com a janela aberta, bem acima das colinas de Hampstead, durante o verão no norte de Londres, e desejei estar lá no estádio. Estava ciente, talvez pela primeira vez na minha vida, de que havia outras pessoas pelo mundo assistindo àquilo, e que elas eram *como eu*. Outras jovens chamadas Julia, ou Giulia ou Yulia, na Itália ou na União Soviética, de alguma forma ligadas e unidas por aquele dia extraordinário. Ainda assisto a vídeos no YouTube de Freddie Mercury caminhando sobre o palco com suas calças brancas e acho que nunca houve um artista como ele, que se conectasse via televisão com praticamente todo o mundo — com a possível exceção dos Beatles, de Elvis Presley e de Muhammad Ali. Os vídeos do YouTube desse mesmo Freddie Mercury tiveram milhões de visualizações — mas mesmo com doze milhões de visualizações, alcançaram apenas uma fração do total de pessoas que assistiram à interpretação do cantor de "Bohemian Rhapsody" ao vivo na TV naquele dia, cantando sua letra profética: "é tarde demais: chegou a minha hora". Hoje, o mais novo integrante da turminha de redes sociais, a "rede social síncrona" Houseparty, uma plataforma de conversa por vídeo, permite que adolescentes e pessoas de vinte e poucos anos tenham a oportunidade de conviver uns com os outros por vídeo, em tempo real, usando seus *smartphones*. Mas é uma união fragmentada se comparada à experiência do Live Aid, naquela galáxia distante de 1985.[10]

No entanto, sempre desejamos ver os rostos uns dos outros, usar o toque, o olfato, a visão e a audição nos arredores imediatos de outra pessoa — que é o topo da hierarquia da conexão e da comunicação. As gerações Y e Z podem pensar que a socialização em massa começou com o Facebook, mas não poderiam estar mais erradas. O YMCA começou em 1844 e ainda tem 58 milhões de "membros" em mais de onze mil filiais em todo o mundo, sendo "o maior movimento juvenil do mundo";[11] clubes de homens trabalhadores começaram em 1862; o Instituto das Mulheres, em 1897; e em 1907 surgiu o movimento escoteiro (ainda ativo em 216 países ao redor do mundo, com mais de trinta milhões de membros). Algumas das maiores mudanças sociais e políticas foram provocadas por conexões em massa, ao vivo, de grandes grupos de pessoas: os protestos na Praça Tahrir no Egito e o massacre na Praça da Paz Celestial na China, um show dos Rolling Stones ou da Taylor Swift, ou o Live Aid. Estes são momentos em que a conexão é aumentada e ampliada pela tecnologia, mas onde somos nós, pessoas reais, no comando.

Em 1985, na minha vida, não havia outra mídia em massa além do cinema e, àquela altura, qualquer hierarquia da comunicação teria definitivamente colocado os meios de transmissão no topo. Demorou mais de 21 anos até que o Twitter chegasse e iniciasse uma nova era de conectividade ao vivo. Usar mensagens instantâneas para relatar e comentar sobre a cultura compartilhada acontecendo ao vivo: isso também foi empolgante.

No entanto, a graça disso tudo já está acabando. Há tanta oportunidade de se conectar com todos, o tempo todo, que os números estão piorando ou, na melhor das hipóteses, se fragmentando. No verão de 2016, o Twitter lutava contra o recém-chegado Snapchat. A conexão em massa e a comunicação em massa parecem excessivas e enjoativas. As pessoas estão começando a se tornar privadas e a se fechar em nichos, ou pelo menos estão tentando. Não podem se conectar através de servidores e da internet com toda a segurança, independentemente do que é dito, ainda mais depois das revelações de Edward Snowden — mas também porque, como qualquer pessoa sensata sabe, na era da conectividade de hoje "não há privacidade".[12] Sempre há como capturar a imagem de uma tela ou gravar alguém, e depois espalhar o material por aí.

Faço mais conexões cara a cara do que nunca. Não importa o quanto esteja ocupada, faço questão de ver as pessoas pessoalmente, tanto em encontros profissionais quanto pessoais. Marco encontros para cafés ou caminhadas, faço pequenos jantares ou participo de conferências e festivais. Sou cuidadosa ao escolher a quais vou, porque o tempo é muito valioso (e valorizo o meu tempo), mas não tenho dificuldade em entrar em uma sala cheia de pessoas em vez de me comunicar e me conectar virtualmente, de forma alguma. Se quiser prosperar na Era da Sobrecarga, mais conexão cara a cara não é apenas algo bom de se estabelecer — é algo que se deve estabelecer.

Não muito tempo atrás, assisti a uma conferência em Nova York. O cofundador da revista *Wired*, que celebrava todas as coisas digitais e indiscutivelmente virtuais, deu uma volta completa em seu pensamento. Falando sobre a tendência crescente dos espaços de *coworking*, que significam o fim das unidades atomizadas nos arranha-céus ou nos escritórios em forma de silos, disse:

> "Quando não se está na mesma sala que seus interlocutores, muita largura de banda (digital) é usada para que você possa se expressar com outros seres humanos. Vai ser melhor investir tempo em um encontro físico. Se eu fosse um investidor, seria nisso que colocaria meu dinheiro — sendo contraintuitivo."[13]

O que foi notável foi o fato de um titã da tecnologia estar clamando publicamente por mais conexão cara a cara em uma era de Facebook, mas também ter apontado isso como "contraintuitivo". Como o escritor Will Self observou, ninguém está sugerindo que as pessoas comecem a "cuidar dos filhos via Skype".[14] O Skype tem seus usos como uma forma aproximada de contato cara a cara quando necessário. O psicólogo evolucionista e professor Robin Dunbar comentou o seguinte em uma entrevista que fiz com ele para um dos meus programas de rádio da BBC sobre conectividade: "Sem dúvida, as redes sociais ajudam a desacelerar a taxa natural de decadência na qualidade da relação que se instalaria caso não pudéssemos nos encontrar cara a cara com amigos facilmente.

Mas há algo de primordial nas interações cara a cara. Olhar nos olhos da pessoa de vez em quando parece ser crucial para a forma como mantemos as amizades."[15]

A forma como mantemos as "amizades" é social, mas não está confinada aos contextos sociais. A cultura do trabalho e a tecnologia em rede não só nos permitem usar menos uniformes metafóricos (e reais) para trabalhar e ser ao mesmo tempo um trabalhador e alguém com uma vida doméstica óbvia — refletindo o aumento dos arranjos a tempo parcial e de horários flexíveis a ponto de a "sexta-feira casual" ter explodido dentro da cultura do trabalho —, como também permitiu que, hoje em dia, pessoas possam usar cada vez mais o tipo de roupa que gostam para trabalhar.[16]

Dois trabalhos acadêmicos, um que estudou os fabricantes de roupas e outro que estudou a colaboração legislativa no Senado dos Estados Unidos, concluíram que, embora não fossem perfeitas, as relações em ambientes que tinham mais do tecido conectivo e da intimidade da amizade, com alta incidência de relações cara a cara, eram mais fortes e mais produtivas do que aquelas sem.[17] Um CEO americano disse: "É difícil para alguém de fora entender que você virou amigo dessas pessoas — amigos de negócios. Você confia nelas e em seu trabalho. Tem interesse no que fazem fora dos negócios."[18] No caso da política, "uma conversa durante uma viagem à Europa ativou benefícios relacionais que acabaram por se revelar fundamentais para a aprovação de legislação importante seis anos mais tarde".[19]

Então aqui fica a pergunta: de que outra forma isso poderia ter sido alcançado?

O CHOQUE DO FUTURO

> "Um dos efeitos de viver com informação elétrica é que vivemos habitualmente num estado de sobrecarga de informação. Há sempre mais do que aquilo com que é possível lidar."
>
> *Marshall McLuhan, filósofo e teórico da comunicação canadense*

Foi no final dos anos 1960 e início dos anos 1970 que começamos a viver o conceito de "sobrecarga de informação". Em 1969, o teórico social canadense Marshall McLuhan, que introduziu a ideia da "aldeia global", defendia que "perante a sobrecarga de informação, não temos alternativa senão o reconhecimento de padrões".[20] Dentro de uma única geração, entre 1975 e 2017, "o Choque do Futuro"[21] chegou, trazendo eletrônicos de consumo em massa, o computador desktop, o fax, a TV 24 horas por dia, a internet, os navegadores da web, as ferramentas de busca, o celular, o laptop, o *smartphone*, o *streaming*, as mídias sociais e agora os óculos de realidade virtual, a inteligência artificial e a robótica. O crítico e observador social da internet, Andrew Keen, salienta que hoje todos nós vivemos em um "mundo em rede em que o volume de dados produzidos entre 2012 e 2013 representa noventa por cento de todos os dados produzidos na história da humanidade".[22]

O efeito disso é considerado inteiramente libertador. A escolha e o excesso são a oferta de base da sociedade de consumo. A dificuldade rapidamente se torna tão somente a da sobrecarga, o principal subproduto do Choque do Futuro. Não sintonizados, mas sobrecarregados. Quando pergunto aos alunos o que leem e o que ouvem, eles costumam ficar em silêncio. A referência de janela de conhecimento que têm é reduzida ao tamanho físico de um pedaço de queijo de supermercado que equivale às suas telas móveis, refletida em um pequeno círculo de rolagem de fontes de informação restritas, os mesmos "*feeds*" de notícias. No entanto, a quantidade de vezes por dia em que se conectam só aumenta.[23] Desde 2015, os principais provedores de notícias começaram a criar programações para atender esses dispositivos, o que, aparentemente, é bom. Só que não é possível dar profundidade nesse sentido, só encolher e garantir velocidade.

Isso cria dois problemas. Um deles é uma riqueza de informações parciais e pouco diversas. Como os turistas que tiram férias em um destino ensolarado e acabam indo justo àquele restaurante que serve a mesma comida que comem em casa. (Estou me lembrando de um restaurante que visitei uma vez na Grécia, onde os garçons ficaram incrédulos ao saber que eu queria *kleftiko*, um prato local. "Tem certeza, senhora?", perguntaram. "Todo mundo quer só bife e batatas fritas.")

O segundo problema é o conhecimento. É necessário saber coisas hoje em dia. O mundo interligado das finanças e da política, do esporte e da mídia, da cultura e da educação, e o que há entrelaçado no meio disso tudo, faz com que as pessoas prosperem e sobrevivam se tiverem pequenos fragmentos de informações diversas, em vez de blocos de apenas um ou dois tipos. Por quê? Porque esta é a geração que tem que fazer sua própria sorte. Esse é o mundo pós-empresarial, onde os empregos e os locais de trabalho são móveis e onde todos nós enfrentamos concorrentes invisíveis com melhores sistemas de informação e comunicações do que os nossos. Esqueça o currículo, dizemos agora aos nossos filhos: corra atrás de conhecimentos, ideias e experiências. Em outras palavras, seja interessante. O mundo do Choque do Futuro é inibidor porque é vasto demais. A Marinha Real, uma das mais antigas e alinhadas de todas as forças armadas, conhece o poder de fragmentos de informação que estreitam vastos oceanos. Andrew Saint George cita a forma como as histórias, ou "*dits*", são trocadas regularmente:

> "A Marinha Real tem uma rede interna informal muito eficiente. As informações e histórias de liderança conhecidas como *dits* são trocadas através dela — entre níveis de gestão, gerações, práticas (ramos) e grupos sociais. Com a ajuda das *dits*, a consciência coletiva da Marinha Real assimila novos conhecimentos e insights, reforçando os já estabelecidos. Os visitantes de estabelecimentos navais ou navios são convidados a participar em algumas sessões; as tripulações são encorajadas a partilhar as suas experiências."[24]

Precisamos saber muito, ou pelo menos um pouco, sobre muitas coisas, mas em quem confiamos, e onde buscamos essa informação? O termo "*truthiness*" foi cunhado pelo comediante americano Stephen Colbert em 2005, e em 2016, durante a campanha presidencial americana Trump/Clinton, se transformou em "pós-verdade" e, em seguida, em "*fake news*". Mas o inimigo que espreita nos corredores da informação é menos verdade do que absurdo: como podemos ter mentes limpas e sem entulhos quando elas estão sempre cheias de ruído mediático? Foi interessante quando o BuzzFeed começou a separar seus *feeds* de notícias dos de vídeos de entretenimento em 2016,[25] porque pelo menos houve um reconhecimento de que a informação tem variações e diferenças: não é tudo um único fluxo largo e indistinguível de informação.

Então você tem que ser empreendedor e empresarial apenas para nadar através dos vastos oceanos de informação. Assim como Dory, a encantadora peixinha esquecida do filme *Procurando Nemo* da Pixar, de 2003, que capturou muito bem o *zeitgeist* do Choque do Futuro e da Era da Sobrecarga ao apresentar um oceano vasto e sem limites. O esquecimento de Dory é uma metáfora útil para superar a sobrecarga e calibrar as coisas.

A informação também se tornou algo em que não confiamos inteiramente. Em muitos países do mundo, a regulamentação da internet ainda orienta mal sobre ou nega o acesso a todo o conhecimento que existe, mas reconhecer o que é verdade é tão difícil quanto encontrá-la, para começar. Remamos sem segurança em mares agitados da comunicação, na esperança de avistar terra firme quando possível. Na esperança de ter sorte. O que é a nossa "família" de informação e de conhecimento? A verdade é que muitas vezes nos esquecemos de perguntar, pois depositamos uma fé cega na ideia de que ela está "lá fora" em algum lugar, à distância do clique de um botão. De todas as ferramentas práticas que desenvolvi para nossos clientes na Editorial Intelligence (uma empresa para fazer o que chamamos de "*networking* de conhecimento"), a mais popular é o "painel do conhecimento", que ajuda as pessoas a gerir o seu próprio fluxo de informação por meio de uma série de fontes (saiba mais sobre isso no anexo).

O outro problema com o conhecimento e a informação do Choque do Futuro é que podemos ser desviados da rota pelas correntes de algoritmos da internet. Um caso famoso foi quando o Facebook foi acusado de parcialidade em seus *feeds* e precisou reintroduzir humanos após o "desastre" de deixar tudo para os algoritmos.[26] Mas também experimentei isso em primeira mão com o Google. Criei meu próprio site para gerenciar e arquivar uma lista crescente de artigos, entrevistas, um blog e algumas notícias (por razões promocionais), como se fosse uma "vitrine". Mas percebi que estava fazendo outra coisa. Estava organizando a cronologia da minha vida e do meu trabalho de uma forma que dificultava a busca. A "classificação" de importância do que as pessoas encontravam quando me procuraram alterou a sequência em que eu aparecia. Isso significava que, talvez, um artigo que era central para o meu trabalho e de um tema de interesse — ou assim eu esperava — para as pessoas que me pediam para falar ou consultavam sobre mim estava sendo arrastado para o fundo do poço por uma busca diferente, muitas vezes relacionada a alguém ou a outra coisa com a qual eu estava ligada. Um caso em questão foi quando meu pai morreu, em 2012. Os números de busca pelo meu nome explodiram, mas o fizeram em torno do nome dele, empurrando outros termos de busca para longe do topo da lista. Quando se tem grandes corpos de informação ou notícias que caem no alcance do algoritmo, corremos o risco de que ele dê origem a uma falsa leitura. Não são os fatos que estão errados, mas sim a localização desses fatos em relação aos outros, o que constitui uma distorção por si só.

O antídoto para o Choque do Futuro é compreender que nossas necessidades estão mudando. Ser dominado por informações não analisadas em correntes rápidas nos *feeds* não é suficiente. Para navegar precisamos de curadoria, precisamos de orientação adequada e sinalização eficaz, como se estivéssemos em um terminal de transporte. Imagine chegar a um aeroporto internacional e não ver as partidas ou chegadas se empilhando nas placas? Ou ter as placas controladas por crianças malcomportadas da escola que se divertissem colocando Hamburgo em vez de Hanover como destino, e atribuindo números de portões aleatórios? Temos que reconhecer que há momentos em que precisamos de menos informação, não de mais. Que precisamos que ela seja apresentada por fontes em que possamos confiar, da mesma forma que os melhores jornalistas cultivam suas "fontes". O próximo desafio, é claro, é o maior: como vamos encontrar tempo?

A DISTORÇÃO DA ESCALA TEMPORAL

> "Perdemos a paciência com a capacidade do nosso corpo de se curar; porque o tempo é essencial e temos que continuar."
>
> *Lucy Winkett, sacerdotisa britânica*[27]

Em sua história contemporânea, *Os prazeres e desprazeres do trabalho*, o filósofo contemporâneo Alain de Botton passou vários dias com um engenheiro elétrico enquanto ele traçava os 175 quilômetros da linha elétrica entre Dungeness e Canning Town, levando eletricidade a grande parte de Londres. Ele notou a transferência "de prodigiosos quatrocentos quilovolts para mais moderados 275 quilovolts, daí para plácidos 132 quilovolts, até emergir das tomadas, sem qualquer impetuosidade, a apenas 240 volts".[28] Escala e velocidade: esses são os determinantes gêmeos da vida conectada moderna. Marcamos a velocidade em que podemos fazer as coisas em parte pela sua escala. "Apenas" um pequeno número? E quão rápido?

Todos conhecemos essa sensação de pressão. Crescimento é uma palavra embutida na psique central do capitalismo. A filósofa Martha Nussbaum observa como desejamos "transcender a finitude".[29] Investidores capitalistas falam da rapidez com que se pode chegar à "escala". Foi revigorante ouvir o teórico da mídia Douglas Rushkoff desprezar essa "economia digital bombada" de forma abrangente em uma conferência de Nova York cheia de *geeks* da tecnologia e empresários digitais. A procura da escala e do crescimento é "a razão pela qual o Google passou de uma empresa de tecnologia a uma holding".[30] A cultura de veneração em torno de escala e velocidade impressionantes, que pode ser apenas isso ou pouco mais, foi belamente capturada por Michael Lewis em seu livro *Flash Boys: revolta em Wall Street*, sobre as distâncias que os comerciantes financeiros precisariam percorrer para ganhar uma fração de segundo de vantagem sobre um concorrente:

> "Para ir da mesa de Brad até a da BATS em Weehawken levava cerca de dois milissegundos, e o caminho mais lento, entre a mesa de Brad e a da Carteret, levava cerca de quatro milissegundos. Você levou cem milissegundos para piscar os olhos; difícil de acreditar que uma fração de um piscar de olhos poderia ter consequências tão vastas no mercado."[31]

Essa "morte da distância", como disse a professora de Oxford Frances Cairncross em 1997[32] — na época em que a paisagem eletrônica do dia a dia mudava para sempre com a internet e a capacidade informática se tornava superlotada, inaugurando a Era da Sobrecarga —, traz consigo a ideia de que não só temos de lidar sempre com um grande número de coisas, como temos que fazê-lo muito rapidamente.

Além disso, não há apenas velocidade, mas também a cultura incessante de "não parar". Em 2015, o *The New York Times* fez uma exposição de práticas de trabalho dentro da Amazon, descrevendo a ascensão de determinado tipo de trabalhador, o "*Amabot*", essencialmente treinado e tratado como um robô humano. Citaram que um trabalhador anônimo teria dito: "Certa vez não dormi durante quatro dias seguidos — os negócios da empresa eram os meus bebês e eu fazia tudo o que podia para torná-los bem-sucedidos."[33] No século XX, quando começamos a perceber que estávamos todos sendo forçados a andar mais depressa na "estrada da informação", eu era uma jovem publicitária de livros na Penguin Books. Em 1985, as imagens não eram digitais, mas armazenadas em vastos armários de arquivos; os livros não eram baixados, mas enfiados em sacos de plástico e enviados para editores literários, muitas vezes pagando caro no correio, no tempo entre seus almoços longos e suas horas de trabalho. Recebi a tarefa de ligar para uma "grande autora" — a romancista Edna O'Brien. Ela não atendeu, mas sua nova secretária eletrônica sim. A voz sem corpo do outro lado da linha explicava o que era a máquina e o que ela fazia, e como haveria uma pausa depois do sinal sonoro para gravar uma mensagem. "Isso vai", disse ela, com seu doce sotaque irlandês, "dar-lhe tempo para pensar."

O efeito colateral de ser obcecado não só pela escala, mas também pela velocidade, é que elas confundem o nosso sistema humano, que permanece teimosamente lento em termos de mudanças fisiológicas drásticas. Quando apresento estatísticas para ilustrar a escala e o ritmo da vida moderna aos estudantes e ao público corporativo, todas elas se relacionam com os grandes números: ninguém se surpreende com o fato de cinquenta milhões de americanos irem à academia, ou com o fato de que o LinkedIn tem 433 milhões de membros. É com os pequenos números que há problemas. Alguns já ouviram falar do "número de Dunbar" (150; discutido mais adiante neste livro), mas ninguém nunca associa nada ao número 168. É um número relativamente pequeno. Não tão pequeno quanto a frequência cardíaca ideal em batimentos por minuto, e não tão pequeno quanto o número de segundos em um minuto, mas menor com alguma folga, como vimos, do que muitos outros números: menor do que o número de vezes que o número cinco aparece em 24 horas, por exemplo. O número 168 é menor do que o número de países do mundo. É menor do que o número de tipos de música, arte, práticas sexuais ou tipos de culinária. É menor do que o número de idiomas conhecidos ou de sons polifônicos. Mas para os humanos é um grande número, porque representa um total. Como já comentei anteriormente neste livro, é o número total de horas em uma semana.

Apesar da vasta desigualdade no mundo, de ponta a ponta, do banqueiro bilionário ao morador de favela, todos têm a mesma quantidade de tempo com a qual lidar. Um terço do nosso precioso tempo é usado para dormir. O corpo pode estimular a si mesmo para ficar acordado mais tarde e por mais tempo, mas biologicamente precisamos de seis a oito horas de sono por noite (dividido em diferentes segmentos, na verdade, mas a norma é agora um único período ininterrupto).

Isso significa que sobram apenas 112 horas (você consegue sentir o tique-taque do relógio?) para viver, trabalhar, ser multitarefa, conectar-se e fazer tudo o que precisa ser feito. Vivemos em um mundo com tal escala — onde o excesso é vendido como desejável — que a expressão "espremer para caber" deveria se aplicar a uma gestão financeira prudente, mas não, de alguma forma, ao próprio tempo. Não admira que a impaciência esteja aumentando. Um dia, quando abri um armário na academia e descobri que alguém tinha deixado suas roupas nele sem colocar um cadeado na parte de fora, me descobri espumando de raiva. Essa pessoa tinha desperdiçado o meu tempo. Soltei fumaça. Seja qual for o tempo que perdi — segundos, nanossegundos —, pareceu muito. Pareceu um *desperdício.*

Para onde quer que olhemos, a velocidade é celebrada. Toda a mídia — que começou pela pioneira CNN, que, na década de 1990, passou a transmitir 24 horas por dia, sete dias por semana, suas "notícias contínuas", algo que agora acontece em cada TV, *tablet* e celular em uma sequência ininterrupta on-line e no ar — ficou fascinada primeiro com a velocidade, e só depois com todo o resto. Os vencedores do prêmio

Pulitzer, Howard Rosenberg e Charles Feldman, observaram, no livro apropriadamente denominado *No Time to Think* [*Sem tempo para pensar*], que a programação de notícias foi concebida para satisfazer esse apetite dos consumidores, "de modo que possam recebê-la sem ter que parar, do mesmo jeito que um maratonista pega um copo de água durante a corrida".[34]

Nossos corpos e nossas mentes parecem estar começando a se rebelar contra a velocidade como única maneira de ser. O "Movimento Slow"[35] começou em 1986 e foi o primeiro sinal de que precisamos equilibrar o ritmo frenético da vida com algo, talvez menos instantâneo e temporário. Quase vinte anos depois, a grande bilheteria cultural fica com as séries de TV em temporadas, com frases como "maratonar" entrando no léxico. A série *House of Cards*, da Netflix, foi um bom exemplo, assim como as séries da BBC do tipo "drama escandinavo", *The Bridge* e *Borgen* — que foram consumidas em um ritmo de, em média, dois a seis episódios por sessão. Parece que as pessoas querem recuperar o tempo, esticá-lo e alongá-lo, e que se sentar para ver algo de forma compulsiva é uma boa forma de diminuir o ritmo.

TECNOSSABÁTICO

Depois de velocidade e escala (o tamanho do Twitter do presidente americano Donald Trump, que tem mais de vinte milhões de seguidores no perfil @realdonaldtrump, dá-lhe um poder adicional para o próprio perfil @POTUS), vem o tempo. Queremos dobrá-lo segundo nossa vontade, controlá-lo. Controlamos (muito mal) o nosso tempo com o calendário ou a agenda. Terceirizamos o gerenciamento do mesmo para outros de formas que seriam impensáveis se estivéssemos falando dos nossos corpos. Não há o equivalente ao calendário do Outlook para nossa dieta, de forma que outros possam planejar e manipular o que entra no seu corpo. Mas o diário, o corpo metafórico para a forma com que passamos o nosso tempo, está sempre disponível (para outras pessoas).

A Era da Sobrecarga é cheia de contradições. Uma sensação de desconexão persegue muitos em casa e no trabalho. Em minha própria vida profissional — que foi do telex para o Twitter, da tinta para o

Instagram, do analógico para o digital —, procuro manter contato com amigos de infância que vivem em continentes diferentes, mas luto para arrumar algum tempo não comprometido ou dependente do que há no meu calendário ou agenda para me conectar diretamente com aqueles que amo ao meu redor. Blocos de tempo para nos ajudar a conhecer e conectar nossas ideias, projetos e encontros. Quanto menos tempo temos, mais desejamos controlá-lo, apenas porque é um sistema para medir um certo tipo de significado — e o que tem mais significado do que com quem nos conectamos, e com quem estamos conectados?

Usamos o relógio de 24 horas e a hora de sessenta minutos em quase tudo o que tem a ver com a organização das nossas vidas. Quando os sumérios da antiga Mesopotâmia dividiram pela primeira vez o tempo em sextos, há cerca de cinco mil anos, não podiam ter previsto que deixariam como legado à vida moderna duas das suas ferramentas mais importantes: a roda e o tempo. Na verdade, o tempo em si não seria medido como é hoje se não fosse pela roda — ou melhor, a roda dos trens. O engenheiro escocês sir Stamford Fleming, apelidado de "o pai do tempo padrão", foi o primeiro a introduzir fusos horários, em 1883 (depois de alegadamente perder um trem devido à organização aleatória dos horários).[36]

Estamos tão conectados ao tempo e à sua medição que a Apple lançou sua mais recente tecnologia "*wearable*" não como um computador portátil com um pequeno relógio acoplado, mas como um relógio de pulso com um computador embutido.[37] A mensagem foi clara: neste começo do século XXI, usamos o tempo como uma declaração de quem somos. Estar ocupado é melhor do que não estar ocupado.

Os aplicativos que tentam ajudá-lo a controlar o tempo estão em uma seção própria chamada "produtividade" nas prateleiras digitais. Os relógios não são apenas um dos poucos objetos que dominam o mercado de produtos de luxo (o valor de marca da Rolex, apenas, foi estimado em sete bilhões de francos suíços em 2014),[38] mas aqueles que controlam o tempo são geralmente mais ricos e têm um status mais alto do que aqueles que não o fazem.

No entanto, Rory Sutherland, observadora de *zeitgeists* comportamentais, aponta várias vezes em sua coluna "Wikiman", na revista *The Spectator*, a loucura de uma sociedade que pensa apenas em termos de tempo, e em termos de economia de tempo, em vez de outras formas de medir o sucesso. Escrevendo sobre a nova ligação ferroviária britânica de alta velocidade hs2, ela apresenta a seguinte questão: "A perspectiva de poupar trinta minutos duas vezes por mês não é o que vai fazer a diferença."[39] No entanto, as pessoas tendem a acreditar que sim. A socióloga e psicóloga do MIT Sherry Turkle, que foi pioneira no pensamento sobre a conectividade dos seres humanos em uma era tecnológica, observa em seu último livro, *Reclaiming Conversation: The Power of Talk in a Digital Age* [*Retomando a conversa: o poder da fala em uma era digital*], que o custo da aparente economia de tempo em reuniões corporativas ("é prática comum para advogados, mesmo no nível mais sênior, manter telefones e tablets desligados durante reuniões") é uma desconexão de atenção: a oportunidade de entrar em sintonia com outras pessoas é apresentada culturalmente como uma espécie de grande ferramenta de economia de tempo.

Assim, a teleconferência — que considero tão pouco saudável do ponto de vista social quanto um grande saco de batatas fritas, algo para ser consumido muito eventualmente — torna-se uma oportunidade para, "se estiverem sozinhos, ouvirem a teleconferência e continuarem a trabalhar em suas telas. Vão perder as conversas cara a cara, mas vão poder fazer várias coisas ao mesmo tempo".[40]

O tempo, dizem, cura tudo. Porém, cada vez mais nossa abordagem do tempo e as ansiedades que ele provoca em nós são tudo, menos algo que cura ou que é saudável. Quando pensamos em conexões, pensamos muitas vezes na rapidez com que podemos nos conectar. E, inevitavelmente, quando pensamos na rapidez com que nos conectamos, pensamos em quanto tempo aquilo leva. A Saúde Social coloca a atenção ao tempo no centro da ideia de uma saúde contemporânea equilibrada porque geralmente estamos muito mal sincronizados com ele. Meu antídoto para a crise do tempo é dobrá-lo ou esticá-lo. Na minha mente, claro. Muitas vezes faço menos para tentar fazer mais. Um dia por semana eu desacelero as coisas, entrando em um tecnossabático[41] longe das mídias sociais e da internet, a fim de concentrar minha mente no ritmo do tempo real, e não do frenético, liderado pela máquina.

Não pratico tanto as técnicas de "*mindfulness*", que requerem algum foco e concentração, bem como tempo; quanto as de "*mindlessness*", em que o fim da palavra significa "menos": técnicas em que me desligo em vez de me sintonizar com a mente. Lembro-me da minha infância, quando meu pai, um acadêmico, escrevia constantemente durante dias e depois se jogava na frente da TV assistindo ao programa policial americano Kojak comigo. Ele esticava as pernas compridas e nos transportávamos para a pressão do tempo de outras pessoas — os programas policiais são sempre sobre prazos e pressa, assim como sobre caráter — enquanto ele se esquecia, momentaneamente, da sua própria.

Meus parceiros de negócios ficam ansiosos por "decolar" para suas viagens, quando o tempo é suspendido. Não podem programar conferências telefônicas ou reuniões enquanto estão no ar, e assim eles desaparecem, momentaneamente, em seu próprio tempo, dobrando-o segundo sua própria vontade, e não a de mais ninguém. Ansiamos pelo controle das nossas vidas, mas a Saúde Social exige que o assumamos — e então, que o dominemos. Há uma expressão para isto, é claro: "tempo de inatividade". É importante lembrar que o temos. Lembrar que o poder de estar conectado também é saber fazer o contrário — desconectar-se e desplugar.

NOTAS

1. Robin Dunbar é o psicólogo evolucionário que contribuiu mais do que qualquer outro cientista para a popularização da nossa compreensão do cérebro do primata e do seu impacto no comportamento social e no comportamento das redes sociais em particular. Antes de seu popular livro de ciências publicado em 2010 (Ver: DUNBAR, 2010), ele já tinha escrito dois artigos sobre o cérebro do primata e sobre a organização de seus ambientes sociais: "Primate Social Systems" ["Sistemas sociais dos primatas"], de 1988, e "Social Dynamics of Gelada Baboons" ["Dinâmicas sociais do babuíno-gelada"], de 1975.
2. SMITH, 2013.
3. LIEBERMAN, 2013.
4. RUTLEDGE, 2011.
5. Dezesseis por cento da população mundial — 1,3 bilhão de pessoas — não têm acesso à energia elétrica. Setenta e nove por cento deles estão nas cinquenta nações mais pobres do mundo, principalmente na África Subsaariana e em partes da Ásia (300 milhões na Índia, por exemplo). Ver dados da Agência Internacional de Energia, disponível em: www.worldenergyoutlook.org.
6. Tanya Gold disse isso para a Sunday Times Magazine quando escrevia sobre os casos de pedofilia entre celebridades. Publicado por Jimmy Savile em dezembro de 2015.
7. ALTER, 2013.
8. COLLINS, 2016.
9. Dados sobre o valor de mercado da indústria musical do Reino Unido. Ver: www.thecreativeindustries.co.uk.

10. O aplicativo Houseparty é uma "rede social síncrona", lançada em outubro de 2016, desenvolvida pela Apptopia. No momento em que este livro é escrito, Twitter, Snapchat, Instagram e Facebook ainda dominam as mídias sociais.
11. Relatório anual do ymca, publicado em 2015.
12. Scott McNealy, da Sun Microsystems, disse a um grupo de analistas e repórteres em 1999: "De qualquer forma, não há privacidade. Supere isso", conforme reportado na Wired em 26 de janeiro de 1999.
13. John Battelle, o cofundador da revista Wired na conferência dld na cidade de Nova York, em 3 de maio de 2016, disse que as conexões cara a cara são cada vez mais importantes na era digital.
14. O romancista, escritor, professor e radialista britânico Will Self, escrevendo no New Statesman em 2014, afirmou que algo similar ao contato cara a cara e o próprio contato são a mesma coisa.
15. Em 2014, entrevistei o psicólogo evolucionista e professor Robin Dunbar sobre contato cara a cara para a minha série da bbc Radio 4 chamada Networking Nations: The Science of Networks [Nações em rede: a ciência das redes]. Sua pesquisa mostra consistentemente que a combinação de fatores sociais associados à amizade, à família e ao parentesco, como a confiança, pode fazer uma diferença significativa nos ambientes empresarial e profissional.
16. O serviço britânico de atendimento ao empregador/empregado acas informou que o trabalho em domicílio aumentou de 16 para 28 por cento, o horário flexível aumentou de 19 para 26 por cento e a passagem do trabalho de tempo integral para meio período aumentou de 46 para 64 por cento no Reino Unido na pesquisa de 2005, logo no início da era totalmente conectada.
17. UZZI, 1997.
18. UZZI, 1997.
19. DESMARAIS, 2015.
20. MCLUHAN, 1969.
21. TOFFLER, 1970.
22. KEEN, 2015.
23. Ver o artigo "There's No Place Like Phone: Global Mobile Consumer Survey 2016" ["Nada como um telefone: pesquisa global de consumidores de telefonia celular"] da Deloitte; ver também o artigo "How Do Today's Students Use Mobiles?" ["Como os estudantes de hoje usam o celular?"], publicado no blog Deloitte Insights.
24. Ver: SAINT GEORGE, 2013a e SAINT GEORGE, 2013b.
25. MULLIN, 2016.
26. THIELMAN, 2016.
27. "Thought for the Day" ["Pensamento do dia"], BBC Radio 4, de agosto de 2015.
28. BOTTON, 2009.
29. NUSSBAUM, 2001.
30. Douglas Rushkoff falou na dld, em Nova York, em 16 de maio de 2016. Ver: www.dld-conference.com.
31. LEWIS, 2015.
32. CAIRNCROSS, 1997.
33. KANTOR; STREITFELD, 2015.
34. ROSENBERG; FELDMAN, 2008.
35. O Movimento Slow surgiu em 1986 com o Slow Food, iniciado por Carlo Petrini na Itália. Ver: www.create-the-good-life.com.
36. A hora padrão em fusos horários foi instituída nos eua e no Canadá pelas ferrovias em 18 de novembro de 1883. Antes disso, a hora do dia era uma questão local, usando relógios comunitários baseados na hora solar. A normalização em fusos horários foi estabelecida no Standard Time Act [Ato do Tempo Padrão] em 19 de março de 1918, com os nove fusos horários do Coordinated

Universal Time [Tempo Universal Coordenado] ou utc, ainda hoje em vigor.

37. A Apple lançou o Apple Watch em abril de 2015, que em seu primeiro ano superou o iPhone em vendas, de acordo com o Wall Street Journal — embora os trimestres seguintes tenham visto quedas significativas nas receitas, pois os consumidores não se adaptaram completamente a essa nova adição à computação pessoal. Ver: www.wsj.com.

38. Ver: www.statista.com.

39. SUTHERLAND, 2015.

40. TURKLE, 2015.

41. A expressão "tecnossabático" (em inglês, technology shabbat) foi cunhada pela primeira vez em 2013 por Tiffany Schlain, que escrevia para a Harvard Business Review (SCHLAIN, 2013).

PARTE DOIS

O SER MISTO

1

A ALMA SOCIAL

NAOMI E GLADYS

— Posso entrar, rapidinho?

A pessoa que faz a pergunta tem traços limpos em um rosto forte que já viveu oito décadas. Ela é Naomi Feil, uma assistente social nascida na Alemanha e criada nos Estados Unidos. Ela tem um olhar e uma voz firmes, além de olhos brilhantes, e está se inclinando para outra mulher na casa dos oitenta cujos olhos estão fechados, o rosto relaxado e silencioso.

— Quando as pessoas ficam velhas e ninguém fala com elas, elas se afastam cada vez mais. — Naomi está me contando sobre seu trabalho. — Então a necessidade desesperada de ligação está toda lá dentro.

Naomi Feil começa a falar com Gladys Wilson, que vive em um asilo para pessoas idosas com demência que são rotuladas de "não verbais". Ela está utilizando um método que criou, chamado de "validação", para levar a "comunicação através da empatia" aos indivíduos com deficiências cognitivas. O trabalho é surpreendente tanto na sua intensidade como no seu efeito.

Gladys balança as mãos em um movimento sem foco. É possível ver o plástico azul institucional de uma cadeira espreitando através de um bonito cobertor de crochê, que é cheio de tons pastéis macios — rosa, verde, amarelo. O púrpura do cobertor realça a cor do casaco de Gladys, que cobre uma camisa branca impecável, mas todo o resto do que diz respeito a ela não tem cor e está amarrotado e triste.

— Você está chorando? — pergunta gentilmente Naomi. — Estou vendo uma lágrima.

Gladys e Naomi têm idades semelhantes, e parecem ter tido características fortes semelhantes quando jovens: pele clara e limpa — branca para Naomi e caramelo para Gladys — e lábios expressivos e bonitos. Naomi fala firme e suavemente com Gladys, mas não são as palavras dela que se percebe. São suas mãos. Eles tocam suavemente Gladys bem na altura das orelhas, acariciando seu rosto.

— Todas as células se lembram que foi assim que a pessoa foi tocada quando criança pela mãe — diz ela. Seu rosto está na mesma altura do de Gladys, e talvez a uns quarenta centímetros de distância. — Você está muito triste. Consegue abrir um pouco os olhos e olhar para mim?

Os olhos, que estão murchos por conta da negligência interior, abrem um pouquinho. Eles encontram o olhar firme de Naomi e, imediatamente, as mãos de Gladys começam a bater nos braços de sua cadeira. Ao mesmo tempo, Naomi começa a cantar:

— Jesus me ama, sim, eu sei. Pois a Bíblia me diz que sim.

As mãos de Gladys começam a bater mais forte na cadeira, então Naomi levanta a voz e canta o hino cristão mais alto e mais rápido. Ela se refere a esse comportamento de espelhamento direto como "audição requintada". Nesse momento, ambas as mulheres estão engajadas em uma comunicação idêntica uma com a outra. Toda a disparidade desapareceu. Elas estão conectadas.

Naomi se curva para a frente. Seu nariz está quase tocando o de Gladys, suas feições aquilinas fortes refletindo as da outra, uma simetria. Depois, Naomi muda a música. "Ele tem o mundo inteiro em suas mãos, tem o mundo inteiro..." Ela canta e para um pouco, sabendo instintivamente o que vai acontecer. Gladys, semicega, uma mulher muda encarcerada pelo isolamento, termina o coro e sussurra suavemente para Naomi "...nas mãos dele".

— Você se sente segura agora? — pergunta Naomi gentilmente, ainda segurando o rosto de Gladys e olhando em seus olhos, o mais perto possível. Então, afirma: — Você se sente segura.

Gladys diz uma palavra. Sua boca se abre, seus dois dentes restantes brilham, tão brancos quanto sua camisa, e ela fala, provavelmente pela primeira vez em muitos, muitos anos:

— Sim — diz calmamente.

O que move o ser humano mais do que qualquer outra coisa — e que nos levou do pântano ao arranha-céu em meros cem mil anos — começou com as ferramentas de fogo e panelas de cozinha e cresceu com a capacidade de se comunicar através de histórias e linguagem, através do toque e da ternura.

Somos almas sociais. Nós aperfeiçoamos nossas ferramentas de civilização com a cozinha, a cultura, as cidades e a fé para passar por cima de nossos concorrentes evolutivos. A conexão total foi nossa carruagem de fogo. A civilização moderna se apoia em um conjunto de sistemas cada vez mais sofisticados para funcionar de formas cada vez mais complexas, tanto comercial quanto politicamente, mas só precisam de um resultado: preservar esse DNA social essencial.

Todo o comportamento humano coloca a conexão em seu centro, talvez com exceção das pessoas que poderíamos chamar de "desumanas" — o punhado de psicopatas e sociopatas sem empatia suficiente para funcionar como o resto de nós, e incapazes de colocar a conexão no centro de tudo. Matthew Lieberman, diretor do Laboratório de Neurociências Cognitivas da UCLA, diz o seguinte:

> "Nosso cérebro é profundamente social. Nossa fiação social nos motiva a permanecer conectados. Ele direciona nossa atenção de novo e de novo para o entendimento das mentes das pessoas ao nosso redor (...) para garantir que nos harmonizemos com aqueles ao nosso redor."[1]

O grande pensador de gestão e filósofo social Charles Handy disse que "parte de qualquer contrato psicológico com qualquer grupo, família, empresa ou sociedade é uma troca de certa liberdade individual pela recompensa de pertencer a algo".[2] Temos uma palavra para a série coreografada de cenários sociais que organizamos em torno de nós mesmos como indivíduos e instituições: sociedade.

A neurociência mostra que a orientação padrão do cérebro saudável, quando não está ocupado com a função cognitiva básica, é focar em nosso mundo social. Amor, vida, nascimento, ritos funerários, morte e perda são coisas que preocupam a todos nós, subconscientemente, sem parar, independentemente de darmos a impressão de estarmos superocupados e super-realizados ou não. Em 2001, durante o Onze de Setembro, nossas mentes ficaram marcadas pelos telefonemas e pelas mensagens de texto das pessoas presas nos edifícios e aviões. Enquanto enfrentavam a morte, queriam comunicar a essência da vida: o amor. Quando os políticos falam sobre terroristas "espalhando medo", eles entendem que o medo de perder a conexão com alguém que amamos é a emoção mais poderosa que podemos ter.

Uma doença moderna, chamada de FOMO (sigla para *fear of missing out*, que pode ser traduzida como "medo de ficar de fora"), une emoções iguais e opostas — maior solidão, isolamento e alienação. A solidão está se entrincheirando na sociedade, virando até mesmo endêmica.[3] Mais pessoas se divorciam, vivem sozinhas e têm doenças emocionais e mentais (ou a ausência de bem-estar) do que nunca. Todos estamos ligados às nossas famílias, e aqueles que não têm esses grupos de apoio são universalmente reconhecidos como sofredores, e têm a nossa piedade: estar sem conexões ou desconectado socialmente deve ser a maior privação que a maioria de nós poderia imaginar.

O ilustre sociólogo Zygmunt Bauman disse o seguinte pouco antes de morrer: "a solidão e o abandono são os grandes medos da nossa era individualista."[4] O individualismo nem sempre precisa ser solitário, é claro. O narcisismo está aumentando. Sou tão culpada quanto qualquer outra pessoa do crime de postar uma "*selfie*" no Instagram. O isolamento endêmico e a pulverização da sociedade estão estimulando não só o desejo de nos ligarmos, mas também de sermos visíveis — como se pudéssemos desaparecer, sem sermos notados, se não declararmos a nossa presença em alto e bom som. O Instagram tem quatrocentos milhões de contas ativas mensais, e se presta perfeitamente ao "olha para mim" individual: minha vida, minhas roupas, minhas impressões do mundo ao meu redor. E, no entanto, o Instagram e outras mídias microssociais (muitas pessoas que têm contas públicas no Twitter usam o Instagram de forma privada) também são sociais, onde compartilhamos com outras pessoas informações sobre lugares para ir, arquitetura, jardins, arte. Todas elas prosperam e são elas mesmas o produto de uma individualidade intensa. Há uma simetria curiosa nessa conexão, tanto uma voz isolada quanto uma voz compartilhada.

Uma das minhas contas favoritas do Instagram chama-se @symmetrybreakfast (707 mil seguidores, em 2019). Ela publica imagens de cafés da manhã duplamente distribuídos, perfeitamente alinhados e organizados. Trata-se, aparentemente, de comida, mas não é só isso. Trata-se da individualidade dos alimentos. As fotos nos ligam à ideia de como a refeição foi preparada, e de como ela faz com que nos sintamos. A ascensão da própria moda alimentar, com os programas de culinária e as vendas de livros disparando, e os restaurantes bombando, é um reflexo da nossa imagem social.

Está em nosso dna: *queremos* partir o pão uns com os outros. O crítico e escritor de viagens britânico A.A. Gill escreveu sobre o valor cívico da comida — da comida de rua à alta gastronomia. Ele acreditava que a comida é uma metáfora para a sociedade. O café da manhã, escreveu ele, "é tudo. O início, a primeira coisa. É a mordida que é o compromisso com um novo dia, uma vida contínua".[5]

O CLÃ FAMILIAR

> "Abençoada é a influência de uma alma humana verdadeira e amorosa sobre outra."
>
> *George Eliot (Mary Ann Evans), romancista britânica*

Partimos o pão ou postamos *selfies* por nós mesmos, mas também por outros. Off-line, com quantas pessoas socializamos de verdade? A resposta, famosa, é 150: um número muito pequeno, se considerarmos as métricas com que a maioria de nós vive nas redes sociais, onde desejar ter 150 "curtidas" pode ser considerado insignificante.

Este 150 é chamado de "número de Dunbar", em homenagem ao professor Robin Dunbar, o psicólogo evolucionário da Universidade de Oxford, cujas famosas experiências sobre o tamanho do neocórtex dos primatas levaram à descoberta de uma série de observações sobre como os humanos são programados a se comportarem. Especificamente, Dunbar descobriu que, olhando para a correlação entre o tamanho do grupo de macacos e o tamanho de seus cérebros, seria possível fazer o mesmo com os seres humanos. Dunbar mergulhou no tecido antropológico das sociedades humanas para observar que, dentro das camadas de grandes cidades e organizações, um número próximo a esse existe como padrão. "Quando você começa a procurar, grupos desse tamanho aparecem em todos os lugares", diz ele, em *How Many Friends Does One Person Need: Dunbar's Number and Other Evolutionary Quirks* [*De quantos amigos uma pessoa precisa: número de Dunbar e outros truques evolucionários*].[6]

Diz-se que o número de aldeias agrícolas neolíticas era 150, e que o Batalhão Sagrado de Tebas do século IV consistia em 150 pares de amantes masculinos que formavam uma força de elite para combater na Batalha de Leuctra. As grandes empresas modernas são muitas vezes organizadas em divisões gerenciáveis de cerca de 150 funcionários. Um líder de empresa global que conheço mantém deliberadamente sua força de trabalho de mil pessoas em diferentes locais, para que todos sintam que ainda trabalham em empresas pequenas com individualidade, em vez de uma gigantesca. O ponto principal desse número, naturalmente encontrado entre os humanos, é que ele representa proximidade e afinidade, imitando o tamanho de um grande clã familiar. E também, diz Dunbar, representa o limite cognitivo que podemos gerenciar: em suma, quantos cartões de Natal você é capaz de enviar? Ou quantas pessoas recebem sua resposta automática de férias de "estou fora do escritório"?

Quando o número de Dunbar começou a borbulhar pela primeira vez na consciência popular, em 2010, eu estava conduzindo um experimento em meu negócio de *networking*. Até então, tínhamos organizado eventos únicos para reunir profissionais da nossa rede de contatos que queriam ouvir ideias e conhecer pessoas estimulantes. Eles eram realizados durante o café da manhã em locais interessantes. Esse não era um formato tão difundido na época quanto é hoje, quando há um excesso de eventos com rsvps direcionados a aplicativos como o Eventbrite e o Paperless Post. Mas as vantagens do formato inovador não escondiam seus inconvenientes: as pessoas vinham, viam outras, falavam com elas e partiam. Acabavam se esquecendo instantaneamente da experiência enquanto o resto do dia de trabalho as engolia. Eu queria algo mais profundo.

Reparando que o evento emblemático do Fórum Econômico Mundial havia acontecido em um esplêndido isolamento, no topo de uma montanha suíça perto de Davos, perguntei-me se o fato de as pessoas terem se entusiasmado com a localização, bem como com o poder que ela transmitiu, teria alguma coisa a ver com isso. Se oitenta por cento do apelo de Davos era seu povo, vinte por cento era o ambiente e os arredores? Eu tinha um palpite de que não eram apenas os líderes mundiais que queriam aquele tipo de experiência, mas também os profissionais comuns. Agindo com base no palpite de que as pessoas queriam se conectar com ideias e outras pessoas em grupos pequenos e intensos, reservei toda a vila de férias de Portmeirion, no alto das montanhas de Snowdonia em Gales do Norte. Projetada pelo arquiteto sir Clough Williams-Ellis na década de 1930, e tornado famosa pelo programa de TV dos anos 1970 *The Prisoner*, cujo refrão era "Eu sou um nome! Não um número!", Portmeirion continua a ser uma das melhores celebrações da individualidade em uma era de massas. Chamei a conferência de "Names Not Numbers" (o que pode ser traduzido para "Nomes, e não Números").[7]

CAMINHAR E CONVERSAR

Portmeirion fica em uma península rochosa rodeada de mar, arbustos de rododendros e uma série de casas de estilo italiano intensamente peculiares e belas, cujos batentes de madeira são todos pintados em um turquesa verdejante tradicional, a minha cor favorita. Eu costumava visitar Portmeirion quando criança, quando "Clough" — que sempre usava calças curtas com meias amarelas, e cuja nuvem de cabelos grisalhos prateados saía de seu rosto escarpado como os ventos implacáveis do penhasco — alugava, para os meus pais e para uma série de outros acadêmicos de Cambridge, casas de férias nas montanhas próximas. Por muitos anos felizes, passamos férias no "Parc Farm", ao pé de uma aldeia sob a pequena montanha de Cnicht. As casas e as cabanas de campo tinham todas batentes de madeira, pintadas com a mesma cor de assinatura que se destacava tão vivamente contra a ardósia, as samambaias e os musgos.

Meu pai costumava levar meu irmão Andy e eu em caminhadas para os lagos que dão para Bethgelert, onde os únicos movimentos por quilômetros eram de estranhas gaivotas mergulhando, uma ovelha levando um pouco de mato à boca, e o tilintar de um claro riacho da montanha. Parávamos em algumas rochas e procurávamos o nosso espaço habitual, "A Caverna do Ladrão". Lá dentro, nosso pai tirava do casaco barras de chocolate: Ice Breakers para nós e Bourneville para ele. Nós nos sentávamos juntos, apertados na escuridão calma e musgosa com nossas tochas e chocolates, e éramos mais felizes do que qualquer um poderia ser.

Em ocasiões especiais, a família inteira vinha a Portmeirion. Clough nos dava passes para irmos além das principais áreas turísticas e assim termos acesso ao hotel como hóspedes. O passe era, na verdade, uma carta, uma espécie de cruzamento entre "a quem possa interessar" e um tipo de vínculo financeiro. Foi minha primeira experiência com o tratamento diferenciado e fiquei muito impressionada quando entramos no terreno sem ter que pagar nada e fomos para o hotel, onde os clientes que realmente pagam, em vez de turistas eventuais, eram autorizados a estacionar. Lá nadávamos na pequena piscina com vista para o estuário, que era azul como uma pintura de Hockney e sempre, por mais quente que o tempo estivesse, fria como um balde de gelo. Mas, oh, o glamour que ela tinha. Às vezes, o clã Williams-Ellis — incluindo a grandiosa lady Amabel, um membro da antiga família aristocrática inglesa Strachey, que ergueu uma árvore de Natal de nove metros de altura na fazenda Brondanw e convidou todas as crianças locais para levar para casa um pequeno presente embrulhado, como nos melhores romances vitorianos —, usufruía de buffets luxuosos servidos no terraço do hotel. Os hóspedes olhavam para as artes em estilo *trompe l'oeil* que Clough tinha instalado no alto das saliências das falésias com vista para o hotel e os apartamentos: estátuas de pessoas inclinadas sobre as grades, vigiando a areia de maré nervurada da península de Llyn abaixo.

Assim, só um lugar poderia ter me vindo à mente quando tive a ideia de uma conferência "residencial experiencial", emulando o esplêndido isolamento e cenário teatral de Davos, para uma conferência cultural de ideias para profissionais. As conferências, àquela altura, tinham tudo a ver com escala e volume: ganhava-se dinheiro enfiando o maior número possível de pessoas em um grande "espaço" ou "complexo" sem particularidades, colocando crachás em seus pescoços e esperando induzi-las a vaguear até uma sala de exposições tediosa para comprar alguma mercadoria. Eu queria fazer algo diferente. Eu queria que a Names Not Numbers (NNN) permitisse que as pessoas tivessem tempo para desenvolver relacionamentos durante um período de dias, não horas, e que fizessem isso em um ambiente físico que fosse cativante e sublime, para que seus sentidos ficassem satisfeitos e elas pudessem criar relações umas com as outras. Eu tinha uma regra de ouro: sem crachás. Ter que conversar e perguntar os nomes uns dos outros não mataria ninguém.

A NNN funcionou. No nosso primeiro ano, nevou e quase não conseguimos passar pela estrada M1 que sai de Londres. Mas, à medida que o ônibus se curvava em torno da estrada ao longo da via A470 que começava no lago Bala e adentrava a paisagem exuberante criada em uma parceria única entre Clough Williams-Ellis e a natureza, um silêncio se abateu no veículo.

Não havia "sala VIP" para os artistas, por mais famosos que fossem: o historiador Simon Schama e a cantora Annie Lennox. Havia pessoas que não eram nomes, mas também não eram números: como poderiam ser? Funcionavam segundo o mesmo relógio corporal de todos os outros, andavam ao longo da praia e conversavam todos da mesma maneira. Todos pertencíamos a um só lugar, juntos. E, talvez mais importante do que tudo, não havia sinal de telefone. As pessoas tinham que se desconectar, quer gostassem ou não. A NNN se tornou um sucesso, e ainda hoje acontece, mas eu estava determinada a preservar o intimismo à custa da expansão lucrativa. Assim, em vez de aumentar a escala para mais de 150, expandi o número de conferências e locais, mas mantive o grupo central do mesmo tamanho. Descobri que, no final da NNN, as pessoas se comportavam como se tivessem experimentado algo rico e confortável ao mesmo tempo. Enviavam cartões de agradecimento, algumas velas e flores. Tinham experimentado uma proximidade que, espero, teve algo a ver com o cenário, a programação e a organização do evento, mas que, creio, também teve algo crítico relacionado à escala.

A alma social gosta de pertencer a uma família. E uma família, ou mesmo um clã, não é algo vasto, mas uma série de pequenos grupos interligados (se você tiver sorte, tem irmãos e primos — ou melhor ainda, uma família "misturada" de enteados e suas famílias). Mesmo que não estejamos dentro de uma família, gostamos de nos comportar como se estivéssemos quando juntos de pessoas em quem confiamos, mesmo quando estamos no trabalho. Aqui está a maior descoberta de todas: não importa onde as pessoas trabalhem, elas querem o que querem como um ser misto, uma pessoa que tem uma vida dentro e fora do "escritório". Querem que os seus sentidos sejam estimulados, querem que a sua sensibilidade seja abordada. Se você não as ajudar nisso, elas permanecerão motivadas ou procurarão a oportunidade mais rápida de se desconectarem profissionalmente?

CONVERSA DE CAFÉ

> "O café não deve ser abordado apenas com uma breve menção (...). As cafetarias eram os principais órgãos através dos quais a opinião pública da metrópole se libertava."
>
> *T.B. Macaulay (The History of England [A história da Inglaterra])*

Parece que nossa fome de conexão é igualada apenas pela nossa sede. Seja no trabalho ou na diversão, nós, as almas sociais, muitas vezes conversamos diante de uma xícara de café. Hoje, cem milhões de sacas de café são exportadas a cada ano (o mundo compra quase duas vezes mais Arábica que Robusta).[8] O conceito moderno de café como um lugar para se encontrar tem quatro séculos de existência. O jornalista Tom Standage, especializado em analisar a evolução da cultura da mídia e da tecnologia, descreveu a cultura cara a cara dos cafés na era do Iluminismo:

> "Seja qual for o tema, o principal negócio dos cafés foi a partilha e a discussão de notícias e opiniões em forma falada, escrita e impressa. (...) Conversas entre estranhos eram incentivadas, e distinções de classe e status deviam ser deixadas de fora."[9]

Nos inebriantes primeiros dias da boêmia do século XVIII, era possível beber não apenas café: Hogarth pintou uma cena sórdida exibindo uma tigela de ponche bem utilizada em *Midnight Modern Conversation* [*Uma conversa à meia noite*], pintada em 1732 no Saint John's Coffee House no Temple Bar em Londres.[10] Os estabelecimentos de Soho e Covent Garden, como o Old Slaughter's and Tom e o Moll King's, colocaram tanto a conversa no centro da comunidade que Hogarth pintou todo um conjunto de obras de conversação, que foram encomendadas ao longo da sua carreira. Os cafés eram uma placa de Petri gigante de arte e política, fofoca, cultura e literatura. Deles surgiram clubes e associações separadas: o poeta Dryden pode ter frequentado o Will's Coffee House, mas logo foram clubes como The Kit Kat Club, seguido pela Society for the Encouragement of Arts, Manufactures and Commerce (sigla para Sociedade de Estímulo às Artes, às Manufaturas e ao Comércio, agora conhecida como RSA), que começou como um aspecto mais centrado na academia para encontros sociais. Era um lugar para se aprender, onde se trocava conhecimento tanto quanto se envolvia com o lado mais farrista da vida.

Não há vestígios dessa excitante e dinâmica troca no café moderno de hoje — o que é uma pena. Sim, você pode encontrar tipos de cafés especiais, pode tomar um macchiato duplo ou um café coado e a palavra "barista" tem certa moral por enquanto, mas algo está faltando: onde está a conversa real?

O relato de Lee Siegel sobre a era da internet, *Against the Machine: Being Human in the Age of the Electronic Mob* [*Contra a máquina: ser humano na era da multidão eletrônica*], é mordaz: "Não é a comunidade que a invasão das cafeterias pelos laptops dissipou. Foi o fato concreto, inegável e mutável de nossa existência no mundo."[11] É claro que os grupos sociais vão aos cafés hoje em dia, mas em inglês não são mais chamados de *coffee houses* ("casas de café"). São chamados *coffee shops* ("lojas de café"). Isso tem que mudar para que a alma social das cafetarias volte. A espontaneidade e a aceitação instintiva de encontrar estranhos para *ver o que acontece* é quase totalmente ausente. Pode ser apenas uma questão de tempo até que a mudança aconteça. A corrente do café que introduz estranhos uns aos outros e encoraja a conexão entre eles pode estar ligada a algo. Se o neurocientista social Matthew Lieberman estiver certo quando diz que "somos programados para nos conectarmos", e considerando que as descobertas seminais do sociólogo Mark Granovetter de mais de quarenta anos atrás, em *The Strength of Weak Ties* [*A força dos laços fracos*],[12] mostram que as pessoas podem fazer todo tipo de conexões valiosas e recompensadoras a partir de fontes improváveis, então isso nos diz duas coisas.

Em primeiro lugar, temos que nos conectar pessoalmente com mais frequência, em vez de menos; e, em segundo lugar, temos que fazer isso de uma forma que coloque a tecnologia em segundo plano. Como diz Lee Siegel:

> "As pessoas que você encontra na internet são metade pessoas e metade blocos de construção para suas fantasias. Você mesmo preenche os espaços em branco pixelados ou digitalizados delas (...). Elas estão à mercê do seu mouse, do seu clique desconectador."[13]

Ou, dito de outra forma: para a alma social, é preciso estar numa sala com um outro alguém para que algo de bom aconteça.

Isso nos leva diretamente ao número de Dunbar e à confiança que se acumula e se cristaliza com a proximidade. É difícil fazer isso quando não se está à frente de alguém de verdade. Em "Free Radicals" ["Radicais livres"], um conto de Alice Munro, um dos personagens reconhece que é o ato físico de segurar uma xícara de café quente que é importante — "que era a ajuda para o pensamento ou o que quer que ela estivesse praticando".[14] Mas o ato de encontrar alguém para tomar um café ou dividir uma refeição... Bem, isso é um tipo de compromisso. Penso nas relações comerciais que desenvolvi ao longo dos anos, e que quase sempre começaram com uma xícara de café. Penso nas amizades que criei com uma refeição, com uma taça de vinho, em um lugar em que podia olhar a pessoa nos olhos e — sim, esse clichê mesmo — me conectar.

A conexão é a própria essência da vida. Embora este livro olhe para seus perigos e excessos, e explore as possibilidades de desconexão como algo positivo, a própria conexão, em sua forma humana pura e crua — se ocorre com confiança —, raramente é uma coisa ruim. A confiança se torna muito mais complicada quando você troca mais do que apenas voz, olhares e contato facial. Quando você começa a tocar, e quando isso leva ao sexo, então a conexão, é claro, torna-se *muito* mais complicada.

SEXO NA ERA DO TINDER

> "Espalhe sua cortina fechada, noite de amor, para que olhos fugazes
> possam piscar e Romeu possa saltar em seus braços,
> em silêncio e invisível."
> *Romeu e Julieta, ato 3, cena 2*

Há alguém mais anônimo do que Fulano ou Fulana? Os equivalentes em inglês, John e Jane Doe, originalmente retirados de um obscuro processo legal britânico chamado *Action of ejectment* [*Ação de despejo*], são nomes usados na cultura popular para definir os indivíduos sem nome, as vítimas de crimes que nunca são identificados. São também os nomes das pessoas envolvidas no processo de quinhentos milhões de dólares contra um site de namoro na internet chamado de Ashley Madison (lema: "A vida é curta. Tenha um caso"), cujo anonimato, juntamente com o de 39 milhões de outros, foi violado em 2015.

O incidente do site Ashley Madison poderia, sem qualquer intenção de trocadilho, ter marcado o fim do caso que as pessoas têm tido com o namoro pela internet. As estatísticas, no entanto, sugerem o contrário. Porque as almas sociais gostam de namorar. E gostam de sexo. O Badoo é um dos maiores sites de encontros pela internet do mundo, com trezentos milhões de usuários em 190 países do mundo[15] O Tinder tem mais de cinquenta milhões de usuários mensais e bilhões de "jogadas para o lado" por dia.[16]

A abordagem casual do sexo se tornou uma norma cultural nas democracias ocidentais e ocidentalizadas, uma vez que os *millennials* que viram seus pais *baby boomers* se divorciando, não dando certo na monogamia tradicional, decidiram que querem algo diferente. A tecnologia está ajudando e incentivando o que eles querem, em vez de criar um mercado a partir do nada. Está estimulando o adultério, como Ashley Madison demonstrou, e está criando um buffet sexual para as demais pessoas. A revista *Rolling Stone* apresentou os novos costumes sexuais em uma matéria em que a monogamia parecer ter se tornado exótica.[17]

Muitas vezes são as mulheres, não os homens, que lideram a tendência. "Quero estar significativamente ligada e envolvida com muitas pessoas, quer isso signifique ou não uma relação sexual", diz uma jovem mulher ao jornalista.[18] Há um novo termo para encontros marcados pelo Tinder: "sexo de ligação" (do inglês "*hookup sex*"). Isso significa, em linguagem antiga, "sem compromisso". A comediante americana Amy Schumer, que construiu uma gloriosa linha de *stand-up* pós-feminista e saidinha focada em dizer como as coisas funcionam para as mulheres da sua geração, disse:

> "Vou falar e compartilhar e foder e amar e nunca vou pedir desculpas para os milhões de assustados que se ressentem de nunca terem tido coragem de fazer isso. Em todos os grupos de amigas, há aquela que é a mais vadia. Se você não tem essa amiga, você é ela."

Admito que uma parte de mim (uma grande parte, na verdade), rechaça essa opinião, apesar de ser fã de Schumer e de ter rido até chorar ao vê-la apresentar ao vivo o prêmio Homem do Ano da Revista GQ (no qual ela disse: "Isso é ótimo, porque os homens precisam mesmo de mais prêmios"). Não concordo com a ideia de que sexo e intimidade podem se tornar tão desconexos — tanto para homens quanto para mulheres.

Isso me faz pensar se o sexo casual representa um desejo de usar a conexão física como libertação, uma conexão que é negada à medida que nossas vidas estão cada vez mais voltadas para as telas. Queremos, em suma, relaxar e gozar. Pense em algumas centenas de anos atrás, na época dos cafés antigos. O historiador da Londres boêmia, Vic Gatrell, registra a escala e a exuberância com que os anos do Iluminismo foram conduzidos em Londres, misturando o novo florescimento das artes, das ideias, dos cafés e dos clubes com outro tipo de ligação cara a cara, o sexo:

> "Se a liberdade sexual é uma condição da vida boêmia, Covent Garden era especialmente abençoado com ela. Além de vegetais, flores e frutas, o mais intenso dos seus miasmas era o sexo, que os olfatos apurados podiam sentir no próprio ar."[19]

Há desvantagens e aspectos obscuros no sexo marcado pela internet, tornando-o um tipo diferente de brincadeira. O anonimato do processo de flerte muitas vezes atrai pessoas com algo a esconder. No Reino Unido, na véspera de Natal de 2015, uma mulher de 23 anos, Katie Locke, foi estrangulada por Carl Langdell em um primeiro encontro presencial, depois de terem se conhecido em um site de encontros pela internet. A "bela e vibrante" professora de história e política não sabia, disse o advogado de acusação ao tribunal, do histórico de saúde mental de seu "pretendente" quando concordou em conhecê-lo, apesar de ele ter admitido a um psicólogo, apenas alguns meses antes, exatamente o que desejava fazer a pessoas enquanto estivessem vivas e depois de matá-las. Ele recriou essa fantasia com uma pessoa viva e depois a matou. Essa pessoa foi Katie Locke.[20]

Há outra maneira de olhar para os relacionamentos iniciados pela internet, em que você tem que pagar para ver. O filósofo moral Michael Sandel observa a desvalorização que ocorre quando você coloca transações em tudo. Ele pinta um quadro cômico horrível de empresas americanas de *lobbying* que pagam para que moradores de rua façam fila para eles fora do Congresso, por exemplo. A respeito da mais antiga ligação social, ele afirmou: "Considere as amizades. Suponha que você queira mais amigos do que tem. Você tentaria comprar alguns? Provavelmente não. Um momento de reflexão o levaria a perceber que não funcionaria. Um amigo contratado não é o mesmo que um verdadeiro."[21]

No final dos meus vinte e poucos anos, quando temia ficar na pista para sempre e nunca encontrar um marido, entrei para uma agência de encontros. Era por e-mail em vez de por sites da internet. Você tinha que apresentar uma foto sua (a minha era inclinada contra uma cerca no País de Gales; era uma *selfie* que você tinha que enviar, sem nenhuma gama de poses permitida), e responder a todas as perguntas usuais que os algoritmos agora calculam em tempo recorde. Mas essa era, na verdade, uma espécie de anúncio. Meu perfil era colocado diante de outras pessoas que tinham se inscrito e que pareciam vagamente compatíveis. Não era, em outras palavras, muito científico. Um amigo me disse algo muito presciente: "Você não vai conhecer o homem dos seus sonhos, Julia", disse ele. "Porém, vai descobrir exatamente quem *não* quer conhecer, e isso vai ajudá-la a escolher a pessoa certa quando encontrá-la."

Essa previsão me assombrou enquanto andava por aí com pessoas que nunca tinha visto antes. Conheci muitos durante um período de semanas, mas só me lembro de dois. Com o primeiro, me encontrei em um bar em Leicester Square. Estava cheio de gente naquele começo de noite, depois do trabalho, e lembro que estava em pânico porque Londres estava no meio de uma campanha de bombardeamento do IRA (o Exército Republicado Irlandês). Considero hoje que o meu pânico de ficar presa num lugar cheio — quase tive um ataque de pânico — tinha mais a ver com a ansiedade pela situação em que tinha me colocado do que qualquer outra coisa. Além disso, odeio bares. Teria me sentindo muito mais confortável em uma cafetaria. Não me lembro de nada sobre o homem que conheci, apenas dos meus sentimentos sobre o encontro.

Outro caso do qual me lembro é o de um encontro que tive em Camden Town, em Londres, no Café Delancey, perto do famoso ponto turístico de Camden Lock. Hoje um espaço completamente sem atrativos com uma grande rotatividade de proprietários, o Café Delancey era um restaurante icônico nos anos 1980, em uma época em que não havia muitos outros por perto. Um glorioso café ao estilo francês que servia um ótimo *café au lait* e uma comida da Europa Central, estranha porém deliciosa, como salsichas e *rösti*. Você se sentava em pequenas mesas redondas de mármore com pés de ferro, sob o olhar atento de uma série de pinturas.

O café não funciona há muito tempo, assim como o tal encontro não funcionou. Lembro-me de saber instantaneamente que não havia química. Como uma divorciada recente observou à BBC quando, em 2016, eles fizeram uma pesquisa sobre os hábitos de namoro na internet para marcar o Dia dos Namorados:

> "Você cria esse perfil perfeito, usando suas melhores fotografias e linhas de texto mais criativas para criar uma persona, e começa a acreditar na persona que criou. Você passa algumas semanas trocando textos com outra pessoa, e eventualmente marca de conhecê-la. No encontro, fica imediatamente reconhecível que nenhum de vocês está à altura das expectativas e cada um vai para um lado. Se não há química, não há química. A consequência é a viagem para casa, onde você se sente esmagado e derrotado e sabe que está voltando à estaca zero para começar todo o processo novamente."[22]

No final da hora marcada, com um sentimento de decepção mútuo, encerramos o encontro. Foi isso que aconteceu: uma reunião de avaliação, não um encontro romântico. Presumi que iríamos dividir a conta — era apenas um café diurno, e aqueles eram os anos em que as meninas usavam macacão, em que estavam rolando os protestos do Acampamento das Mulheres pela Paz de Greenham Common. As mulheres não esperavam que os homens pagassem por elas. No entanto, fiquei surpreendida quando ele me pediu para pagar por ele também.

Ele tinha acabado de voltar de uma viagem ao exterior, explicou, e não tinha libras esterlinas — "A menos que você ache que eles aceitam pagamento em pesetas?" Confesso que, àquela altura, sabia que havia algo pior do que não ter química: eu não *conhecia* aquele homem, nem nenhum dos outros. Eram estranhos. Percebi que não queria encontrar alguém para passar o resto da minha vida. Queria apenas encontrar alguém com quem me sentiria familiarizada.

Aconteceu que, alguns anos depois, conheci o homem com quem ia me casar. Não através de uma agência de encontros; eu já o conhecia. Voltamos a nos falar e o resto é a história do meu casamento.

Para mim, casar era uma forma de me ligar a laços sociais que eu já tinha. Na verdade, para me ligar novamente a eles. Isso não quer dizer que namorar estranhos não possa funcionar, ou que usar algoritmos para aumentar a possibilidade estatística de encontrar a pessoa certa não seja perfeitamente viável. Para mim, o que dura na ligação romântica é algo que se pode construir. Quando você tira o sexo da equação — em um grupo mais amplo, por exemplo —, esse propósito, esse conhecimento e essa missão compartilhados são chamados de outra coisa: capital social.

LIMPANDO A PRAIA

Quando o historiador Niall Ferguson comprou uma casa na praia em South Wales, ficou preocupado com a quantidade de lixo deixado por lá. Era uma paisagem linda que deveria ser mantida "intacta", mas na verdade era o oposto. Todos os fins de semana ele começava a limpá-la, pouco a pouco. Para sua surpresa — ele esperava que fosse trabalhar sozinho —, logo se viu acompanhado pelos vizinhos.

"Quero lançar dúvidas sobre a ideia de que as novas redes sociais da internet são, de alguma forma, um substituto para redes reais como a que me ajudou a limpar minha praia local", escreveu ele.[23] Mas foi mais longe, estabelecendo uma ligação mais ampla entre a ausência dessa participação comunitária na sociedade civil e a apontando como um fator que contribui para a chamada "Grande Degeneração" das sociedades, que se tornaram pulverizadas, antagonistas e instáveis. Há ecos disso na afirmação de Yuval Noah Harari de que a rápida ascensão do homem deixou o ser humano imaturo, fracassado e, na verdade, antissocial.

Em muitos sentidos, somos encorajados e exortados a atender apenas às nossas próprias necessidades, e não às das pessoas ao nosso redor. A ideia de uma geração de designers tímidos, retraídos e talentosos que construíram certo grau de isolamento na tecnologia diária (fones de ouvido ligados a sistemas de som pessoais, telas que você tem que olhar para baixo e tocar, evitando contato visual), muitas vezes descritos como "*geeks*", pode na verdade ser produto de autismo de alta performance e outras condições de comunicação social que estão começando a ser expressas.[24]

O capital social é agora uma moeda, uma forma econômica de produção que começou a ser levada a sério na virada desse século, quando o cientista político americano Robert Putnam introduziu o conceito em seu livro *Bowling Alone* [*Jogando sozinho*]. Ele alertou para o fato de que nossa sociedade tem se tornado isolada e desligada de si própria, na qual "o capital financeiro (...) tem substituído progressivamente o capital social".[25] Esta análise tem sido ecoada e imitada amplamente, com a ideia da conexão social de grupos a nível de rua e de comunidades sendo aceita como saudável, em comparação com grupos isolados, pulverizados e solitários que só estão neles à procura de benefício próprio.

A forma com que nos unimos, para limpar uma praia ou melhorar uma comunidade (ou impedi-la de se tornar pulverizada e hostil a qualquer pessoa fora dela), é uma função do capital social. O Banco Mundial o descreve como "*a ligação dos cidadãos à sua comunidade*".[26] Não menos importante é como fazer com que as pessoas locais limpem uma praia — ou liderando pelo exemplo e tendo algum tipo de posição social, ou porque a própria comunidade está motivada e engajada. As pessoas querem se juntar em vez de jogar sozinhas.

O capital social figura obviamente na minha definição de Saúde Social. Não dá para juntar as coisas, ou fazer as coisas, sem isso. Para estar conectado como um indivíduo ou comunidade de algum tipo, uma comunidade empresarial ou uma comunidade cívica, são necessários os três componentes principais da Saúde Social — boa gestão *do conhecimento*, *redes* e capacidade de rede, e *tempo* e espaço suficientes para alcançar tudo. Essas são coisas parcialmente criadas pelo capital social certo: a quem você recorre para obter conhecimento sobre x ou y? Como podemos fazer isso e aquilo? Ah, x ou y devem saber. Precisamos fazer isso rápido. Isso exige que alcancemos x + y + z. É necessário certo tipo de generosidade para construir e manter o capital social; é preciso dar e receber. O acadêmico sobre gestão Adam Grant escreveu muito bem sobre isso, colocando a reciprocidade e a generosidade no centro da capacidade das pessoas de ajudarem a si mesmas — ajudando as outras.[27] Ele cita o exemplo da Enron, cujo colapso espetacular marcou o início do fim da confiança em "grandes negócios", e observa que o fundador, Kenneth Lay, colocou uma grande fotografia de si mesmo em todos os relatórios corporativos e só se referia às realizações da empresa usando "eu" e não "nós".

O egoísmo e o capital social estão em extremos opostos do espectro. A alma social pode ser antissocial — isto é, egoísta, para *si mesma* — ou, literalmente, egocêntrica e preocupada apenas com um (ego).

As redes que estão no coração do capital social resistem a esse esforço solitário. Gosto da maneira com que os sociólogos começaram a olhar não apenas para o indivíduo em relação ao grupo, mas para o que eles podem alcançar juntos — quais praias podem limpar. O analista econômico da Saïd Business School, Marc Ventresca, um homem que conheci pela primeira vez sob o sol ardente de Abu Dhabi em uma cúpula do Fórum Econômico Mundial, pede mais do que ele chama de "Construtores de Sistemas" na sociedade: empresários que "têm uma visão, mas também a implementam de formas complexas que envolvem separar o que existe, reutilizar, e depois redirecionar o que já está no lugar".[28]

A questão sobre o capital social e a Saúde Social não é apenas que eles garantem que as coisas sejam feitas, ou que ativem tais coisas em vez de não servirem para nada, mas sim que são, até certo ponto, espontâneos, e reagem ao que tem que ser feito no momento em que precisa ser feito. Isso me parece muito saudável: como saber que é preciso limpar uma praia até ela começar a se encher de lixo? Para voltar ao meu ponto sobre a produtividade como uma medida chave da Saúde Social (a diminuição dos níveis globais de produtividade tende a igualar os níveis crescentes de obesidade), o neurocientista Matthew Lieberman, que mediu como os cérebros estão conectados para se preocuparem em primeiro lugar e principalmente com questões de conexão e amor, diz:

> "Se você parar por um momento e pensar bem, os benefícios da conexão social em termos de produtividade são evidentes. (...) a conexão social é um recurso da mesma forma que a inteligência ou a internet. Elas facilitam fazer o que é preciso fazer."[29]

Quem tem capital social e quem o constrói, além do empreendedor? As empresas sociais são frequentemente associadas a ele, mas e os indivíduos? É aí que entra o intermediador. As pessoas que podem trabalhar em rede, criar pontes, construir e se conectar entre as comunidades têm capital social. Eles são os Especialistas e os Conectores para os quais Malcolm Gladwell chamou nossa atenção pela primeira vez em *O ponto da virada*, publicado no mesmo ano que *Bowling Alone*, de Putnam. É irônico que o maior evento cultural de 2000 tenha sido associado a um tipo de egoísmo isolado que tem perseguido o negócio dos computadores desde então: a Sony lançou seu Playstation 2, vendendo mais de 155 milhões de unidades em todo o mundo. Nesse mesmo ano, um dos filmes mais populares foi uma celebração exploratória do isolamento, *Náufrago*, baseada no relato da experiência da escritora Lucy Irvine de ficar sozinha em uma ilha deserta. O mundo estava se ligando e mesmo assim isolado, ainda desejando se ligar. Estas eram — e continuam sendo — as contradições da Alma Social.

NOTAS

1. LIEBERMAN, 2013.
2. HANDY, 1993.
3. A pesquisa realizada pela professora Julianne Hol-Lunstad e colegas em 2010 estabeleceu ligações empíricas entre solidão e mortalidade. Ver HOLT-LUNSTAD et al., 2010.
4. Entrevista de Zygmunt Bauman feita por Ricardo de Querol, em 2016, para o El País. Disponível em: www.elpais.com.
5. GILL, 2008.
6. DUNBAR, 2010.
7. Disponível em: www.namesnotnumbers.com.
8. Relatório sobre o mercado cafeeiro pela International Coffee Organization [Organização Internacional do Café]. Disponível em: www.ico.org.
9. STANDAGE, 2013.
10. Ver: GATRELL, 2013.
11. SIEGEL, 2008.
12. GRANOVETTER, 1973.
13. SIEGAL, 2008.
14. "Free Radicals", publicado na revista New Yorker em fevereiro de 2008.
15. Artigo da BBC On-line, "The Dating Game: Which Dating Apps are Winning the Hearts of the World?" ["O jogo do relacionamento: quais aplicativos de relacionamento estão ganhando os corações do mundo?"], publicado em 12 de fevereiro de 2016.

16. SMITH, 2016.
17. MORRIS, 2014.
18. MORRIS, 2014.
19. GATRELL, 2013.
20. Artigo "'Depraved' Killer Carl Langdell Jailed for First Date Murder" ["Assassino 'depravado' Carl Langdell é preso por homicídio no primeiro encontro"], publicado pela bbc News em 3 de junho de 2016.
21. SANDEL, 2013.
22. Artigo da bbc On-line, "The Dating Game: Which Dating Apps are Winning the Hearts of the World?" ["O jogo do relacionamento: quais aplicativos de relacionamento estão ganhando os corações do mundo?"], publicado em 12 de fevereiro de 2016.
23. FERGUSON, 1998.
24. SILVERMAN, 2013.
25. PUTNAM, 2001.
26. DASGUPTA; SERGALEDIN, 1999.
27. GRANT, 2013.
28. Ver o livro de Marc Ventresca Is "System Builder" the New Founder? An Oxford Lecturer's Myth-Busting Guide to the Word Entrepreneur [Será o "Construtor de Sistemas" o novo fundador? Um guia desmistificador de um professor de Oxford para o empreendedor global], de 12 de junho de 2013.
29. LIEBERMAN, 2013.

2

SERES TRABALHADORES

"De dia, o arranha-céu paira sobre a fumaça e o sol e tem uma alma. Pradaria e vale, ruas da cidade, despejam as pessoas e elas se espalham por seus vinte andares e são derramados de volta a ruas, pradarias e vales. São os homens e as mulheres, os meninos e as meninas, assim derramados durante todo o dia, que dão ao edifício uma alma de sonhos, pensamentos e memórias."
Carl Sandburg ("Skyscraper")

A ENTREVISTA DE EMPREGO RUIM

A mulher impecavelmente vestida fez uma pergunta impossível à entrevistada que estava sentada diante dela.

— Então, quais são os seus contatos?

Em um instante, e com uma humilhação esmagadora, a mulher mais nova soube que, apesar de ter sido escolhida para aquela entrevista, de ter recebido uma confirmação de que estava dentro, apesar de tudo isso, ela não estava pronta. Por que estaria? Aquela função era uma das mais prestigiadas no mercado editorial e ela tinha trabalhado em publicações de modelo convencional por apenas cinco meses.

Havia enganado a si mesma pensando que, tendo construído seu caminho a partir de uma pequena editora de publicações médicas no norte de Londres, depois de abandonar a faculdade sem se formar e conseguir um emprego de marketing na gigantesca Penguin muito baseada em suas conexões, continuaria a subir sem esforço na carreira.

Ela tinha, afinal, sido descoberta pelo diretor fundador da nova editora queridinha naquele ramo do mercado editorial. Ele surgira um dia e dissera: "Tenho um emprego pra você." Como ela tinha sido bobinha!

Mais ou menos enquanto a jovem e brilhante que não sabia de nada fazia a entrevista, uma escritora sem dinheiro rabiscava em um café e acabaria sendo publicada por essa nova editora. A escritora era a então desconhecida J.K. Rowling, que escrevia em um café em Edimburgo. A editora que publicou e foi responsável pelo sucesso de *Harry Potter e a pedra filosofal* chama-se Bloomsbury. A jovem que não foi bem o suficiente na entrevista para trabalhar nessa mesma Bloomsbury (coincidentemente, a editora do original do livro que você lê neste momento) era eu.

Naquela época, a tecnologia de conexão de massa definidora — além dos livros de bolso — não era a internet, mas sim o telefone e a televisão. A CNN era a nova marca chave, transmitindo continuamente uma nova fase: "notícias contínuas". No meu caso, eu era uma usuária regular do telex — um dinossauro gigante que parecia uma máquina de escrever obesa —, que eu tinha usado para enviar uma cópia de um manuscrito ao meu primeiro chefe enquanto ele estava fora, na Feira do Livro de Frankfurt.

O que eu não tinha, física ou metaforicamente, não era relacionado à tecnologia. Era algo que minha entrevistadora instintivamente compreendeu que eu precisava adquirir e praticar antes de jogar na primeira divisão da empresa dela. Essa tecnologia era menor que um telex, e não tinha fios, plástico ou tomadas, exceto por uma roda em que vários pedaços de papel eram virados para cima. O que eu precisava era de um Rolodex. Era o melhor organizador de contatos. E você tem que encher o Rolodex (ou o equivalente britânico da época, o Filofax, que comprei logo depois da entrevista) com nomes reais. Quando me pediram meus contatos, só consegui nomear um: meu querido tio Wal, o ilustre jornalista do *Guardian*, Walter Schwarz, que na época era o correspondente de Assuntos Religiosos. Ao soltar o nome, senti-me boba e de alguma forma desleal: como se eu estivesse entregando um ratinho a uma cobra muito faminta e elegante.

— Sim — disse minha entrevistadora impecavelmente educada, sentindo minha consternação, mas fazendo o que precisava fazer. — Quem mais?

A entrevista acontecia no Groucho Club, no Soho, em Londres, o recém-inaugurado centro de bebedeira e socialização iniciado por um punhado de pessoas inteligentes do setor editorial e da mídia. O Groucho Club era uma visão do futuro — e eu queria tanto fazer parte dele que, quando consegui meu emprego seguinte, negociei a associação com o clube com um dos fundadores em vez de negociar um aumento de salário. Naquela época eu estava tão nervosa e intimidada que costumava praticar minhas expressões faciais em uma vitrine de loja na Wardour Street, nas proximidades, antes de me atrever a passar pela porta giratória e adentrar seu interior revestido de ardósia e parecido com um útero, escuro durante o dia e cheio de escritores que não esperavam a hora do coquetel para começar a beber. Era peculiar. Adorava e temia o lugar com paixão.

Quando abriu, em 1984, "The Groucho" — cujo nome, claro, homenageava o irmão Marx conhecido por dizer que não entraria para um clube que o aceitasse como membro — previu a realidade atual de sobreposição contínua de redes na mídia, nas notícias, no entretenimento e nas artes. Tecnologia e digital naqueles dias significava vídeo e DVD, e nada mais: estamos falando de uma vida inteira atrás. Ele previa a ligação de novos mundos e a desconexão dos antigos: clubes de membros como o Groucho anunciavam a morte de duas velhas instituições: a "rede dos velhos", representada pelos clubes de cavalheiros da época, e o escritório careta. Hoje, partes do Groucho Club são estações de trabalho móveis. Os cafés de hoje são como versões com móveis baratos da

Soho House, que rapidamente substituíram o sofá de veludo chique do Groucho. Os novos queridinhos do ramo dos clubes agora são espaços de trabalho em conjunto, conhecidos como *coworking*, misturas não apenas de tipos de profissionais, mas de como e onde eles trabalham. Sem me dar conta, com a minha falta de qualquer introdução formal ao mundo do trabalho, acabei assumindo um lugar com um ótimo ponto de vista bem na época em que tudo começou a mudar.

Aprendi mais sobre o mundo do trabalho naqueles minutos desastrosos da minha entrevista no Groucho Club — e mais sobre o mundo das redes também — do que em qualquer momento que veio antes ou depois. Aprendi que cair de paraquedas no meio de um emprego ou de uma entrevista não serve de nada se você não puder fazer o trabalho em si. Aprendi que não ser capaz de recorrer às pessoas da área para fazer as coisas — nesse caso, os contatos com a mídia — tornava todas as outras habilidades inúteis. Aprendi o valor do efeito abrasador do fracasso, um pré-requisito para o sucesso futuro. Aprendi que o mundo muda rapidamente: apenas alguns meses antes, tinha conseguido o emprego na Penguin e me sentia no topo do mundo.

De repente, teria que aprender uma nova técnica; tanto o que eu sabia como quem eu conhecia precisaria mudar. A roda do trabalho constantemente faz uma coisa: assim como o mundo que espelha, ela se move e gira constantemente. A pergunta é a seguinte: o mundo do trabalho conectado é fixo o suficiente para conectar seus trabalhadores tão plenamente quanto necessário?

PESO DE PAPEL

A vida profissional é uma longa estrada. Dez mil dias de duração, mais ou menos[1] — aproximadamente o tempo que uma pessoa leva para começar a entrar na velhice depois de quase meio século de vida. Naturalmente, também vivemos nossas vidas fora do trabalho nesses 45 anos ou mais — estou apenas contando os 225 ou mais dias de trabalho por ano. Isso considera os fins de semana e feriados, assim como entre uma e quatro semanas por ano de folga para descanso e descontração.[2] Ainda assim, essa é uma proporção de cinco dias trabalhado para cada dois de folga. Por qualquer métrica que seja, na maior parte do seu tempo em que não está dormindo, você está trabalhando. Isso se você for um dos sortudos que tem trabalho. Trabalho é riqueza. Trabalho é identidade. O trabalho é, para muitos de nós, comunidade. O trabalho é o espaço ao qual pertencemos. O trabalho nos mantém saudáveis. Ou pelo menos é isso que deveria acontecer.

O trabalho também é uma jornada — através dos anos e das regiões das diferentes habilidades. Uma viagem em que se descobre em que é bom e do que gosta; quem e como pode fazer a diferença. Essa é a aspiração das classes trabalhadoras profissionais. Essa é muitas vezes a aspiração das pessoas que gostariam de se tornar "profissionais". Não são todos, nem é uma valorização dos profissionais que, de alguma forma, são considerados melhores em suas carreiras do que outras. Mas é mais provável que o trabalhador profissional esteja ciente do desejo de se sentir satisfeito no trabalho e de aspirar a ser de alguma forma compensado com algo mais do que apenas dinheiro. Oitenta e sete por cento dos *millennials* acreditam que "o sucesso de um negócio deve ser medido em termos de mais do que apenas o seu desempenho financeiro".[3]

A definição de "carreira" significa um caminho ou uma viagem ao longo da vida.[4] Tem origem na palavra francesa do século XVI, "*carriére*", que significa estrada ou pista de corridas, e na palavra latina original "*careria*", uma pista para veículos com rodas. A associação do substantivo com o curso de uma vida profissional data apenas do início do século XIX. As viagens a trabalho são veneradas e retêm o glamour. A jornada doméstica de ida e volta ao trabalho afeta o bem-estar: algumas pessoas precisam pegar transportes públicos lotados e cheios de gente suada, enquanto outras podem ir lendo em paz e com sossego. Alguns ficam presos no trânsito sobre os viadutos, cantarolando junto com a rádio local ou gritando durante os programas políticos transmitidos pela manhã. Em cidades de todo o mundo, a revolução dos que se deslocam a pé e de bicicleta está bem encaminhada. Vamos "ao" trabalho. Voltamos para casa "do" trabalho. É, literalmente, uma viagem. Cada vez mais pessoas trabalham, mesmo quando a inteligência artificial e os condenados da "Segunda Era das Máquinas"[5] preveem a obsolescência humana no local de trabalho; três bilhões e meio de pessoas precisarão de empregos até 2030. Isso é cerca de metade do planeta.[6] Metade do planeta trabalhando por metade de suas vidas. Mais de um terço dos americanos já trabalha de forma autônoma, e por volta de 2030, provavelmente, o resto da força de trabalho mundial espelhará essa razão — ou seja, muitos milhões de pessoas nos cinco continentes do mundo que estão fazendo a própria sorte serão autônomos e independentes, e não se aproximarão de um local de trabalho estático, seja uma fábrica, um escritório ou uma loja.[7] Mas continuarão a trabalhar. Todos nós ainda vamos querer satisfação, comunidade, identidade e clareza do que fazemos, não vamos?

O trabalho também é um peso. Mesmo para aqueles que, como eu, apreciam a maior parte do seu trabalho, sentindo-se energizados, criativos, produtivos e estimulados, ele ainda é muitas vezes uma criatura dominante, dominadora e pesada. Às vezes, pode parecer um fardo. Vejo a situação do meu trabalho de acordo com a organização dos papéis na minha mesa.

Embora eu trabalhe muitas vezes em movimento, usando meu iPad com seu pequeno teclado, ainda tenho uma mesa. Não ter uma pareceria errado; eu me sentiria desconectada do trabalho. Embora a use cada vez menos, a decisão de *não* ter mesa ainda pertence a outros. Então tenho uma mesa, e ela está coberta de papel. Algumas pessoas não usam papel. Eu preciso das provas físicas. Preciso ler, sublinhar e arquivar meu trabalho. Gosto de organizá-lo fisicamente em pilhas e grupos. Gosto de vê-lo crescer e depois diminuir. Gosto de ver progressos e processos entrelaçados. Então uso papel.

Às vezes, eles cobrem minha mesa, literalmente. Grandes pilhas bagunçadas se espalham e se emaranham, como coisas no chão do quarto de um adolescente. Outras vezes, imponho a ordem. Arrumo. Me debruço sobre o arquivamento, sobre a classificação, sobre as *pilhas* diferentes, transito em um zigue-zague ordenado entre eles e seus homólogos eletrônicos que repousam em várias caixas de entrada de e-mail ou em servidores terceirizados como o Dropbox ou o Slack.

Na verdade, é tudo a mesma coisa; evidências de uma vida realizando *trabalho*, essa viagem para fazer X acontecer e depois avançar até Y.

Na minha mesa, pontuo e controlo visualmente a carga de trabalho através de um sistema simples e antigo: o peso de papel. O peso de papel nasceu durante o florescimento da arte e das antiguidades no início do século XIX, vias navegáveis entrelaçadas que levavam aos mais refinados lares.

Foi para esse novo símbolo de status, a mesa de trabalho, que os artesãos de Baccarat e Clichy, na França, fizeram objetos de vidro e cristal intrincados. Artesãos independentes nas décadas de 1840 e 1850 criavam objetos de beleza concebidos tanto para controlar o papel como para agir de alguma forma como metáfora embelezadora do próprio trabalho que representavam: os pesos de papel refletiam o peso da responsabilidade que tínhamos introduzido. Não havia mais volta da vida profissional.

Os últimos sete mil dias da minha vida profissional foram narrados em diários, sistemas de organização, telex, máquina de escrever, computador de mesa, palmtop, laptop, celular e iPad. Mas nunca desisti do papel. Podemos ter e-mail hoje em dia — mais de um terço da população mundial usará e-mail até 2020[8] —, mas a folha de papel continua sendo a coisa mais sagrada em um trabalho, como atesta a assinatura de documentos legais ou o recebimento de qualquer coisa escrita à mão. É o pedaço de papel que carregamos conosco, nas nossas cabeças e nas nossas pastas, mesmo quando os escondemos em cartões de memória. As palavras e o significado que transmitimos estão se movendo conosco, tal como dito em "Skyscraper" ["Arranha-céu"], de Carl Sandburg, publicado em 1916. Além de ser uma poesia quase perfeita, ele usou uma metáfora maravilhosa para prever a escala do trânsito envolvido nos negócios e na vida do escritório através de um pedaço de papel: a carta.

> "Os estenógrafos de dez dólares por semana recebem cartas de diretores de corporações, advogados e engenheiros que controlam a eficiência, e toneladas de cartas são empacotadas e enviadas do prédio para todos os confins da terra."[9]

O trabalho em sua melhor forma é o trânsito, o movimento e a viagem. Por que, então, tanto trabalho é o contrário? Por que, em um mundo conectado, o trabalho parece tão inflado e sobrecarregado? Talvez a resposta esteja em parte à volta da própria mesa de trabalho, no escritório.

O ARRANHA-CÉU SOLITÁRIO

"É uma longa e antiga estrada, mas sei que vou encontrar o fim."
Bessie Smith, cantora de jazz americana

O ano de 1994 foi aquele em que surgiu o navegador de internet Netscape, abrindo o mundo na mesa das pessoas. Foi um ano de progresso social global. A África do Sul realizou suas primeiras eleições multirraciais, com Nelson Mandela como presidente; os primeiros passageiros viajaram pelo túnel do Canal da Mancha; e casamentos entre pessoas do mesmo gênero foram legalizados na Dinamarca, em Israel e na Suécia.

Nesse mesmo ano, um relatório holandês anunciou extensivamente o fim do próprio escritório. O título do relatório, "Het Nieuwe Werken", previa que o escritório virtual era o novo queridinho, e que tinha chegado graças às oportunidades do trabalho remoto e às grandes mudanças no "ambiente comportamental em torno das atitudes em relação ao trabalho e à flexibilidade".[10] O espaço físico, o local onde se trabalhava, já não teria prioridade. Para muitos trabalhadores de escritório, isso cheirava a liberdade, mesmo que ainda tivessem que se deslocar para um cubículo como antes. Os anos 1990 foram para o mundo do trabalho o que os anos 1950 foram para o feminismo: uma placa de "sem retorno a partir daqui", um certo tipo de liberdade de certas restrições, e a queda das algemas relacionadas ao trabalho.

Com o benefício da retrospectiva, vejo que sempre detestei estar confinada ao local de trabalho ou à escola. Não paro quieta desde nova. Na nossa escola secundária, o pátio principal tinha uma vista, através de uma vasta janela de vidro, de várias centenas de metros da Camden Road — uma estrada principal no norte de Londres, a uma milha e meia da meca das compras da Oxford e, ao longo da qual, em meados dos anos 1970, carros e caminhões passavam o dia todo, indo para algum lugar ao norte.

Diariamente eu almejava estar fora da escola e entre eles, ser livre e ir a algum lugar. Estar lá *fora*. Atualmente, dirijo entre reuniões em Londres, e passo mais tempo fora do que dentro de um escritório. Talvez o ato do trânsito, do movimento, seja uma metáfora para a conexão. Queria estar *em trânsito*, absorvendo coisas e as aprendendo à medida que avançava. Em grande parte devido ao fracasso acadêmico e à escolha de uma carreira pouco ortodoxa (todos os meus amigos foram para a universidade, nenhum para a escola politécnica; todos, exceto eu, se formaram), acabei aderindo a um modelo do qual o mundo do trabalho de hoje depende: mobilidade, agilidade, coração aberto e humildade de fazer tanto o granular quanto o grandioso. O mundo do trabalho de hoje é como as cartas de Carl Sandburg: totalmente móvel, totalmente conectado. Talvez a pergunta agora seja: onde localizamos nossas vidas profissionais?

A ideia do trabalho de escritório como uma tarefa, como um fardo, como algo a ser suportado, não é nova. O ensaísta e escritor do século XVIII, Charles Lamb, um escriturário londrino, se queixou: "Você não sabe como é cansativo respirar o ar de um espaço fechado sem alívio, dia após dia."[11] Em meados dos anos 1960, foi um americano empreendedor que abriu uma cadeia de restaurantes de grande sucesso, e que continua famosa até hoje, com o nome "T.G.I. Friday's" — uma sigla para "*Thank God It's Friday*", que pode ser traduzido para "Graças a Deus é sexta-feira".

O peso do trabalho tinha tanto a ver com o lugar onde se desenrolava quanto com o que era feito. O escritório tem lutado por muitos anos para se tornar um lugar agradável para se trabalhar. Atualmente, são feitos tantos esforços para tornar o local de trabalho fisicamente atrativo quanto para fazer o mesmo com o próprio pacote salarial. Os gigantes da internet, como o Facebook e o Google, criaram o famoso conceito de campus, com o equivalente a centros de jogos para adultos e cozinhas cheias de comida para atrair os trabalhadores a ficarem, jogarem e trabalharem — e não para deixarem as instalações. Mas o escritório permanece como um edifício separado no qual um silo de trabalho é completado. O local de trabalho não é realmente um espaço humano saudável, unido e conectado; é mais um lugar físico onde a esperança é a de que, se o espaço parece bom, o ambiente é bom. Mas essas duas coisas não são equivalentes. O *bullying* no local de trabalho está, segundo as estatísticas, em ascensão. Assim que a idade da conexão começou, em meados dos anos 1990, os pesquisadores das ciências sociais começaram a prever problemas.[12] Mesmo o Google, uma das empresas mais desejáveis do mundo para se trabalhar se você for um *millennial*, executa programas internos sobre "preconceito inconsciente".[13] A maioria, se não todas as grandes empresas de marcas globais, enfrentam uma infinidade de sinais bem conhecidos de Saúde Social precária: isolamento, *bullying*, falta de progresso... Isso acontece porque o verdadeiro negócio do trabalho, de unir as pessoas para alcançar um crescimento linear enquanto diz a elas que trabalham em um mundo de relacionamentos afetuosos, é uma desconexão — e as pessoas sabem disso.

Assim, trabalhadores em escritórios de paredes cinzentas, ou em espaços com mesas de pingue-pongue e sofás coloridos, não se comportarão fundamentalmente de forma diferente a menos que tenham *mesmo* Saúde Social no seu local de trabalho: bons fluxos de conhecimento, redes e o tempo e o ritmo certos para trabalhar; boa gestão, boa comunicação; e uma capacidade de operar no senso comum e com todos os seus sentidos humanos. O trabalho não se faz só com sistemas, ou só pelo fato de se trabalhar para uma empresa com uma reputação de ser glamourosa, rica ou agradável. A realidade vem à tona em pouco tempo. O escritório é apenas um lugar onde os problemas humanos surgem. São os comportamentos humanos, as atitudes, as práticas e as mentalidades que precisam mudar.

A forma como as pessoas veem esses problemas está aberta a interpretação. Precisamos de formas de lidar com a Era da Sobrecarga, em que há um tsunami de tarefas, de tecnologia e de complexidade. Sim, você pode trabalhar no topo de uma montanha com uma vista linda, mas isso não serviria de nada a menos que você tivesse os mecanismos adequados para fazer o seu trabalho. Mecanismos de adaptação significam que você tem boa gestão e comunicação, e é capaz de usar o senso comum no trabalho que faz, para quem faz e como o faz, de acordo com o que se espera de você. Mas o simples fato de precisar desses mecanismos de adaptação reforça a ausência desses elementos.

O senso comum está muitas vezes ausente na vida do escritório, de tal forma que um dos maiores êxitos televisivos dos últimos quinze é o "*mockumentary*" (um documentário fictício) sobre um gestor incoerente, egocêntrico e ridículo chamado *The Office*. A série foi comprada por mais de oitenta países diferentes, de tão universalmente ressonantes que são seus temas da tragicômica inutilidade de grande parte da vida de escritório moderna.[14] Mesmo que você não tenha um gestor idiota ou não precise trabalhar em um escritório, mas esteja ligado a ele pelo *smartphone* ou pelo computador, o número de vezes em que responde rajadas de e-mails com "responder a todos" apenas para descobrir que o conteúdo deles, os pontos de ação, se perdeu em algum ponto do caminho, é algo bem reconhecido, além de ser parte do mal-estar cínico que infecta, com razão, nossa abordagem ao que supostamente são as melhores horas da produtividade — quarenta delas por semana. Quase dá para ver você assentir com a cabeça. Dentro de escritórios, você já deve ter vivido aquele momento em que envia um e-mail para alguém e, cinco minutos depois, passa pela mesa dessa mesma pessoa. O escritório se tornou um silo de palafitas onde nos esquecemos que o trabalhador humano pode usar seus sentidos em vez de terceirizar as ações para máquinas. No entanto, o trabalho em casa ou remoto tem seus perigos e problemas, sendo o mais óbvio a desconexão com outros seres humanos.

Assim, as empresas inteligentes estão misturando e combinando técnicas para abordar o que realmente funciona — e o que não funciona. Não estão transformando seus escritórios existentes em palácios com móveis divertidos, ótimos para os trabalhadores de escritórios de design de interiores, ou realizando reuniões de equipe intermináveis, ou mesmo deixando que todos trabalhem virtualmente e perdendo o pouco senso de comunidade que existe. Estão criando e projetando seus espaços de trabalho para refletirem o comportamento real das pessoas, a maneira real com que elas se movem, se reúnem e se comunicam. E elas não estão apenas olhando para a camada de baixo ou para a de cima, mas para o espaço no meio: um espaço para conectar o que está acontecendo com o que precisa acontecer, e decidir como isso pode ser feito.

COLMEIAS HIDROPÔNICAS

"Abelhas operárias". Sabemos o que isso significa. Que trabalhamos em massa, sem distinção e sem recompensa. Em inglês, o trabalho também é associado a outra expressão, "*a hive of activity*", ou "uma colmeia de atividades".

As abelhas reais são, em muitos aspectos, os seres modelo da Saúde Social. Por quê? Porque se organizam social e industrialmente de uma das maneiras mais eficientes do planeta: a construção de colmeias, a organização da polinização e o armazenamento do mel. As abelhas são profundamente hierárquicas em um sentido — tudo gira em torno da rainha — e, no entanto, têm que colaborar e seguir uma coreografia, ou não sobrevivem. E se não sobrevivem, nós também não. A abelha é uma figura central no reino dos insetos, ligando as plantas com o resto de nós. Não é de admirar que Charles Darwin tenha dedicado uma parte tão significativa de seu tempo e de sua energia para estudá-las. As muitas metáforas que integram a ideia do comportamento das abelhas com os humanos — *hivemind* (mentalidade de colmeia), *swarmintelligence* (inteligência de enxame), *groupthink* (pensamento de grupo) — contêm um ponto fraco distópico, e o aspecto principal para mim é que as abelhas conseguem fazer as coisas. Elas se organizam em uma base coletiva; criam, armazenam e gerem o que fazem incrivelmente bem. Se elas também são bondosas umas com as outras não é algo que a minha pesquisa tenha analisado, mas vou manter a imagem de que a própria natureza das abelhas, pertencendo e vindas da natureza, é algo de que podemos aprender para usar no nosso mundo humano de trabalho.

Alguns já estão aprendendo. À medida que os trabalhadores independentes começam a se igualar ao número de trabalhadores com carteira assinada, à medida que a Era da Sobrecarga nos livra da necessidade de trabalhar apenas em ambientes fixos, novos sistemas de escritório estão sendo desenvolvidos. Eles são conscientemente concebidos como ecossistemas. Considere a Second Home em Londres e Lisboa.[15] Um espaço de hidroponia que possui "milhares de plantas e árvores, e luz natural para fornecer o ambiente perfeito para fazer o seu negócio crescer", a Second Home é construída sobre um novo conjunto de princípios sobre produtividade e esforço coletivo — o de que as pessoas podem trabalhar em condições não naturais isoladas ou podem andar ao redor umas das outras e tirar energia e criatividade do seu ambiente de trabalho. Ou considere ainda o The Office Group, criado por um empresário de Londres, Olly Olsen.[16]

Ele afirmou em uma entrevista que "os espaços de trabalho devem ser concebidos considerando tanto seu propósito quanto sua estética". A expansão dos espaços de escritórios para *freelancers* pode ser um marco do movimento para a Saúde Social no trabalho: as pessoas querem estar conectadas, querem ser *produtivas*, mas querem um bom ambiente para fazê-lo. Se gostamos de boas academias, boas lanchonetes e afins, claro que agora queremos bons escritórios. Não há mais arranha-céus. A We-Work tem mesas rotativas nos Estados Unidos, em Israel, no Canadá, na Coreia do Sul, na China, na França, na Austrália, no Reino Unido, em Hong Kong, na Alemanha, na Holanda e no México, entre outros. Eles oferecem não apenas espaço, mas também eventos nos quais você pode "aprender, interagir e se inspirar".[17] Ter plantas hidropônicas em um espaço de escritório projetado para colaboração criativa não deve ser confundido com apenas tornar o ambiente de trabalho "agradável": se é algo que ajuda a produtividade, então está, por definição, funcionando.

Chamar o espaço de escritório virtual de "casa" também é inteligente. As empresas que possuem estruturas do tipo familiar e ambientes e equipes pequenos e reduzidos produzem melhor. O Google movimentou mais de 65 bilhões de dólares em ações em um único dia em 2015,[18] e emprega uma força de trabalho relativamente pequena de cinquenta mil pessoas em todo o mundo. Ele é consistentemente classificado como o lugar mais desejável para se trabalhar no mundo, não só porque é glamouroso e está na moda, mas porque seu layout imita uma espécie de campus domiciliar.[19] Essa tendência foi iniciada pelo bilionário filantropo da tecnologia de mídia Michael Bloomberg, que criou refeitórios internos, academias e atividades sociais projetadas para conectar trabalhadores, mas também, inteligentemente, para não lhes dar motivo nem qualquer necessidade real de sair do prédio durante o dia de trabalho.

Um modelo de negócio muito diferente, mas que vale a pena comparar com os gigantes da tecnologia, é o Serviço Nacional de Saúde do Reino Unido (em inglês, NHS, *National Health Service*). Envolvido com problemas na adaptação às pressões financeiras e gerenciais modernas, é o quinto maior empregador do mundo. No entanto, sofre de níveis de moral tão baixos que, em 2015, os médicos em formação entraram em greve por causa do salário.

O NHS não pode fazer com que os seus funcionários se sintam amados, mesmo que a maioria deles seja incrivelmente leal. A complexidade da estrutura e seu tamanho impedem qualquer mudança significativa, ou que essas mudanças sejam registradas ou notadas quando acontecem. A escala do problema está ligada ao tamanho do monstro. Qualquer departamento governamental sabe disso. Estar conectado significa alcançar algum tipo de intimidade. Portanto, precisamos redesenhar como vivemos, com quem vivemos e trabalhamos para alcançarmos um estado em que a confiança, a conexão, a comunicação, o processo e o desempenho se misturem suavemente e de uma forma que pareça correta.

O futuro do trabalho inteligente e conectado está em desconectar "o escritório" de uma cultura de isolamento e atrofia. Tomei um café há pouco tempo com um cara do meio corporativo que trabalhou para uma empresa de consultoria global durante quase toda sua vida profissional. Ele estava muito interessado em inovação, e a palavra da moda para ele era "disrupção", o Santo Graal do comércio e da indústria. A ruptura foi o que matou a Blackberry em uma questão de meses. Foi o que deu origem aos espaços de *coworking* para o novo "empreendedor solitário", de modo que o escritório de um arranha-céu comum está despencando em valor, enquanto que qualquer lugar com plantas hidropônicas vem ganhando importância.

DISRUPÇÃO INTENCIONAL

A ruptura é incrivelmente difícil para os velhos e enormes dinossauros da selva de escritórios. A disrupção é feita melhor por abelhas menores e mais ágeis. Esse cara do café apontou que "as pessoas ficam com a gente por apenas dois anos e, apesar de tudo o que lhes damos, dizem que não é suficiente. Querem ir embora". Não me surpreendo. As pessoas não querem ser mantidas em um só lugar ou em um só emprego. Eles são capazes de ver que não vão mais construir redes, satisfazer sua curiosidade ou se sentirem satisfeitos em apenas uma empresa, uma comunidade ou um sistema. Essa é a maior curiosidade para a empresa. A Saúde Social tem tudo a ver com manter a realidade. Muitas vezes, na verdade, também tem tudo a ver com outra coisa: *deixar ir*.

Muito tempo atrás, a "globalização" foi saudada como uma terra de liberdade e oportunidade. Agora, divide opiniões. O mundo da vida profissional, como argumentei no capítulo 1, é hostil, tenso e cheio de ameaças. Mesmo para os "sortudos". Para começar, o mundo do trabalho em corporações está lutando para encontrar seu caminho. Atualmente a palavra usada para descrever essa caça à validade da reputação, para além de tudo o mais que as empresas podem fazer (que é produzir bens e serviços que as pessoas depois compram), é "propósito". Digo "atualmente" porque, só nos últimos dez anos, usou-se também os termos "reputação" e "responsabilidade social das empresas". A gestão da reputação se tornou um gasto enorme, quase se igualando ao maior orçamento de marketing de todos: a publicidade.

Antes da última grande oscilação econômica de 2008, o termo em alta para as empresas era Responsabilidade Social Empresarial, a RSE. Essa era a ideia de que as corporações não deveriam apenas conseguir lucros gigantescos, mas também devolver algo à comunidade a que pertenciam. Depois de 2008, a atmosfera mudou e a RSE começou a ser vista como um tapume gigantesco para esconder lucros gigantescos. Os *millennials* começaram a querer mais do que dinheiro e regalias das empresas. Os consumidores queriam mais do que apenas produtos baratos. Os ativistas começaram a questionar o nome das corporações como apoiadoras de causas sociais se sentissem que suas mãos estavam sujas por conta da origem dos lucros (empresas petroleiras, como a Shell e a BP, tornaram-se alvos de ativismo corporativo, mesmo quando faziam doações a causas reconhecidas mundialmente, como a arte, tudo como resultado de suas falhas corporativas em outros lugares). E "propósito", a nova palavra-chave, está se mostrando tão esquiva quanto "produtividade".

Os níveis de produtividade que são globalmente baixos têm uma ligação bem conhecida com o bem-estar: o Banco Mundial, a Organização Internacional do Trabalho, a OECD e o Fórum Econômico Mundial abordaram o bem-estar. Mas nenhum deles abordou ainda a Saúde Social. Olham para aspectos isolados do capital social ou do estresse em vez de algo fundamental, interligado e articulado, e que afeta claramente a produção. Os trabalhadores não estão felizes, e não fica claro o que deveriam estar fazendo, ou como.

A revolução das comunicações do final da década de 1990 deveria ter trazido algum tipo de alinhamento, algum tipo de clareza: todos estavam conectados a todas as grandes ideias, práticas e processos do planeta. Algo correu muito mal. Uma razão fundamental para isso não é o propósito: é a conexão e seu oposto polar — a *desconexão*. Empresas e as organizações precisam mudar o foco para a ligação entre *o interior* e *o exterior*, bem como para seus trabalhadores e consumidores. Isso é algo que vai além daquilo a que atualmente nos referimos como "comunicações internas", e é também maior do que "A&D" ou "aprendizagem e desenvolvimento" acaba sendo uma espécie de terceirização. É uma desconexão de propósito, e desconexão de sentimento entre a base e o topo, uma insatisfação que causa grande parte do desgaste, do estresse, das fraturas e da quebra da moral, da saúde física e da saúde mental dos empregados. Uma estratégia de Saúde Social seria simultaneamente prevenção e, muito possivelmente, uma cura.

As pessoas que trabalham precisam saber que podem encontrar o que precisam. Que podem se conectar à informação certa e às pessoas certas no momento certo. Precisam saber quando podem desligar, assim como ligar. Precisam se sentir conectadas com o que fazem, e onde e como o fazem. Precisam se sentir valorizadas e válidas. Esses são fatores intrínsecos de produção e produtividade.

Em uma pesquisa global da Deloitte feita com mais de quatro mil pessoas, abrangendo China, Colômbia, Turquia, Canadá, Itália, Estados Unidos e Reino Unido, vinte por cento dos entrevistados disseram que esperam ficar até 2020 em um emprego devido ao desempenho financeiro, enquanto o número triplica para 61 por cento quando existe "alinhamento de valor".[20] Ou seja, a Saúde Social já está presente nos dados, esperando para ser vista e compreendida.

As razões pelas quais sites de trabalhadores como o Glassdoor e o eBossWatch têm estourado são exatamente as mesmas pelas quais as redes sociais usam a propagação viral de epidemias: sob as condições certas, a palavra pega. As notícias sobre empresas ruins, chefes ruins e organizações mal geridas podem se propagar rapidamente nas redes sociais, assim como acontece com as reclamações de consumidores.

A fabricante de máquinas de lavar roupa Maytag experimentou a ira total de Heather Armstrong, uma mãe, que escreveu em seu blog sobre sua máquina quebrada. Isso fez com que a Maytag tivesse que substituir sua máquina enquanto as vendas caíam.[21] Em que a Maytag estava pensando? O que estava acontecendo na gestão do negócio para que fossem tão lentos para reagir? O problema, naturalmente, não tinha nada a ver com relações públicas. Foi um comportamento. Uma cliente com um bebê recém-nascido não conseguia lavar a roupa devido a uma máquina nova defeituosa. A empresa tentou (sem trocadilhos) lavar a responsabilidade de suas mãos porque, por um breve momento, e se esquecendo da nova e poderosa força emergente das redes sociais (isso foi em 2009), imaginou que poderia. Mas se a Maytag tivesse a disposição de se unir, para combinar os produtos com a experiência do cliente ao mesmo tempo que resolvia o problema, poderia ter evitado a crise em primeiro lugar.

O gestor-guru Tom Peters sempre teve uma abordagem prática à gestão. No início da década de 1990, quando já tínhamos computadores em todos os escritórios, mas o e-mail e a internet ainda eram restritos, ele viu, como muitos pensadores gerenciais, o futuro. Começou a escrever sobre a curiosidade e o seu valor. O valor de querer saber o que você não sabe, o que pode ter perdido. O mundo dos negócios e o mundo organizacional se agarram a noções de certeza, mesmo que fazer isso seja como tentar se agarrar a troncos de árvores em um rio de fluxo rápido: não se pode ficar no mesmo lugar. Voltamos ao impulso, ao movimento e ao trânsito; o local de trabalho que abraça essas coisas produz melhor do que aquele que não as abraça. Para o teórico Seth Godin, "curiosidade não tem nada a ver com renda, com educação (...), tem a ver com um desejo de sair da caixinha sempre que for interessante".[22]

É por isso que a Saúde Social não se resume aos seus componentes centrais — *conhecimento*, *redes* e *tempo*, que precisam ser bem aproveitados —, mas também aos mecanismos de adaptação e correção: *gestão*, *comunicação* e *sexto sentido* (ou *senso comum*). São um conjunto, assim como no caso da saúde e do condicionamento físico, exceto que nesse caso os componentes são pressão arterial *e* peso *e* IMC, ou dieta *e* exercício *e* descanso/relaxamento. Saúde Social no local de trabalho é sobre movimento e coreografia. Se as peças móveis estiverem presas ou lentas demais, ou se estiverem muito organizadas em estruturas de silo, pode ser desastroso.

A própria Organização Mundial da Saúde foi criada para conectar e coreografar uma visão global de saúde e condicionamento físico e, para ser justa, ela tem contribuído bastante para essa causa. Mas sua principal falha é de escala, de tamanho, de mobilidade e de agilidade. De alcançar o equilíbrio. Ficou inchada e, bem, corporativa. Corre o risco de exagerar, como foi acusada de fazer com a síndrome respiratória aguda grave, e de subestimar uma ameaça, como fez com o vírus da Zika. Acima de tudo, com o ebola, ela não se comportou de forma equilibrada, reativa e ágil. Eles tiveram que esperar por certas aprovações antes de agir com base no que os Médicos Sem Fronteiras, menores e mais ágeis, queriam fazer. Recentemente, a OMS teve que enfrentar relatórios de *think tanks* críticos, com títulos como "What's the World

Health Organization For?" ["Para que serve a Organização Mundial da Saúde?"] e, em 2016, um artigo da Reuters intitulado "The World Health Organization's Critical Challenge: Healing Itself" ["O desafio crítico da Organização Mundial da Saúde: curar a si própria"], que assinalava as "falhas na estrutura evidentes durante a crise do ebola".[23]

A estrutura de rede da maioria das organizações é centralizada e, muitas vezes, segue o que se pode chamar de *hub and spoke* — uma estrutura com um nervo ou centro de controle, muitas vezes referido nos negócios como o Centro Corporativo, e depois outras divisões que irradiam para fora. A gestão é normalmente agrupada por país, produto ou região, todos os quais operam na mesma base.

Tais estruturas são um obstáculo ao progresso. Pode ser desconfortável, e até desagradável, mas as organizações de grande escala bem-sucedidas que têm a liderança centralizada e dependem de descentralização, na qual estruturas informais e autodeterminadas em malha substituem estruturas fortemente controladas, e que funcionam de cima para baixo, podem mais frequentemente ser encontradas em redes criminosas e terroristas do que em locais de trabalho legais e legítimos.

Comparar e contrastar a ineficácia e a ineficiência das seis diferentes forças policiais em Bruxelas com a agilidade e a estrutura celular móvel e descentralizada dos assassinos que atacaram o Bataclan, em Paris, em 2015? Não faz sentido.

Temos que voltar a alguns princípios básicos, reler os grandes pensadores da gestão, como Peter Drucker e Tom Peters, ou especialistas em comportamento organizacional contemporâneo, como Herminia Ibarra e Lynda Gratton, para compreender que são as configurações centradas nas pessoas, versáteis, sensíveis ao senso comum e altamente interligadas, que fazem com que as pessoas funcionem bem. As respostas não residem na palavra "liderança"; elas estão nas ações, principalmente, de pessoas chamadas gestores. O que motiva o mundo dos negócios? Crescimento e lucro? Sim. O que motiva as pessoas? Outra coisa. Valor e validade. A ausência dessas duas coisas causa uma simples desconexão vital no âmago do mal-estar que estamos vendo cada vez mais. A resposta reside, em parte, em algo tão simples como fazer isso ser real, mantendo a perspectiva do senso comum, e não do senso do sistema. É certo que as organizações bem-sucedidas precisam de uma mistura altamente sintonizada de mecanismos de gestão, comunicação e adaptação baseados no sentido, como os chamo, tendo como base a manutenção de fluxos saudáveis de informação e conhecimento, redes e construção de redes de contato, e permitindo tempo e ritmo para que as coisas aconteçam. No entanto, com muita frequência, esse processo para. Com muita frequência, esse sistema fica travado. O culpado é muitas vezes a vítima: o que eu chamo de "gerente de marzipan".

GERENTES DE MARZIPAN

Lá estão eles, os gerentes, presos debaixo de uma grossa cobertura de liderança, e-mails e montanhas de papel, presos em algum lugar ali no meio, como se estivessem entre andares de um arranha-céu. Ninguém os ajuda a navegar, selecionando o que e quem eles precisam conhecer, criando sistemas que os concentrem nas coisas mais produtivas que poderiam ser: engajados e interessados. Em outras palavras, estimulados.

Esse grupo pode começar a se sentir não só preso, mas enganado. Eles trabalharam muito para se formar e talvez conseguir uma pós. Eles foram questionados em detalhes em inúmeras entrevistas antes mesmo de conseguirem o emprego. Então agora, e mais cedo ou mais tarde, enfrentam um isolamento peculiar. Sabem muito sobre a empresa, mas nada sobre pessoas em particular ou sobre qualquer outro lugar. Quanto maior a empresa ou quanto maior a rede, mais tecnicamente conectados estamos, e maior o risco de estarmos pessoalmente mais sozinhos. Tornando tudo ainda mais brutal, o valor dos gerentes não aumenta à medida que sobem nos andares dos arranha-céus. Corre o risco de o contrário acontecer: a menos que atualizem constantemente suas habilidades, eles são como carros novos e brilhantes, cujo valor cai no minuto em que saem da concessionária.

Como se a desconexão básica que parece vir embutida no sistema de grandes empresas e na vida corporativa não fosse ruim o bastante, a Era da Sobrecarga só piorou tudo. Sherry Turkle, acadêmica americana, falou sobre isso logo no início de seu livro, *Alone Together* [*Sozinhos jun-*

tos]: "Nossa vida em rede permite que nos escondamos, mesmo quando estamos amarrados uns aos outros. Preferimos mandar mensagens do que falar." Então o gerente de marzipan é uma criatura dessa época. São encorajados a permanecer em seus escritórios e, na verdade, até certo ponto, começaram a se sentir mais seguros lá. Apesar do cargo e do treinamento de liderança, a confiança deles muitas vezes desaparece.

O *networking* pode e deve ser uma grande libertação para o gerente de marzipan. Uma rede de contatos permite que se crie diversos grupos de conexões e diversos insights e pensamentos. Mas o gerente de marzipan sofre, mais frequentemente, de timidez aguda. Odeiam construir redes de contatos, usando as pressões do trabalho como desculpa. Na verdade, muitas vezes sentem que não têm nada para contribuir ou a dizer. Então ficam dentro de casa e permanecem presos.

Outro problema: aprecio o fato de já haver investimento em uma espécie de rede de contatos. O problema é que geralmente é o tipo errado de rede. Em primeiro lugar, há a conferência em que o propósito é o desenvolvimento de negócios. (Eu diria para, por favor, evitar qualquer tipo de evento com "drinques para *networking*": isso mostra que muito pouco cuidado ou reflexão foram destinados a entender até mesmo os fundamentos da teoria das redes sociais e de como e por que o comportamento em rede precisa acontecer.) Talvez seja por isso que o *Sloan Management Review* do MIT, uma das fontes do pensamento gerencial, observou o seguinte:

> "Muitas empresas enviam seus empregados para fazer conexões dando um tapinha nas costas e nada mais, e depois os gestores perguntam por que os empregados caem em armadilhas, como, por exemplo, confiar em pessoas que estão no mesmo nível deles, vindas do mesmo departamento ou país, ou de quem por acaso gostam. Funcionários de alto desempenho, pelo contrário, evitam essas armadilhas. Em vez de permitir que as suas redes se inclinem em uma direção, eles constroem conexões intencionalmente com o objetivo de aumentar seu desempenho."[24]

O segundo tipo de *networking* corporativo, que é tão duvidoso quanto a "reunião de *networking*" generalizada, são os eventos realizados sob a rubrica da "liderança". Essa se tornou uma palavra de ordem para tudo o que é hierárquico, estrutural e inspiracional no mundo corporativo, mas muitas vezes tem pouca relação com a nova abordagem lateral e conectada agora requerida. Assim, os gestores são enviados para cursos. Ou para exercícios de construção de equipe, ou para descer umas corredeiras de caiaque para criar laços como nos velhos tempos. Embora isso possa ser ótimo, não é tão produtivo quanto mostrar a eles como se reconectar a ideias e fazer ligações entre seus interesses pessoais e corporativos. O gerente de marzipan, assim como o resto de nós, é um ser misto: são tanto profissionais quanto pessoas com um lado pessoal. Quanto mais trabalho puder combinar com quem realmente são, o que pensam e o que sentem, melhor.

Negue ao gerente de marzipan o oxigênio de conexões externas e o poder das ideias e eles farão o que qualquer um faz em um bunker: reagirão como se estivessem ameaçados. Eles se desligarão ou terão um surto de exaustão. Tenho olhado muitas vezes através das janelas de vidro laminado do mundo da vida corporativa, espantada com as formas cada vez mais complexas com que os departamentos encarregados do desenvolvimento dos funcionários põem o seu lado "pessoal" em seu ritmo apenas para lhes dar emprego e ajudá-los a ter "retenção". Chamados de "Departamento Pessoal", e depois atualizados para "Recursos Humanos" (ou aquilo a que um amigo do mundo corporativo que sofre há muito tempo chama de "restos humanos"), esses departamentos são muitas vezes geridos por algumas das pessoas mais interessantes, que são obrigadas pela cultura empresarial e pelo instinto do rebanho corporativo a infligir as práticas de trabalho menos interessantes e produtivas ao seu "pessoal". De longe, o pior exemplo disto é a Avaliação.

A minha ideia de inferno na Terra é a tal "avaliação 360 graus": grandes corporações convidavam colegas de trabalho para avaliar e classificar o desempenho uns dos outros, da mesma forma com que os controladores de qualidade avaliam itens para exibição em supermercados: trata-se menos de avaliar se o produto é bom, e mais de indicar se tem uma aparência próxima do que é esperado dele. É provavelmente por isso que eu mesma tenho evitado a vida empresarial, exceto por períodos curtos, e sinto que consigo ver suas falhas sem qualquer interesse pessoal — não sou eu que estou batalhando para crescer nesse tipo de carreira. A melhor notícia que li em muito tempo foi que as grandes corporações estão começando a abandonar essas atividades improdutivas e socialmente venenosas. A escritora sobre vida gerencial e de escritório Lucy Kellaway, do *Financial Times*, acertou na mosca: "Desperdiçar duzentos milhões de libras por ano em um sistema que recompensa as pessoas erradas desmotiva quase todo mundo e espalha o tédio e o cinismo por todo o lado."[25]

Quando começamos a tirar as pessoas em corporações de suas zonas de conforto tradicionais e as levamos para as conferências Names Not Numbers que descrevi quando falei sobre a alma social, muitas vezes era como se elas precisassem saciar uma espécie de fome intelectual. Acontece que muitas pessoas com grandes cargos de "gerência" são forçadas a fazer um bom trabalho, sendo capazes apenas de fazer um punhado de tarefas repetitivas que não têm qualquer relação com o que realmente lhes interessa. Quando, na Names Not Numbers, começámos a colocá-las em um ambiente onde pudessem falar sobre as suas opiniões, alguns respiraram com alívio, mas também com culpa. Tornou-se comum vê-los ansiosamente devorando ideias em uma discussão como se aquilo fosse, de alguma forma, um tabu. Achei isso deprimente (mesmo tendo aberto uma emenda valiosa). Será essa a chave para a produtividade? Poderia ser essa a razão pela qual "líderes" como os empresários, pessoas com autonomia e independência, em vez de gerentes acorrentados, poderiam ser mais produtivos ao perseguir *o que realmente gostam de fazer*? Acredito que sim.

Voltemos à ideia da Saúde Social e seus seis componentes centrais: o trio de ter o *conhecimento*, as *redes* e o *tempo* sob seu controle e ter a *gestão*, a *comunicação* e o *sexto sentido* corretos para saber o que está errado e como corrigir. Até que ponto é saudável, eu me pergunto, ter que gastar tempo avaliando os colegas ou sendo avaliado por eles, e até que ponto é viável ser incapaz de dizer quando algo está errado porque a comunicação está, na verdade, bastante fechada fora da estrutura formal de avaliação?

Fico assombrada com o caso dos assistentes sociais no bairro londrino de Haringey, onde uma criança de dois anos, que chamaremos de "Baby P.", foi assassinada pelo padrasto. Essa criança conseguiu sair do radar do sistema de assistência social, apesar de estar nele e de estar sob responsabilidade de pessoas que foram elas mesmas vítimas de uma espiral desastrosa de condições sociais e de uma cultura de trabalho quase tão em ruínas quanto as condições vividas pela criança. Quando foi revista após a sua morte, descobriu-se uma cultura de trabalho em que não havia Saúde Social entre os assistentes sociais. Havia pressões intensas de tempo e carga de trabalho, de modo que não havia oportunidade de olhar em detalhes para casos complexos, que começaram a se confundir. Não existiam redes de apoio, portanto não havia intermediários, apenas gestores acima deles que se preocupavam com os objetivos e que estavam eles próprios enterrados sob camadas de outros gestores. Assistentes sociais mudando de emprego ou de turno resultaram — segundo um padrão observado em outros casos — no conhecimento sobre crianças "em risco", como Baby P., que literalmente teve a vida interrompida (um eco do que aconteceu nos Assassinatos de Soham, mencionados no capítulo 1).

Os assistentes tinham pouca ou nenhuma oportunidade de ouvir suas intuições sobre o menino, a tal ponto que a criança, a certa altura — pouco mais do que um bebê, cujo topetinho loiro da foto usada na mídia ficou gravada em minha mente por anos — tinha lesões no rosto que a mãe encobriu com manchas de chocolate. Agora sinto que posso dizer com certeza que se me deparasse com uma criança ferida de dois anos com o rosto coberto de chocolate para disfarçar hematomas, um alarme tocaria dentro da minha cabeça, especialmente se meu trabalho fosse procurar por tais sinais. Só posso imaginar que se não estivesse em condições de perceber esse tipo de coisa, estaria desligada de forma tão completa do trabalho — por exaustão, por sobrecarga ou por ansiedade — que já não poderia continuar nele. No entanto, foi isso que aconteceu. E acontece quase cem vezes por ano só no Reino

Unido. Claro que não se pode impedir todos os homicídios ou abusos. Mas percebo um padrão aqui, em certas culturas de trabalho no serviço público — quando não há um sistema de Saúde Social, o sistema se rompe e falha.

Há ainda o caso do FBI, que, em 2016, admitiu que tinha monitorado brevemente um cidadão americano suspeito de ser um extremista islâmico — um homem chamado Omar Mateen. Esse homem, com problemas de saúde mental não tratados, acabou cometendo o maior tiroteio em massa da história americana em uma boate LGBTQI+ em Orlando, na Flórida, em junho daquele ano. Não só o FBI deixou de vigiá-lo abruptamente e não conseguiu fazer mais nada — deixou de segui-lo quando comprou grandes quantidades de armamento e munições —, como os órgãos públicos em geral não conseguiram trazer à tona outra coisa: o homem tinha sido um abusador muito violento da esposa. As agências que entraram em contato com ele compartilharam que Mateen tinha um registro de abuso conjugal muito violento? Mas também atribuíram "recursos" por um curto, e não longo, período de tempo: isso permitiu que ele ficasse na surdina por um tempo e depois comprasse arma e munições sem que fossem acionados quaisquer alertas.

E a cultura empresarial? Onde estão as falhas nela? O fracasso empresarial está repleto de efeitos secundários de uma Saúde Social deficiente: comunicação deficiente, decisões precipitadas, gestão ineficaz, literacia emocional desconexa e redes restritas que reforçam o comportamento inadequado. A Enron, a Deep Water Horizon da BP e o colapso da rede de varejo BHS no Reino Unido são apenas alguns exemplos. *Toda empresa que tem mau desempenho geralmente sofre de pelo menos três dos seis marcadores de Saúde Social.* Quanto maiores forem as empresas, maiores serão as suas responsabilidades perante o fracasso. Quanto maior a organização, maior o risco de que dependam da conexão tecnológica, estejam isoladas do conhecimento de um jeito ruim e, como resultado, estejam mal conectadas em termos de inteligência e fluxo interno de conhecimento.

Ironicamente, o gerente de marzipan é superficialmente hiperligado. Muitos gastam até onze horas por dia conectados digitalmente,[26] e a investigação revelou que "o expediente" pode envolver até 88 episódios separados de dez minutos de trabalho, envolvendo e-mails e outras interações curtas e interruptivas.[27] Não é de se admirar, portanto, que o ramo de viagens esteja em alta, apesar dos tempos de economia global restrita. É praticamente o único tempo em que é permitido aos executivos estressados e atormentados que coloquem a cabeça no travesseiro, relaxem e se desliguem. Sim, vejo alguns deles digitando com urgência durante voos transoceânicos de dez horas, mas na maioria das vezes eles fazem o que eu faço: colocam os fones de ouvido e conversam sobre filmes e livros para os quais têm estado muito ocupados, e tornam-se algo mais: *inalcançáveis.*

Os gerentes de marzipan podem muitas vezes ser marginalizados dentro da própria organização. Passaram pelos ciclos educacionais. Foram entrevistados e tiveram a vida avaliada de perto. Mas isso não os torna mais produtivos, ou mais engajados, ou mais felizes, ou mais conectados com os trabalhos que supostamente devem fazer. Eles não são vistos, não são amados e não estão conectados.

Algumas pessoas se preocupam com descrições de cargo. Nossa identidade de trabalho é como a nossa identidade pessoal. Ser chamado de gerente significava ter um lugar reservado no estacionamento ou um escritório próprio. Havia certa valorização porque o gerente levava as outras pessoas ao sucesso. Mas, para não ficar paralisado e ser um gerente bom e produtivo, é preciso mais do que sorte, perícia e boas habilidades de liderança. É preciso ter visão periférica.

PESSOAS MUITO PERIFÉRICAS

"Na geometria, uma aresta é um tipo particular de segmento de linha que une dois vértices. Em um polígono, uma borda é um segmento de linha em um limite, e é muitas vezes chamado de lado."
Definição de aresta (geometria) na Wikipédia

Os perigos de uma conexão excessiva são evidentes em situações de saúde e segurança: imagine se o ebola tivesse chegado a uma grande cidade ou a um aeroporto próximo. A proximidade de algumas das aldeias de pescadores a um aeroporto na Serra Leoa foi um dos principais aceleradores dos sinais de alarme durante o surto de 2014 na Guiné, tornando-o tão diferente do incidente mais remoto e contido na República Democrática do Congo (então Zaire) em 1976. Como pessoas como Louise Kamano (cuja história contei na primeira parte do livro) podiam caminhar por uma terra sem controles de fronteira, perto de uma cidade (Monróvia), que estava perto de outros países com grandes cidades centrais globais, os riscos começaram a aumentar. Uma vez que um problema incapacita o centro de conexões, ele rapidamente se torna, em termos de rede, "sem escala". Ou, dito de uma forma mais simples: fora de controle.

Louise veio da periferia. Ela não era alguém que já estava morrendo, contaminando os que a rodeavam de forma óbvia. As autoridades tinham conhecimento de sua exposição ao vírus, mas estavam tão preocupadas com os efeitos políticos do fechamento e da quarentena do país que reprimiram o conselho dos Médicos Sem Fronteiras, a principal instituição de caridade local, de que todos os que entrassem em qualquer tipo de contato com outro doente deveriam ser colocados em quarentena. Essa pequena instituição não era, por si só, considerada como central — quando muito, periférica — perto do principal centro de conhecimento centralizado que era a Organização Mundial da Saúde. Como tal, foi ignorado em um momento crítico. O dicionário nos diz que periférico significa "não se relacionar com a parte principal ou mais importante" ou estar "localizado na borda".[28]

O analista de rede organizacional Rob Cross realizou uma extensa pesquisa, mostrando o valor do que ele chama de "pessoas muito periféricas".[29] Elas podem estar nas margens ou podem ser marginalizadas — em termos corporativos, pense nas pessoas com cargos menos importantes que à primeira vista parecem ser periféricas ao poder ou a como as coisas são feitas. No entanto, em uma observação mais próxima, muitas vezes são exatamente essas pessoas que têm um papel fundamental a desempenhar. Isso pode ser caso de vida ou morte — literalmente, no caso de uma doença contagiosa, pode ser o elemento periférico como Louise Kamano ou, no caso de doenças sexualmente transmissíveis, é um elemento externo que entra em contato com um grupo.[30] Também pode contribuir de forma oposta — para a Saúde Social. As organizações que reúnem diversos grupos para compartilhar conhecimento descobrem que as figuras periféricas podem possuir informações muito valiosas que levam a muitas respostas.

Devo minha carreira ao fato de que sou um elemento externo periférico. Estava acidentalmente na borda, mais do que no centro, porque me deparei com problemas na escola e não completei um curso. Enquanto as pessoas dos meus círculos sociais tiravam anos sabáticos e iam para a universidade, fiquei em casa e consegui um emprego. Não foi nada de especial: recepcionista de uma pequena editora de livros médicos, onde tinha que abrir a correspondência, arquivar papéis, atender o telefone e ser chefiada por uma francesa bastante impressionante chamada Sylvie, que me inspirou e aterrorizou.

Cheguei a ficar de pé durante horas fotocopiando manuscritos de oitocentas páginas sobre lesões esportivas, enquanto mantinha meus olhos e ouvidos abertos. Notei que o cargo de gerente de publicidade era muito mais interessante para mim do que o de coordenadora de produção. Também notei algo mais naqueles primeiros dias na editora, quando a única expectativa que tinham de mim era que eu voltasse do meu intervalo de almoço a tempo e não cometesse erros ortográficos na correspondência: percebi que, em cada empresa, há uma espécie de família à espera de estabelecer uma união. Sabia disso quando entrava e saía da sala dos editores, provavelmente o lugar mais sagrado, e me sentia como a criança mais nova entrando no quarto dos irmãos mais velhos, esperando para ser expulsa. Descobri isso porque uma dessas irmãs mais velhas, uma editora chamada Sally, saiu para esquiar durante um feriado e não voltou, morta em um acidente estranho. Lembro-me do choque, do silêncio, da dor. Ela não deve ter dirigido mais do que algumas palavras a mim — lembro-me mais dos sapatos sem salto interessantes, com os cadarços curiosos, mais do que da sua voz —, mas no momento da sua morte a empresa se tornou mais uma família.

O poema "Skyscraper", de Carl Sandburg, captura tão bem a forma como o trabalho e o local de trabalho dominaram a paisagem na era moderna conectada — literal e metaforicamente, o trabalho está próximo da personalidade e da alma de cada pessoa associada a ele, assim como o edifício em que trabalhamos tem nosso DNA social permeado em suas paredes. Sandburg reparou que todos os que estão ligados a um edifício não são apenas nomes em suas placas da porta, mas sim pessoas unidas a "centenas de nomes, e cada nome representa um rosto preenchido por histórias de uma criança morta, um amante apaixonado, uma ambição crescente por um negócio de um milhão de dólares ou a vida fácil de uma lagosta".[31] O que ele queria dizer era que, naquele tempo, os nossos "eus" e as nossas almas estavam trancadas dentro de um único uniforme de "trabalho", e que entrávamos e saíamos do escritório como se fosse uma fábrica, até que "são derramados de volta a ruas, pradarias e vales". Então o trabalho conecta, mesmo quando nos sentimos desconectados. Não podemos evitar. Como as almas sociais que somos, as abelhas operárias têm um objetivo comum: voltar ao grupo — à colmeia — com mel. É onde pertencemos. A lugares com outras pessoas.

NOTAS

1. Não há nenhum padrão global, mas a oecd lista uma média de 1.766 horas anuais trabalhadas — o que, se definirmos pelo menos 45 anos de trabalho entre as idades de 20 e 65 (embora essa faixa varie muito, e em muitos países esteja se estendendo significativamente), dá uma imagem da maioria dos trabalhadores pagos em tempo integral gastando cerca de oitenta mil horas, ou dez mil dias, trabalhando.
2. O estudo Special Focus de 2009 da oecd, "Measuring Leisure in oecd Countries" ["Medido o tempo livre nos países da oecd], no seu relatório de indicadores sociais "Society at a Glance" ["Sociedade em um relance"], citou uma média de 41 semanas por ano trabalhadas quando os fins de semana, feriados nacionais e férias anuais são levados em conta; mas, mais uma vez, existem variações consideráveis.
3. Pesquisa Millennial Survey 2016 da Deloitte, chamada "Winning Over the Next Generation of Leaders" ["Conquistando a próxima geração de líderes"].
4. Para uma definição etimológica de "carreira", ver Barnhart Dictionary of Etymology [Dicionário Barnhart de Etimologia], de Robert Barnhart, publicado pela editora H.W. Wilson Co. em 1988.
5. A frase "Segunda Era das Máquinas" foi cunhada pela primeira vez em 2014 por Erik Brynjolfsson e Andrew McAfee, do mit, em seu influente livro A segunda era das máquinas: trabalho, progresso e prosperidade em uma época de tecnologias brilhantes.
6. DOBBS et al., 2012.
7. A revista Forbes relatou em 2015 que, no Reino Unido e nos eua, uma pesquisa mostrou que "metade da população trabalhadora poderia ser sua própria chefe". Ver "How Freelancers Are

Taking Over the World" ["Como os freelancers estão dominando o mundo"], de David Presser. SMITH, 2016 também publicou uma série de descobertas para apoiar esta tendência no The Pew Research Center. Ver também SCHAWBEL, 2015.
8. "E-mail Statistics Report 2015-2019" ["Relatório de estatísticas sobre e-mails 2015-2019"], The Radicati Group. Disponível em: www.radicati.com.
9. Reproduzido com permissão de The Barbara Hogenson Agency.
10. Ver "Human Development Report 1997" ["Relatório sobre desenvolvimento humano 1997"], publicado para o Programa das Nações Unidas para o Desenvolvimento pnud pela Oxford University Press.
11. Charles Lamb, 1775-1834, ensaísta e escritor, citado em "How the Office Was Invented" ["Como o escritório foi inventado"], publicado na bbc Magazine, em 13 de julho de 2013, com base em uma transcrição de "History of Office Life" ["A história da vida no escritório"], de Lucy Kellaway, bbc Radio Four.
12. RIVERS; NORET, 2010 e WEARE; LOGES; OZTAS, 2007.
13. Revelado em comentários sobre o Dia Internacional da Mulher 2016 na bbc, em um painel sobre diversidade para mulheres.
14. The Office foi criado e exibido pela primeira vez na Grã-Bretanha por Ricky Gervais e Stephen Merchant em 2001. Seus temas se expandiram em romances como E nós chegamos ao fim, de Joshua Ferris, em 2008.
15. Ver: www.secondhome.io.
16. Ver: www.theofficegroup.co.uk.
17. Ver: www.wework.com.
18. KRANTZ, 2015.
19. Rankings anuais da revista Fortune das 100 "Melhores Empresas para se Trabalhar". Disponível em: www.fortune.com.
20. Pesquisa Millennial Survey 2016 da Deloitte, chamada "Winning Over the Next Generation of Leaders" ["Conquistando a próxima geração de líderes"].
21. Ver: www.theweek.com.
22. Artigo no blog de Seth Godin, "The Secret to Creativity Is Curiosity" ["O segredo da criatividade é a curiosidade"], publicado em 7 de janeiro de 2010. Disponível em: seths.blog/about.
23. KELLAND, 2016.
24. SCHWEER et al., 2011.
25. KELLAWAY, 2015.
26. Ver: www.statista.com.
27. Ver o capítulo intitulado "Working with Constant Connectivity" ["Trabalhando com conectividade constante"], que cita a "frequência e duração dos episódios de trabalho" (WAJCMAN, 2015).
28. Definição de "periférico" do Meriam Webster.
29. CROSS, 2001.
30. O sociólogo americano Charles Kadushin, um pioneiro da Análise de Redes Sociais, escreveu um estudo de caso explicando a importância de padrões previsíveis e aleatórios em termos de infecções. Ele analisou a forma como o hiv (vírus da aids) muitas vezes se espalha através da ocorrência de "concorrência", ou quando "instabilidade" significa que mais de uma parceria sexual ocorre dentro de uma comunidade que ainda não percebeu sua exposição epidemiológica ou não a julgou com precisão. Ver: KADUSHIN, 2012.
31. Poema "Skyscraper" ["Arranha-céu"], de Carl Sandburg. Com agradecimentos à Agência Barbara Hogenson. Para mais informações sobre a poesia de Carl Sandburg, ver www.nps.gov.

3

NETWORKS E NETWORKERS

O GUETO E O JARDIM

Imagine a cena. É 1770. Navegando com o *The Endeavour*, um jovem cartógrafo e matemático britânico, o capitão James Cook, desembarca em Botany Bay, na Austrália. Essa é uma parte importante da sua "viagem de descoberta" de três anos. Ele e sua tripulação acabaram de se tornar os primeiros europeus a alcançar "aquela vasta e desconhecida área, acima do paralelo 40N".[1] Nesse mesmo ano, no mesmo mês, abril, é publicado um longo poema escrito pelo poeta Thomas Chatterton.

"Kew Gardens" ["Jardins de Kew"] coloca os jardins botânicos reais no centro das ligações ao poder e ao patrocínio da época. A flora e a fauna são as principais recompensas para aqueles que partem em novos empreendimentos para mapear e descobrir os tesouros do mundo, as áreas desconhecidas. Na verdade, uma das pessoas a bordo do *The Endeavour* com o capitão Cook é ninguém mais, ninguém menos do que Joseph Banks, presidente da Royal Society. É ele quem mais tarde transformará Kew no centro internacional de botânica e horticultura quando retornar dessa viagem, usando, note, o fato de que foi "abençoado com boas conexões".[2]

Em agosto de 1770, quatro meses após a publicação de seu hino a Kew, Thomas Chatterton cometeu suicídio. Embora tenha se tornado uma inspiração para a próxima geração de poetas românticos, ele não teve nenhum patrocínio ou conexões, certamente não o suficiente para lhe garantir espaço nas redes sociais da época. Morreu sem dinheiro e passando fome. Em seu testamento, ele se declarou "Um menino de aprendizagem e um bardo de tropos", deixando a proteção de sua mãe e irmã "aos cuidados de meus amigos, se eu tiver algum."[3] Ele tinha apenas dezessete anos.

Há uma terceira ligação em 1770 (ano em que a Spinning Jenny marcou outro marco na revolução industrial), mas essa diz respeito a um tipo diferente de indústria, um tipo diferente de energia criativa, um tipo diferente de força da natureza. A 1.600 quilômetros de distância da Botany Bay da Austrália, e de Kew Gardens ou do túmulo do pobre Thomas Chatterton, um jovem de 26 anos começou uma empreendimento próprio em Frankfurt, na Alemanha.

As origens desse jovem eram tão duras quanto as de Thomas Chatterton — órfão aos doze anos, sem um tostão e vivendo em uma miserável pobreza. Mas, através da sorte, do destino e do talento, construiu sua vida sobre seus contatos e nunca pensou duas vezes. O jovem Mayer Amschel Rothschild — que tinha sido enviado para uma escola rabínica, mas teve que partir quando seus pais morreram — foi enviado do gueto de Judengasse, em Frankfurt, para Hanover para aprender sobre negócios.

Em agosto de 1770, ele trabalhava como comerciante da corte, lidando com moedas e antiguidades. Embora ainda não possuísse grandes riquezas, tinha acesso direto à riqueza e ao mecenato de que dependia o sucesso.[4] E mais: ele tinha localização. Frankfurt era uma cidade com uma rede de centros de conexão que ligava várias rotas comerciais. Mayer Amschel pode muito bem ter sido atraído para as possibilidades de sair de uma rede muito limitada. Ele vivia na rede fechada e muito regulamentada de Judengasse, um gueto em que as pessoas viviam literalmente lado a lado e onde eram necessárias autorizações para entrar e sair. Ele se casou naquele ano e teve o primeiro de dezenove filhos, dez dos quais sobreviveram.

A história de seus cinco filhos é o que permitiu a Mayer Amschel fundar e construir um dos maiores sucessos empresariais dos últimos dois séculos e vê-lo empreender esforços que arrecadaram fortunas e influências pessoais, políticas e culturais que permanecem até hoje.

Nos setores bancário, financeiro, imobiliário, artístico e acadêmico, o nome Rothschild é conhecido em todo o mundo pela sua riqueza, excelência e por seus contatos. Os filhos de Mayer Amschel — Amschel, Salomon, Nathan, Kalman e Jakob — espalharam-se pelos cinco continentes, e como resultado ele os chamou de "cinco flechas". Hoje em dia, o brasão da família Rothschild apresenta esse símbolo poderoso, e "cinco flechas" continua a ser o nome do braço de investimentos da empresa familiar.

Jardins públicos como o de Kew, e os magníficos jardins de Rothschild vistos em Waddesdon Manorin Buckinghamshire, são expressões do poder da conexão pela força mais poderosa de todas: a natureza. As próprias plantas são uma metáfora maravilhosa para as redes: a proliferação de raízes, ramos, botões e folhas, a interdependência da polinização, a fertilização cruzada, as voltas aleatórias que um organismo vivo dá à medida que cresce — todas essas são características do comportamento das redes na ciência. A Villa Ephrussi dos Rothschild, na Riviera Francesa, oficialmente classificada como um dos grandes jardins da França, é projetada para ter a forma de um navio — talvez inspirada no próprio capitão Cook. A casa em si é enquadrada pela beleza infinita do mar e das terras — nesse caso, os jardins — que a rodeiam. Mar. Terra. Pessoas. Natureza. Redes. Estão todos ligados.

BILHÕES DE PESSOAS TÍMIDAS

Se você não gosta de fazer *networking*, não está sozinho. Muitas vezes, tememos o que não compreendemos completamente. E do que tememos, não gostamos. Por que as pessoas não gostam de redes? Porque são tímidas. Um mito comum sobre o *networking* é que é algo que tem a ver com os extrovertidos. Pessoas barulhentas, sonoras e confiantes. Introvertidos, as pessoas presumem, odeiam o *networking*.

Quantas pessoas são introvertidas em vez de extrovertidas? Muitas. Um dos livros mais vendidos no recente gênero "*smart thinking*" foi *O poder dos quietos*, de Susan Cain, que popularizou a ideia de que o *networking* é superficial e barulhento. "Muitos têm um horror à conversa fiada, mas gostam de discussões profundas", escreveu ela.[5] Conheço esse sentimento. Mas se você me conhecesse e tivesse que me rotular, a possibilidade de usar a palavra "extrovertida" seria maior do que quase qualquer outra.

Então, discutir *networking* (comentarei sobre as redes de contato em breve) já é uma desconexão. É incompreendido e desviado. Na mentalidade popularizada e polarizada do *networking*, existem dois tipos de *networkers*: os bons pensadores (introvertidos) e os outros que, por implicação, não são tão bons. É verdade que entrar em uma sala cheia de estranhos pode ser desconfortável — e essa é, muitas vezes, a forma mais comum de começar sua introdução ao *networking*, uma vez que os eventos são normalmente assinalados de forma alegre como "encontro de *networking*". Eu sei bem. Já entrei em mil salas cheias de estranhos, e toda vez meu estômago se aperta, toda vez odeio me sentir daquele jeito e toda vez desejo estar, como um estereótipo introvertido de Susan Cain, "em casa, de pijama".

Penso que o inimigo do *networking*, a timidez, é a enormidade da distância que sentimos inicialmente. Claro que no minuto em que se consegue estabelecer contato visual com uma pessoa e encontrar a voz para dizer alguma coisa — conversa fiada ou séria, não importa o que sai da boca nesse primeiro momento —, a distância desaparece. Quando percebi que o modelo de rede comumente vendido às pessoas era errado —conhecer *o maior número possível de pessoas de uma só vez* — e que, na verdade, o inverso era verdadeiro, descobri que minha timidez podia ser mantida a níveis controláveis. Eu chamo isso de "aproximar para a aterrissagem" quando ensino aos estudantes corporativos o que *networking* significa.

Aquele momento em que você entra em uma sala para se conectar com estranhos não é tão diferente de aterrissar com um avião. Por vezes, a aterrissagem é longa, circulando por cima da pista e mergulhando de forma galopante através das nuvens. Outras vezes é suave, rápida e fácil. Esses são os momentos de que gosto: entrar em um encontro ou em uma conferência e sentir-se rapidamente à vontade; encontrar alguém que conheço, ou ser recebida bem e eficientemente na recepção.

Em outras palavras, números enormes podem nos diminuir e nos fazer sentir pequenos. É por isso que minhas conferências Names Not Numbers têm tamanho limitado, e porque evito grandes reuniões e prefiro pequenos encontros com curadoria. Deveríamos nos proteger de eventos grandes, barulhentos e de tamanho generalizado; no entanto, para onde quer que olhe, o tamanho e a escala são apresentados como melhores do que o seu oposto: a pequenez. Cerca de seis mil tuítes são postados a cada segundo,[6] e serviços gritam ofertas para gerar falsos seguidores eletronicamente, se você assim desejar.

Em Londres, um jovem de vinte e poucos anos que se autodenomina "KSI Olajidebt" alcançou dez milhões de seguidores no YouTube em apenas cinco anos, simplesmente fazendo vlogs em sua sala.[7] O tamanho equivale a celebridade. Eric Schmidt, fundador do Google, orgulhosamente anunciou que, em um futuro próximo, "na ponta dos seus dedos estará todo um mundo de conteúdo digital".[8] Agora a dívida nacional global não é medida em milhões ou bilhões, mas algo mais, algo maior: trilhões. O que faz a uma psique coletiva o fato de que os números estão cada vez maiores? Acho que isso nos encoraja a fazer a única coisa que podemos fazer com segurança sem pirar a toda hora: nos desconectamos. Já não notamos os números — mesmo quando, talvez, devêssemos.

Claro que há pessoas que são mais tímidas ou mais quietas do que outras. Mas a desconexão com a ideia de *networking* acontece em parte por causa da ideia de que se trata de ser social, ou ser superficialmente social. A empresa Rothschild foi construída a partir de uma mistura muito cuidadosa de sociedade social e de ligações diretas, mas também de outra coisa: as próprias redes de contatos. Especificamente, a inteligência que viaja nas redes. De fato, a principal moeda utilizada pelos

Rothschild no século XIX não era o dólar ou a libra esterlina, mas sim o *conhecimento*. A biografia da família do historiador Niall Ferguson observa que o investimento em redes de comunicação rápida para uma melhor inteligência de transporte significava que os pombos-correios eram uma importante fonte de recolhimento de informações: "Só depois de meados da década de 1930 é que o desenvolvimento da ferrovia, do telégrafo e do navio a vapor abriu uma nova era nas comunicações — uma era em que seria muito mais difícil para os Rothschild abrir vantagem sobre os seus concorrentes."[9]

A história da conexão moderna foi o produto de quantidades surpreendentes de imaginação, ambição e escala — e redes. Os primeiros cabos transatlânticos de sucesso colocados na década de 1850 foram instalados a 3,6 quilômetros de profundidade, estendendo-se por 2.600 quilômetros do velho até o novo mundo. Mais de quatro mil quilômetros de cabo do Atlântico foram pedidos, e para cada milha de cabo foram necessários mais de oitenta quilômetros de fiação.[10] Hoje a narrativa da vida moderna, dominada por gigantes da tecnologia do Vale do Silício que pensam que escala e tamanho são a resposta para praticamente tudo, é que a tecnologia está se transformando em um ritmo e impacto tão grande ou maior do que no final do século XIX. É verdade que haverá cinquenta bilhões de dispositivos ligados em rede até 2020,[11] um número quase impossível de compreender.

Também é verdade que o que os telefones celulares trazem em termos de transformação para as nações em desenvolvimento, apenas na área da saúde, será vasto e bem-vindo. Todos os próximos passos no que o Google chama de "nós do futuro" se baseiam em cabos subaquáticos e linhas terrestres de conexão instalados há mais de 150 anos: eletricidade, ferrovias, redes de última geração. Então, no berço da revolução industrial, os cabos e os carros eram os conectores, e as estradas e as ferrovias eram a rede. Hoje, seres humanos, segurando seu celular, conectando-se via internet e teleconferência, e a caminho dos hologramas e das futuras inteligências artificiais, estão transportando a si mesmos. O indivíduo, conectado em massa a todos e tudo, não está apenas nas redes. Ao nos tornarmos redes nós mesmos, estamos nos transportando do isolamento, da timidez coletiva da limitação, e avançando em direção a uma dimensão ilimitada. Mas isso traz descontentamento. É a intimidade, a confiança, as ligações em pequena escala e em tempo real, cara a cara, que forjam redes humanas duradouras, mais do que qualquer outra coisa.

Muitas vezes as redes mais poderosas são relacionadas a pequenas quantidades — pequenas quantidades de publicidade e pequenas quantidades de estranhos. Um montante extraordinário de "famílias" empresariais globais são apenas isso — dinastias cujos "escritórios particulares" gerem vastos interesses empresariais familiares. Existem cerca de mil empresas em 35 países ao redor do mundo com uma capitalização de mercado de pelo menos um bilhão de dólares que são de propriedade familiar, incluindo a Reliance, na Índia; o Walmart, na América; a Richemont, na Suíça; a Foxconn, em Taiwan; o Softbank, no Japão; a Volkswagen, na Alemanha; e a Samsung, na Coreia do Sul.[12] A moeda que corre como eletricidade através dessas empresas familiares, e através das suas fortes redes, é a confiança. A confiança estabelece conexão. A falta de confiança cria o oposto.

A confiança faz parte de um conjunto de códigos psicológicos que grandes e pequenos grupos de pessoas compreendem e comercializam. Sandy Pentland, do MIT, escrevendo sobre o que chamou de "física social", observou que na economia "a razão central pela qual as redes de intercâmbio são melhores do que os mercados é a confiança. As relações em uma rede de intercâmbios se tornam estáveis (voltamos sempre a quem nos dá o melhor negócio), e com a estabilidade vem a confiança, ou seja, a expectativa de uma relação valiosa e contínua".[13] O que nos leva a diferentes tipos de redes.

AS REGRAS DO GUANXI

O termo "conexões" já assumiu outro significado — "relações". No romance de Elena Ferrante, *A amiga genial*, uma relação e sua estrutura convergente e divergente está no centro da narrativa e se expande por mais três outros romances que se tornaram uma sensação editorial nos anos de estouro das mídias sociais. Relacionamentos conectados são, é claro, redes de contatos. As estruturas e os padrões que ocorrem na natureza e na tecnologia têm semelhanças notáveis. Olhar para a ciência de rede pode explicar esse complexo mundo rotatório de relações mais do que talvez qualquer outro ramo da ciência ou da ciência social. Uso a palavra "ramo" deliberadamente. Uma árvore é uma boa maneira de começar a visualizar uma rede. Da biologia à engenharia elétrica, da neurociência à economia, das células em beija-flores e humanos a telefones celulares e computadores — o DNA estrutural da vida moderna como a conhecemos é de uma rede.

Meu caminho para a ciência e a ciência social das redes foi uma viagem inversa. Fiz isso durante anos com facilidade inconsciente, antes mesmo de perceber que as suas raízes residiam na sociologia, na biologia e no florescimento do pensamento aristotélico nos anos 1950, durante a primeira fase da missão da Organização Mundial da Saúde de criar uma política de saúde global para o mundo. Assim que a OMS começou, e o mundo começou a pensar em prosperar novamente depois de sobreviver aos horrores da Segunda Guerra Mundial, os acadêmicos começaram a estudar seriamente o que significava uma política de saúde global em termos de comportamento humano. Na década de 1950, tivemos os sociogramas de Jacob Moreno, a hierarquia de necessidades de Maslow, os estudos de Milgram — não apenas sobre a Teoria do Mundo Pequeno, mas também sobre a Obediência. Saber como os humanos se comportam uns com os outros e em que configurações se tornou subitamente fascinante. Antropologia entrou na moda.

Um dos meus livros favoritos daquela época é *Life is with People: The Culture of the Shtetl [A vida é com pessoas: a cultura do Shtetl]*, que tem uma introdução de Margaret Mead, a grande antropóloga cultural americana.[14] Nele, embora esteja implícito, o conceito de rede e comunidade está no centro das atenções: "Em todo lugar as pessoas se reúnem para falar: em casa, no mercado, na rua. Todos estão interessados 'no que as pessoas dizem'. As notícias nunca são guardadas para si. Quer o evento seja pessoal ou geral, deve ser compartilhado."[15]

Havia um florescimento de ideias em torno não só da Hierarquia das Necessidades e da Teoria do Mundo Pequeno, mas da própria base do comportamento humano; os maravilhosos estudos de coerção de Solomon Asch sobre as sociedades africanas deveriam ser lidos por qualquer pessoa que tente compreender como o terrorismo floresce dentro das celas das prisões, por exemplo.[16] As estruturas de rede são matematicamente democráticas — é o *comportamento* sobre elas que afeta tudo, de uma forma ou de outra.

As disciplinas que mergulham em ciência e teoria de rede — esticadas como estão através da gestão e do comportamento organizacional e em matemática pura e física propriamente ditas (e algo aterrador chamado de *Teoria dos Gráficos Aleatórios*) — não surgiram imediatamente para mim. Eu tinha mais uma abordagem amigável e pessoal e uma atitude um pouco intrometida sobre o que as outras pessoas estavam pensando e sentindo do que algum método ou uma abordagem planejada. Além do cutucão da rejeição de uma entrevista de emprego me impulsionando a conhecer um círculo que fosse o mais amplo possível, nunca liguei qualquer apoio acadêmico ao que eu estava fazendo.

De fato, foi apenas quando a internet e o e-mail começaram, dando os primeiros sinais de sobrecarga, que senti que as pessoas estavam ficando sobrecarregadas com tanta informação, com muito pouco tempo para desenvolver relações, e que poderia haver uma oportunidade de negócio em tentar de alguma forma ser um intermediário entre certos tipos de pessoas — em primeiro lugar entre pessoas nas comunicações, ramo no qual eu ainda trabalhava, e no jornalismo. Aqueles eram dias em que os jornalistas se sentiam pressionados por faxes de comunicados de imprensa, que muitas vezes não tinham qualquer relação com aquilo em que estavam interessados. Vi isso em primeira mão quando trabalhei no setor de "Planejamento Futuro" de um programa da TV a cabo. Apesar de informar a comunidade de relações públicas sobre o que era de interesse, eles continuavam a bombardear o departamento com informações mal combinadas. Eu percebi que aquilo só poderia levar a uma falta de confiança entre as duas comunidades e a uma inundação de má informação. Esse foi o meu interesse inicial pelas redes; àquela altura, não percebi isso. Eu estava, no entanto, curiosa. Comecei a notar as mudanças, de uma mídia hierárquica de cima para baixo para uma mídia lateral na qual havia uma disseminação de canais. Mais tarde, testemunhei a chegada do "jornalismo cidadão" de voz e escolha, que acabou com o controle da mídia e daqueles que despejavam informações diretamente em seus funis.

Sou membro da diáspora judaica, um povo que foi espalhado para longe das suas pátrias originais. Percebi que adotei uma espécie de diáspora comportamental instintiva, à medida em que apanhei todo o tipo de ideias e influências de um vasto leque de contextos — trabalhei na edição, na televisão, na política e com relações públicas antes de me estabelecer no ramo das redes cerca de uma década depois, do início da nova era da conexão. Isso estava um pouco em desacordo com os meus pares que passaram por uma carreira em forma de silo: universidade, um trabalho vocacional no ensino ou na área acadêmica, ou mesmo na mídia, que durante anos teve percursos muito distintos. Se você era um produtor, não se deslocava para a edição. Agora todos fazem um pouco de tudo, depois que a globalização e o consumismo atingiram um patamar febril que coincidiu com a "tripla revolução" da internet, dos celulares e dos meios de comunicação social que mencionei logo no início deste livro. No espaço que tinha conquistado, sem grandes títulos ou status, comecei a florescer no trabalho. Eu tinha agilidade, mobilidade e, acima de tudo, ligações.

Os chineses têm uma palavra para o conectado, o relacionamento, o ato de construir e fazer redes: em mandarim, isso é *guanxi*. Embora a palavra e suas conotações não estejam isentas de controvérsia, ela fala muito sobre o que sentimos sobre as redes e sobre como nos conduzimos sobre elas. Os chineses são também um povo da diáspora, cuja estratégia de negócios tem sido a de se espalhar por todo o mundo, identificar padrões comerciais e oportunidades e trazê-los de volta para a China para construí-los internamente. O *The Economist* observou em 2011 "que mais chineses vivem fora da China do que franceses vivem na França", e que enquanto "as diásporas fazem parte do mundo há milênios", seu poder como rede não tem rival.[17]

Alguns dos grandes pensamentos sobre redes coincidiram com o ponto em que a "sociedade em rede", como disse o sociólogo Manuel

Castells, estava explodindo. Ele escreveu em 1996 que "o poder não reside nas instituições, nem mesmo no Estado ou nas grandes corporações. Localiza-se nas redes que estruturam a sociedade".[18] A ascensão da sociedade em rede não aconteceu no vácuo, e sim no próprio contexto e berço da conectividade. A década de 1990 viu um florescimento de ideias que coincidiu exatamente com a conectividade móvel em massa na tecnologia: a internet, o e-mail e o celular. De repente, queríamos compreender mais profundamente as redes. Houve uma rica literatura reflexiva publicada entre 1995 e o início dos anos 2000 sobre comunicação em rede; grandes livros que destacaram o entusiasmo, a energia e a promessa em torno desse novo encontro de ideias e comportamentos em um mundo recentemente unido. Geoff Mulgan foi um desses observadores. Em 1991, ele escreveu que "as redes informais de 'quem é quem, o que é o quê e por que é porque' são tão importantes quanto as estruturas formais" e que "as redes sociais são anteriores até mesmo às mais rudimentares tecnologias da informação. As redes de parentesco, de influência e de fofoca, de espionagem ou de crédito, de cliques e amigos, são aparentes em todas as sociedades conhecidas".[19]

Então algo surpreendente aconteceu: a publicação em torno da conectividade em um contexto sociológico e antropológico mudou. Por quê? Nunca houve mais jornais ou oportunidades para publicar. Foi por causa das redes sociais.

A chegada das redes sociais — Friendster e LinkedIn em 2002, Myspace em 2003, Facebook em 2004 e YouTube em 2005 — deu origem a algo mais na sociedade em rede: o surgimento da análise das redes sociais. Curiosamente, o que também floresceu foi a literatura sobre desconexão. O famoso *Bowling Alone*, de Robert Putnam, foi publicado em 2000, por exemplo. Há alguns livros incríveis, mas negligenciados, sobre *networking* que há muito estão esgotados — os de Lipnack e Skyrme, por exemplo.[20] Você pode procurá-los na Amazon, mas são quase invisíveis por trás do tsunami de outros títulos mais frescos e mais na moda sobre como fazer sala e como usar o *networking* como ferramenta de venda.

Enquanto *guanxi* em mandarim se traduz literalmente como "relações" ou "conexões", o ato (e a arte) de fazer *networking* foi associado à vantagem, e muitas vezes a uma vantagem injusta em particular. Não importa que essa vantagem possa ser meritocrática, como explicarei mais adiante neste capítulo; *guanxi* também se tornou uma gíria em alguns círculos por nada menos que favoritismo. Você deve tirar suas próprias conclusões sobre as redes e o ato e a arte do *networking*, mas para ajudá-lo a enquadrar o seu pensamento, aqui vão algumas das ideias centrais que surgem repetidamente nos estudos, com os trabalhos espalhados como uma diáspora pelo mundo do pensamento acadêmico sobre o assunto.

INTERMEDIÁRIOS E CONSTRUTORES

A ciência em rede mostra que a estrutura é semelhante, independentemente de estarmos olhando para ela como uma árvore, um sistema informático ou uma sociedade humana. O que é diferente é que o padrão de *ação* e *comportamento* entre os "atores" pode levar a um gargalo ou a um tumulto descontrolado, mas também pode levar a algo mais: redes suaves, ágeis e conectadas que facilitam o fluxo de confiança e ideias.

A compreensão das redes está no centro da compreensão da conexão social. Desde que comecei a olhar para as teorias e para os estudos que abrangem psicologia, neurociência, comportamento organizacional, gestão, sociologia e análise de redes sociais, tenho sido constantemente surpreendida com como a ciência ou a ciência social das redes são pouco compreendidas ou aplicadas na sociedade fora da bastante fechada área acadêmica. A economia comportamental e a teoria do "*nudge*", alimentada por alguns comunicadores excepcionais, como Daniel Kahneman e Richard Thaler,[21] estão começando a abrir o caminho, assim como a neurociência. Pensadores da área de gestão, como Herminia Ibarra[22] e Lynda Gratton,[23] juntam-se aos grandes, como Peter Drucker, Tom Peters e Charles Handy,[24] para tornar o comportamento organizacional *mainstream*. O público quer entender e conectar os pontos desse mundo cada vez mais complexo e intrincadamente tecido. Em estudos contemporâneos sobre internet e sociedade, negócios e mídia, temos gente como Andrew Keen,[25] Timothy Gartòn Ash,[26] Margaret Heffernan[27] e

James Gleick.[28] Mas estamos no início da popularização da cultura e da ciência da conectividade, apesar da sua centralidade em tudo o que fazemos e somos.[29] Este livro é uma tentativa de começar a juntar alguns fios, muitos dos quais ficaram para trás em diferentes partes do universo acadêmico, ao mesmo tempo que também me aproveito de alguns dos gigantes que moldaram meu pensamento e levaram as questões sobre as redes mais longe do que nunca: Barry Wellman, Charles Kadushin, Duncan J. Watts, Nicholas Christakis e Albert-László Barabási em particular, além de Yaneer Bar-Yam.[30]

No entanto, é o sociólogo Ronald S. Burt quem mais tem moldado minha compreensão das redes e do que eu chamaria de Redes Comportamentais.[31] Ele cunhou o conceito extremamente interessante e influente de "intermediação e fechamento" para identificar como as relações humanas formam padrões que são influenciados pela proximidade de cada "vínculo" entre si. Em particular, ele identificou algo bastante glorioso, chamado "buraco estrutural". Como ele coloca: "Os buracos estruturais são os espaços vazios na estrutura social. O valor potencial dos furos estruturais é que separam fontes de informação não redundantes, fontes que são mais aditivas do que sobrepostas."

Deixe-me traduzir: se você só conhece pessoas que já se conhecem, então a informação "intermediada" entre elas não é tão original e pode até reforçar o "pensamento de grupo". Essa homofilia, em que todos concordam com todos e passam adiante informações e opiniões estagnadas, pode ser vista muito claramente em exemplos como os comerciantes de *subprime* antes do *crash* econômico de 2008.

Ronald Burt fincou raízes — e as redes são fundamentalmente construídas e cultivadas, ou então murcham como plantas arrancadas — em uma teoria anterior da década de 1970 chamada "teoria dos laços fracos", de outro sociólogo americano, Mark Granovetter. Seu trabalho, *The Strength of Weak Ties* [*A força dos laços fracos*],[32] provou ser crítico para entender que as formas com as quais as pessoas trocam informações e constroem relacionamentos são tão laterais quanto lineares. Em outras palavras, como você conseguiu seu emprego? Foi através de um anúncio, ou na base do boca a boca? Como conheceu seu parceiro ou sua parceira? Foi através de uma agência de encontros ou foi porque você se sentou aleatoriamente ao lado dele ou dela em uma reunião organizada por um amigo de um amigo de um amigo?

Alguém que afetou enormemente minha compreensão das redes na prática, na ação, na sala de reuniões e na área em que ensino é Herminia Ibarra, professora de Liderança e Aprendizagem e professora de Comportamento Organizacional do INSEAD. Ela escreveu em coautoria um artigo de seminário na *Harvard Business Review* em 2007 intitulado "How Leaders Create and Use Networks" ["Como líderes criam e usam redes de contatos"], no qual definiu o *networking* como "criar um tecido de contatos pessoais para fornecer apoio, feedback e recursos necessários para fazer as coisas acontecerem". Um dos pontos-chave, escreveu ela, é ter a capacidade de "ligar o aspirante a líder a um conjunto de relações e fontes de informação". Lendo sobre essa ligação — redes têm tudo a ver com ligações e conexões, o que Ibarra chama de ter "redes externas e além" da ideia de quem você conhece e o que você sabe — foi outro ponto-chave para que eu reconhecesse a potencialidade de mudança e o progresso proporcionados pelo fato de que se tem redes e se pode fazer *networking*. Só a percepção de que o *networking* ainda é superficial é muito ruim para alguns — os que sustentam essa mentalidade são muito mais suscetíveis a sofrer do que aqueles que não o fazem.

A ideia de ter um conjunto diversificado de conexões com "laços fracos" e "buracos estruturais" que tornam sua rede mais forte não só é excitante de forma contraintuitiva, mas também é importante em termos de produtividade. Já disse antes e vale a pena repetir: a produtividade é um indicador-chave da Saúde Social. Se você tem *conhecimento*, *redes* e *tempo/ritmo* operando em sincronia, bem gerenciados, com boa comunicação e usando o bom senso, você quase vai ver um aumento na produtividade.

Compreender a ciência social — e mesmo a ciência dura — das redes não é apenas um exercício ideal para olhar para a beleza do favo de mel ou do hexágono do floco de neve, por mais tentador que seja. É entender como melhorar a produtividade de uma forma gratificante, que se conecte com o "bem-estar social" originalmente previsto há setenta anos pela Organização Mundial da Saúde.

A intermediação e construção de redes de pessoas que trocam bem o conhecimento é um dos caminhos principais para o sucesso. Como dizem os autores de um estudo sobre a economia colaborativa:

> "Na burocracia, o conhecimento é tratado como um recurso escasso e, portanto, concentrado, juntamente com os correspondentes direitos de decisão, em unidades funcionais especializadas e em níveis superiores da organização. No entanto, em organizações que estão competindo baseadas principalmente em sua capacidade de responder e inovar, o conhecimento de todas as partes da organização é crucial para o sucesso, e muitas vezes os subordinados sabem mais do que seus superiores."[33]

Outro pensador chave em redes é a especialista em gestão Lynda Gratton, professora da London Business School of Management Practice. Ela olhou extensivamente para o futuro do trabalho e como apenas aqueles com bom *network* serão capazes de fazer as coisas. Ela escreve sobre "a passagem do concorrente isolado para o conector inovador", observando que "um dos grandes paradoxos do futuro do trabalho será ser simultaneamente um especialista e mestre único, capaz de se destacar da multidão, ao mesmo tempo que está intimamente ligado à multidão".[34]

Isso nos leva de volta ao ponto de Ronald Burt sobre intermediação e fechamento. É irônico que, embora a ciência em rede seja descrita e delineada com linhas e arestas, com "laços" de todos os tipos de comprimento e espessura, a ciência em rede tenha essencialmente a ver com círculos sociais. Tudo isso está muito longe da mentalidade de silo que dominou a cultura de trabalho e o pensamento em torno do *networking*. O *networking* é social, pois envolve um ser humano alcançando outro e se comunicando. Mas as suas origens são matemáticas, biológicas e científicas. O social e o cultural vêm depois do estrutural. O seu impacto pode ser compreendido, medido e replicado. Padrões podem ser implantados para impedir a propagação da rede — como vimos na estratégia de quarentena em torno do ebola — mas também para imitar a "boa" propagação. Algumas das melhores estratégias de comunicação tais como as "reuniões da câmara da cidade" evoluíram para criar pequenas comunidades em rede ou para permitir uma ligação cara a cara entre chefes, gestores, trabalhadores e outros intervenientes. Isso é pura intermediação e fechamento, segundo Burt; pura rede estratégica, segundo Ibarra. O *networking* tem sido visto como a reserva dos jogadores seniores que têm controle sobre seu tempo e em que se pode "confiar" de que o gastarão de forma produtiva. Com os benefícios da colaboração em rede sendo muito mais compreendidos, e só uma questão de tempo até que essas práticas de investimento em relacionamentos e construção de capital social ganhem tração muito mais amplamente dentro das organizações. O *networking* ajuda em todos os níveis, e deve ser feito em todos os níveis. O valor de poder criar *network* e colaborar com colegas está agora diretamente ligado à produtividade. O neurocientista Matthew Lieberman cita um estudo que mostra que "a inteligência individual só pode ser otimizada quando é melhorada através de conexões sociais com outros em um grupo".[35]

A capacidade de ligação em rede é um dos quinze "pilares" fundamentais enumerados no relatório anual sobre Gênero, Espírito Empresarial Global e Índice de Desenvolvimento de Mulheres Empreendedoras de Alto Potencial, com o argumento de que "as empreendedoras que têm melhores redes são mais bem-sucedidas, podem identificar oportunidades mais viáveis e acessar recursos melhores e em maior quantidade". O *networking*, que tanto depende de fazer a sua própria sorte, está ao lado da "disposição e risco" como uma qualidade empresarial.

Quando dois acadêmicos italianos, Fabio Sabatini e Francesco Sarracino, pesquisaram cinquenta famílias italianas e mostraram que os níveis de bem-estar e felicidade eram muito mais altos em pessoas que tinham conexão cara a cara em vez de puramente eletrônicas e on-line, não fiquei surpresa.[36] Suas descobertas ecoaram uma que fora trazida a público no livro *Fora de série: Outliers*, de Malcolm Gladwell, que olhou para a comunidade ítalo-americana Roseto da Pensilvânia. Isso consistiu em homens com excesso de peso que eram todos fumantes, o que deixou os pesquisadores perplexos porque os homens não sofreram nenhuma das doenças cardíacas e das taxas de mortalidade que seriam esperadas de tal demografia. Também não houve mais casos de suicídio, alcoolismo, toxicodependência ou crimes associados na comunidade do que em praticamente todas as outras cidades da região, do estado e do país em geral. De fato, as pessoas de Roseta rechaçaram todas as tendências de problemas de saúde e comportamento social. Depois de esgotar todas as razões possíveis para isso, surgiu uma muito simples: redes de contatos. Esses homens tinham fortes laços e rituais familiares. Sentavam-se todos juntos para refeições que consistem, é preciso dizer, em gorduras saudáveis e outros elementos de uma dieta mediterrânica. Mas esse não foi o golpe de misericórdia. A principal razão era o tecido conjuntivo emocional que ligava essas pessoas.

A conexão social é uma forma de capital social. A própria conectividade das pessoas nessas comunidades, que Roseto foi uma das primeiras a adotar, mostra o poder das sociedades em rede em um contexto social. Um século antes, quando as estradas e os cabos de conexão eram introduzidos de forma indelével na sociedade, o sociólogo Emile Durkheim observou que os suicídios estavam ligados aos profundos isolamento, alienação e desconexão.[37] São as redes que podem reconectar as pessoas que estão perdidas devido à solidão e ao desespero, tanto quanto à emocionante descoberta de ideias ou à riqueza do comércio global em rede.

Por que, então, com todas essas evidências, as pessoas se agarram à crença de que as redes são mais ruins do que boas e de que *guanxi* não é sobre meritocracia, mas sobre pertencer ao "Clube do Bolinha"? A resposta está em uma sala longe do alcance do mortal comum. A resposta está na Sala VIP Global.

A SALA VIP GLOBAL

A Sala VIP — onde os artistas vão relaxar antes de um show; ou onde o cordão de isolamentos de veludo vermelho do nepotismo e da vantagem injusta é mantido no lugar para bloquear alguns, mas é puxado para trás para permitir "acesso total" a outros. Essa Sala VIP é associada a locais específicos, sendo Davos na Suíça um local bem conhecido. Ela pode ter se originado em festivais de música cheios de lama, como Glastonbury, mas a ideia por trás de uma Sala VIP é tudo menos paz e amor. É a borda dura e fria da exclusividade. Mas ela é muitas vezes invisível. É um clube, e é um lugar dominado pela classe social e pela vantagem injusta; depende de uma rede. Há outro nome para a Sala VIP: o Clube do Bolinha.

A sociedade ainda está cheia de tendências aspiracionais, das escolas à cultura de jogo e à vida empresarial, todas oferecendo modelos de progresso ascendente, nível a nível. Para alguns, a derradeira ponta da pirâmide é o escritório da esquina. Para outros, é um diploma acadêmico. O conceito de "upgrade", comumente visto na estratégia de marketing global das companhias aéreas, também reflete essa abordagem hierárquica e aspiracional à vida. Todos queremos um lugar melhor, todos queremos que a corda de veludo vermelho na boate seja desengatada para nós, ir para a primeira classe, a própria linguagem dizendo "você vem antes, e está mais acima na cadeia alimentar social do que os outros". Anthony Trollope, o grande romancista e cronista social vitoriano, descreve memoravelmente um dos seus personagens como pertencente aos "Mil Mais Altos" da sociedade.[38] Nós ainda veneramos as estrelas do esporte e do teatro que ganham elogios, troféus e prêmios. No entanto, os últimos trinta anos da sociedade em rede nos mostraram que as hierarquias não são necessariamente tão resilientes, justas ou flexíveis como os modelos mais laterais. Além disso, ser visto como "elite" hoje em dia não é tanto um sinal de upgrade de status, mas sim um alvo nas costas, fazendo com que você seja identificado como "eles" e não como "nós". Embora a sociedade ainda permita celebridades e estrelas do futebol e do desporto com salários excessivos, essa tolerância caiu para a elite conhecida como "líderes" — na política, nos negócios e na vida pública; o que torna esse um momento particularmente interessante para se analisar o elitismo e o papel dele nas redes.

Não há dúvidas de que ter redes fortes nos favorece. De certa forma, é um jogo de números — a Lei de Metcalfe, cunhada por Robert Metcalfe, que fundou a ethernet, afirma que "o valor de uma rede é aumentado à medida que o tamanho da rede aumenta".[39] No terreno dos números, ter acesso a uma rede pequena pode ser uma desvantagem. Um dos melhores efeitos da facilidade de conexão, em uma era de pagamentos e aplicativos móveis, tem sido transformar certos pequenos mercados isolados em mercados maiores. O sucesso da M-Pesa na África do Sul, por exemplo, ou o microempréstimo do Grameen Bank, em Bangladesh,[40] alargou todas as redes para permitir o acesso das comunidades pobres e isoladas ao comércio e, ao fazê-lo, derrubou algum elitismo do mercado — nomeadamente o de que só os "peixes grandes" podiam participar. Esse maior acesso a uma rede é ótimo. Deveria haver mais do que isso, e a tecnologia em rede, em grande parte, ajuda e estimula isso. O tipo de acesso mais difícil é menos visível, mais atrás da corda vermelha, mais para dentro da Sala VIP. Assim como a quebra e a ruptura que descrevi no Capítulo 1, como se cura algo em que não se consegue ver onde está o problema?

As redes de elite na vida pública, empresarial e política são os lugares onde as decisões são tomadas em paz, com privacidade e informalidade — todas as características de um comportamento de rede baseado na confiança, que em si mesmo não é prerrogativa biológica de uma pessoa sobre outra. Não é preciso ser mais inteligente, mais rico ou mais esperto — mas as redes sociais significam que, se formos, e se tivermos as ligações certas, temos mais chances estatísticas de sermos convidados. Assim, o fascínio cresce pelo próprio fato da exclusividade, impulsionando assim o poder em torno da exclusiva Sala VIP. Para líderes mundiais e movimentadores e agitadores financeiros, cada vez mais do setor das ONGs, o centro de gravidade continua sendo o Fórum Econômico Mundial, cujo retiro anual em janeiro no resort de montanha suíço em Davos é apenas o ápice de um programa global de um ano de encontros apenas para convidados. Mas há outros. A conferência Bilderberg, ainda mais exclusiva, com apenas 150 participantes, nenhum dos quais é formalmente confirmado ou anunciado (que começou como um negócio seleto para as elites políticas da Europa e do Norte da Europa, ao mesmo tempo que Abraham Maslow excluía "conexão" de sua hierarquia de necessidades),[41] é acusada do tipo de esquema de elite contra o qual o povo britânico se revoltou de forma tão espetacular com o referendo "Brexit" de 2016 para deixar a União Europeia. A UE era vista como uma elite, a qual o cidadão comum não podia alcançar, e sobre a qual podia se projetar grande descontentamento, de vários tipos.

O que acontece na Sala VIP, afinal? Quando David Cameron era primeiro-ministro britânico — antes de sua conexão política ter sido cortada pela votação do Brexit —, divulgou uma conversa telefônica privada com Sua Majestade a Rainha sobre um referendo anterior, a votação de 2015 sobre se a Escócia deveria obter a independência do Reino Unido. Enquanto passeava por um corredor de conferências da ONU em Nova York, foi ouvido por acaso (os políticos e as figuras públicas precisam compreender uma verdade global: um microfone e uma câmera estão sempre ligados em algum lugar) gabando-se a Michael Bloomberg, o bilionário que fez seu dinheiro conectando dados financeiros a telas especiais antes de se tornar prefeito de Nova York, que ele tinha feito Sua Majestade "ronronar"[42] quando lhe disse que o Reino Unido permaneceria, naquele momento, unido. Ao fazê-lo, David Cameron (que anteriormente tinha me convidado para me juntar à sua comitiva para outra reunião, o Encontro Nórdico-Báltico em Estocolmo, em 2012) confirmou duas teorias interessantes sobre redes sociais de uma só vez. A primeira, descoberta em 1954 por Elihu Katz, pesquisador do Escritório de Pesquisa Social Aplicada da Universidade de Columbia, é que se você quiser disseminar uma ideia, deve escolher alguém com laços sociais influentes. Bilderberg começou naquele mesmo ano: então, alguém foi rápido em colocar a teoria em prática. O segundo é o truísmo que faz com que redes de confiança botem fé no que David Cameron trocou: confidências. Ser capaz de intermediar conhecimento é exatamente a moeda de troca na qual as pessoas podem se apoiar. Especialmente o conhecimento que outra pessoa não tem. O conhecimento e as redes são a marca de uma pessoa bem conectada. Alguém que conhece pessoas, e que sabe algo que os demais precisam saber.

No fim das contas, a Sala VIP Global é menos um lugar do que uma realidade virtual. Se você cresceu excluído da chance de praticar habilidades de troca de ideias com confiança, ou em uma cultura que não valoriza a intermediação de conhecimento ou conexão social, isso pode ser uma desvantagem. Quando olho para o problema da exclusão social e do elitismo, tomo a visão oposta do telescópio para muitos. Em vez de olhar para as oportunidades negadas ao grande grupo no exterior, olho para os comportamentos daqueles que estão no interior. Me pergunto: "Esses comportamentos podem ser copiados ou o acesso pode ser ampliado?" A resposta é sim e não. Sim, à medida em que, como disse antes, estas não são características biologicamente determinadas, como pernas atléticas superlongas ou mentes matemáticas muito inteligentes, que não podem ser moldadas ou sequer herdadas. A perspicácia, a habilidade e a oportunidade de trabalhar em rede podem ser criadas e praticadas. O bloqueio, claro, é saber quem saber e o que saber. Mas é também ter a mentalidade, ou a ambição, de chegar lá.

No Reino Unido, dou palestras a crianças em idade escolar como parte de uma instituição de caridade pequena, mas altamente eficaz, chamada Speakers for Schools. Essa organização pretende incutir uma ambição meritocrática nas escolas públicas comuns — isto é, o oposto da escola pública, o sistema elitista do Eton College, por exemplo, que incorpora as associações negativas do tipo Clube do Bolinha. O que sempre me surpreendeu e deprimiu é a absoluta falta de visão, ambição, confiança ou curiosidade demonstrada por muitas das crianças — adolescentes — com quem falo. Podem ser brilhantes e capazes, mas a cultura em que vivem é muitas vezes (nem sempre, é claro) proibitivamente limitada em perspectiva. A própria base da educação precisa trazer uma visão mais ampla do mundo das redes elitistas implantadas com tanto sucesso pelos poderosos, se essa proporção de ricos e pobres quiser mudar. De que extremidade do telescópio você vê a Sala VIP — de fora ou de dentro?

Quando comecei minha carreira, tinha uma vantagem inegável: meu sobrenome. Poderia não ter feito muita diferença se eu tivesse tentado trabalhar com medicina ou em mineração, mas no mercado editorial, especialmente para uma editoria que publicou meu próprio pai, sim: a Penguin Books. Meu sobrenome, diferente o suficiente para ser associado instantaneamente com ele, deve ter puxado a minha inscrição normal para o cargo de Assistente de Publicidade, anunciado no *The Bookseller*, para o topo da pilha. O resto dependia de mim, mas era tudo o que eu precisava. Uma pausa. Ao longo dos anos, tenho tido muitas discussões com pessoas invejosas que acreditam que esse tipo de vantagem é errado. Eu diria o seguinte: é perfeitamente natural. É melhor reprogramar a raça humana ou tomar medidas práticas para aumentar o nível de oportunidade disponível para que outros a aproveitem? Saliento também que a ideia de que a vantagem injusta é procurada ou dada apenas a pessoas de determinada classe não é totalmente verdade. Quando a talentosa e popular comediante e roteirista britânica Victoria Wood morreu em 2016, seu obituário observou que ela tivera sua primeira grande chance em um show de talentos de TV, porque conhecia quem cuidava da fila fora do estúdio quando foi para a audição. Uma pessoa que a conhecia pôs o nome dela na frente. Foi tudo o que foi preciso. Isso e o seu talento, timing e serendipidade. A ciência em rede é muito boa para explicar como, apesar do padrão e da previsibilidade de certos comportamentos, sendo a Lei de Metcalfe uma só, outra coisa é uma constante: a imprevisibilidade. A pessoa que atravessa a fronteira na hora errada com ebola. A pessoa que coloca a fita de audição nas mãos de quem pode divulgá-la mais amplamente porque tem a influência apropriada. Grande parte das redes, e a criação delas, é menos planejada e maquiavélica e muito mais acidental e orgânica do que as pessoas pensam.

GRUPOS DE JAZZ E ORQUESTRAS

Quando trabalhei em editoração, pude ver de perto um processo interessante. Vi uma ideia na cabeça de alguém ser comissionada e produzida, através de uma série de pequenas execuções interligadas, e assim criar um produto final, uma coisa tangível que poderia ser guardada — um livro. Ainda hoje, o processo de publicação de um livro para o Kindle ou de um volume de capa dura tem componentes e etapas semelhantes. O manuscrito inicial chega e é editado; vai para o departamento de produção, que cria um cronograma; os preços de impressão e formatos de impressão são definidos, ou ISBNs e listagens da Amazon são determinados. Ao mesmo tempo, o release para o marketing preliminar é fechado, assim como o texto da capa e os releases para os livreiros e para a equipe de vendas — "*blurbs*" de todos os tipos, na verdade. Depois vem a Feira do Livro de Londres, em abril, e a Feira do Livro de Frankfurt, em outubro, e os mercados secundário, terciário e mundial de direitos. Mais cópias e mais artes são necessárias. Depois, finalmente, a publicidade. Quando estava com uma editora na década de 1980, ouvi a esposa do editor no telefone "vendendo" a história do livro para os editores de Recursos e Livros, e uma luz se acendeu sobre a minha cabeça; essa foi a minha parte no processo, a minha chamada. Senti que tinha encontrado a música de que gostava, assim como meu instrumento. Comecei a migrar da borda para o centro de algo que poderia chamar de carreira. Esse processo demorou cerca de um ano, e me ensinou outra coisa: esse trabalho acontece numa sequência, mas muitas vezes é improvisado.

As melhores carreiras são cheias de momentos aleatórios que acabam levando ao ponto em que agora nos encontramos, em vez de uma viagem dedicada e linear. A vida no trabalho funciona da mesma forma com que subimos a encosta de uma montanha, caminhamos ao longo de um canal ou dirigimos pelo trânsito: em movimento. Você faz curvas. Levanta-se e se nivela. Tem que fazer sacrifícios e navegar por algumas passagens complicadas. E faz isso em um estado contínuo de comunicação de um tipo ou de outro: falando, escrevendo, conhecendo, concordando, discordando, instruindo, ouvindo, aconselhando, estudando, prestando atenção, espairecendo, viajando, se preocupando e desfrutando — tudo com outras pessoas, seja cara a cara ou eletronicamente.

Na música, chamam isso de improvisação. Nas ciências sociais, um grande interesse surgiu (precisamente quando começou a revolução das comunicações dos anos 1990) no valor que diferentes tipos de movimentos e coreografias comportamentais organizacionais poderiam ter no sucesso. Uma enxurrada de trabalhos acadêmicos começou a aparecer, com títulos como "Improvisation as a Mindset for Organizational Analysis" ["Improvisação como um conjunto de ideias para análise organizacional"][43] e "Exploring the Empty Spaces of Organizing: How Improvisational Jazz Helps Redescribe Organizational Structure" ["Explorando os espaços vazios da organização: como o jazz improvisado ajuda a descrever novamente a estrutura organizacional"].[44] Publicados nos anos que viram a fundação do Google na tecnologia em rede e a atribuição póstuma do prêmio Pulitzer a Duke Ellington (1988 e 1989) no mundo do jazz, ecoaram um sentimento que alguém tinha expressado ainda antes.

Valdis Krebs nasceu e cresceu em Ohio. Mudou-se para a Califórnia no início dos anos 1980 e se juntou à equipe de projeto de sistemas de RH da Toyota em Los Angeles. Foi o primeiro grande sistema de RH corporativo computadorizado, e ele estava interessado no que a tecnologia poderia fazer em termos de gestão de pessoas. Krebs se descreve como um "cara curioso", o que provavelmente explica por que ele começou a ter aulas noturnas em inteligência artificial e análise de sistemas na UCLA.

O desafio dele? Ver como seria a combinação de inteligência artificial e consultoria de gestão no futuro. Esse futuro, afinal, era o mapeamento da rede organizacional. Em seu trabalho, Krebs recebeu muitos telefonemas de pessoas que tentavam lhe vender softwares de sistema. Um fornecedor em particular ligava várias vezes. O cara, segundo Krebs, disse que tinha um software de planejamento de sucessão. "Eu disse para ele voltar dali a dois anos. Ele insistiu, dizendo que tinha um compromisso na minha rua e que podia me ver naquela tarde. Então eu disse 'OK'." Essa decisão aleatória acabou por significar uma mudança de vida. Como a maioria dos resultados aleatórios, havia uma tangente dentro da própria aleatoriedade. A reunião que o vendedor pretendia aconteceu como previsto e Krebs não alterou sua opinião sobre o produto. Mas, quando já estavam quase terminando, conversaram sobre softwares. Como Valdis Krebs relata:

> "Mencionei que queria modelar organizações em um computador, e ele colocou a mão no bolso e tirou um recorte do *New York Times* sobre algo chamado 'NetMap', e na reportagem aparece um cara com quem tinha tido aulas quando estudava matemática e informática."[45]

O software para fazer o que Krebs desejava — mapear as relações das pessoas entre si no trabalho — estava lá, e ele tinha uma ligação com ele. Empolgado, convenceu seu patrão a deixá-lo realizar uma pesquisa no departamento de RH, fazendo a simples pergunta: "Com quem você trabalha para fazer as coisas?" Depois disso, mudou de emprego e se tornou, em suas próprias palavras, "um devorador de dados", compilando dados comportamentais em uma empresa muito técnica e especializada na construção de satélites. Muitas das equipes eram formadas por cientistas espaciais. Ele notou que a rotatividade entre os funcionários era alta. As pessoas chegavam, eram treinadas e depois iam para os concorrentes. Ele queria saber se os seus dados poderiam mostrar como mudar isso.

Até aquele momento, a análise pura do "devorador de dados" era baseada em estatísticas: era possível ver as taxas de rotatividade, mas não era possível descobrir o *porquê*. Mas Krebs descobriu uma coisa. Ele projetou um sistema — o "Inflow" — para mapear as histórias que as pessoas tinham lhe contado quando perguntou sobre seus comportamentos de lealdade, retenção e recrutamento. Como resultado dessa sofisticada mistura de tecnologia, voz humana e experiência, os gargalos e padrões travados puderam ser abordados de forma diferente e começaram a mudar. O pensamento de rede nasceu. Krebs pensou que tinha algo a ver com jazz.

O trabalho de Krebs chamou a atenção da publicitária e precursora digital Esther Dyson. Em 1996, ela começou a publicar um boletim informativo. Dada a plataforma, Krebs começou a escrever quais eram essencialmente os resultados de seu trabalho em recursos humanos e seu novo campo de análise de redes sociais, projetado para a era da conexão:

> "No ambiente de negócios de hoje, as empresas que operam mais como grupos de jazz do que como orquestras clássicas se sairão melhor. Em vez de uma pessoa controlar a execução de uma música, equipes e gerentes compartilham responsabilidades. Os participantes improvisam. Em vez de estabelecer limites e regras, cada um pode procurar a própria 'batida'. Às vezes parece bastante confuso. Bons grupos de trabalho, como bons grupos de jazz, operam à beira do caos."[46]

Como o jazz, a vida moderna é confusa. A vida conectada moderna está longe das caixinhas definidas em que os aplicativos de produtividade ou alguns gurus de liderança gostariam que acreditássemos. Se queremos sobreviver e prosperar, e *florescer*, na Era da Sobrecarga, vamos precisar usar nossas redes, gerenciar nosso conhecimento e nosso tempo, e acima de tudo, seguir o fluxo.

NOTAS

1. Notas da Gazeta de Londres sobre a viagem de James Cook, publicadas em 18 de agosto de 1768. Ver: www.thegazette.co.uk.
2. Ver "Joseph Banks, The Plant Collector who made the Exotic Everyday in British Gardens" ["Joseph Baks, o colecionador de plantas que fazia o exótico todos os dias no British Gardens"], publicado na Kew Magazine em 2009. Disponível em: www.kew.org.
3. Thomas Chatterton, 1752-1770. Ver: www.poetryfoundation.org.
4. FERGUSON, 1998.
5. CAIN, 2013.
6. Fonte: www.internetlivestats.com.
7. WARWICK; ALLEN, 2014.
8. SCHMIDT; COHEN, 2013.
9. FERGUSON, 1998.
10. Ver: www.cntr.salford.ac.uk.
11. Fórum Econômico Mundial, "Mundo Hiperconectado". Disponível em: www.weforum.org.
12. STERN, 2015.
13. PENTLAND, 2014.
14. ZBOROWSKI; HERZOG, 1962.
15. ZBOROWSKI; HERZOG, 1962.
16. ASCH, 1955.
17. O The Economist publicou um post interessante no blog em novembro de 2011. Ver "Dias-

poras: Mapping Migration" ["Diásporas: mapeamento da migração"].
18. CASTELLS, 2010.
19. MULGAN, 1991.
20. Ver: LIPNACK; STAMPS, 1986 e SKYRME, 1999.
21. Referência de THALER, 2016 ao seu trabalho com Daniel Kahneman.
22. IBARRA, 2015. Ver também: www.herminiaibarra.com.
23. GRATTON, 2011. Ver também: www.lyndagratton.com.
24. Ver: www.drucker.institute.com, www.tompeters.com e HANDY, 2015, seu último livro.
25. KEEN, 2015. Ver também: www.ajkeen.com.
26. ASH, 2016. Ver também: www.timothygartonash.com.
27. HEFFERNAN, 2011 e HEFFERNAN, 2015. Ver também: www.mheffernan.com.
28. GLEICK, 2011. Ver também: www.around.com.
29. O livro de Thaler (2016) dá grande visão sobre o zeitgeist em torno do assunto e como a sua colaboração com o ilustre psicólogo comportamental Daniel Kahneman acendeu uma faísca para que a economia comportamental virasse moda.
30. Uma mistura altamente potente de sociologia, física e o estudo da dinâmica de redes compõem os trabalhos: KADUSHIN, 2012, CHRISTAKIS, 2007 (www.nicholaschristakis.net), BARABÁSI, 2002 (www.barabasi.com), WATTS, 2004 (http://www.microsoft.com), Yaneer Bar-Yam e Barry Wellman.
31. Ver: BURT, 2001.
32. GRANOVETTER, 1973.
33. ADLER; HECKSCHER, 2005.
34. GRATTON, 2011.
35. LIEBERMAN, 2013.
36. SABATINI; SARRANCINO, 2013.
37. Emile Durkheim, pai fundador da sociologia moderna, cujo livro, Suicídio: estudo de sociologia, foi originalmente publicado pela primeira vez em 1897.
38. TROLLOPE, 1986.
39. Para uma explicação da Lei de Metcalfe, acesse: www.computerhope.com.
40. A M-Pesa iniciou a sua atividade no Quênia em 2007 com o apoio da Vodafone britânica, e transformou o setor bancário baseado em telefonia móvel e o microfinanciamento no mundo em desenvolvimento. Ver: www.safaricom.co.ke. O Grameen Bank, fundado pelo professor Mohammad Yunus, laureado com o prêmio Nobel, atende 97 por cento das mulheres de Bangladesh com seu "Banco para os Pobres" — baseado não no crédito, mas na confiança. Ver: www.grameen.com.
41. Bilderberg começou em 1954. O trabalho original de Maslow foi em 1943, mas foi totalmente expresso em seu livro Motivation and Personality [Motivação e personalidade], publicado em 1954.
42. David Cameron, durante o seu mandato como primeiro-ministro da Grã-Bretanha, foi pego se gabando com o bilionário Michael Bloomberg no Encontro da Assembleia Geral das Nações Unidas sobre o Clima, em Nova York, em setembro de 2014, de que Sua Majestade a Rainha tinha "ronronado ao telefone" pelo prazer de saber que a Escócia tinha votado para continuar a fazer parte do Reino Unido no referendo escocês, que criou cisões e foi ganhado por pouco.
43. WEICK, 1998.
44. HATCH, 1999.
45. Veja o relatório do New York Times sobre o mapeamento da estrutura organizacional do Netmap: "Corporations Reshaped by Computer" ["Corporações redesenhadas por computadores"], publicado em 7 de janeiro de 1987.
46. KREBS, 1996.

CONCLUSÃO: O FUTURO TOTALMENTE CONECTADO

MÃOS SOLÍCITAS DE LOTSA

"A minha primeira ressonância magnética desde que terminei a radioterapia e a quimioterapia teve um resultado limpo. Isso me dá dois meses para respirar fundo e relaxar. Ah, que alegria. Que alívio. Fiquei tão ansiosa que desenvolvi um tremor, perceptível apenas para mim, no lado esquerdo do meu lábio superior. Tinha medo que isso fosse um sinal de recrescimento do tumor, mesmo que no lado errado do meu corpo (o tumor está no lado esquerdo do cérebro, o que significa que qualquer recorrência é provável que mostre sinais no lado direito do corpo).

Vou falar para você: sou tão vanguardista. É cansativo estar na vanguarda da moda do tratamento do câncer. Em um minuto estou me infundindo com a imunoterapia que deu um jeito no câncer do presidente Carter, no outro estou me preparando para raspar o pouco de cabelo que me resta, para usar um monte de eletrodos na cabeça. Por anos e anos tratamos o câncer com três armas: cirurgia, radioterapia e quimioterapia. Enquanto os laboratórios do mundo têm trabalhado para mergulhar mais fundo dentro de nossos corpos a fim de encontrar respostas para as curas do câncer, a professora Yoram Palti, de 78 anos, surgiu com a eletroterapia enquanto se preparava para se aposentar em Israel.

Em um nível básico, ela funciona comigo usando uma mochila que alimenta eletrodos ligados à minha cabeça. Esses eletrodos transportam partículas carregadas que criam um campo elétrico e atacam células cancerígenas cerebrais. Especificamente, bloqueiam a divisão de células cancerosas no cérebro. Está provado que isso prolonga o tempo entre o diagnóstico e a recorrência. É isso que queremos, pois quando a recorrência acontece, ela tende a diminuir a janela de tempo para agir. O meu neuro-oncologista disse que a comunidade médica achou isso bizarro... até que viram os dados. Agora, acredita-se que em breve esse tratamento se tornará a norma, junto com a cirurgia, a rádio e a quimioterapia.

A comunidade on-line do câncer de cérebro está carregada/zumbindo/literalmente elétrica sobre como usar essa engenhoca. Mencionei que vou precisar de uma almofada de resfriamento especial e ventoinha à noite, porque o equipamento gera calor? E isso também significa que as perucas estão de fora...

Estou vivendo o momento decisivo. Aquele em que os pacientes como eu deixam de ser receptores passivos de tratamentos concebidos para lidar com as condições, entregues por médicos santos, e se voltam para o tratamento que gira à minha volta. À nossa volta. Sabemos que a resposta está em mim e nos meus companheiros, aqueles de nós que passaram por poucas e boas. Vamos documentar como estamos, o que estamos fazendo e como nos sentimos. Vamos alimentar esses epidemiologistas com um banquete de dados tão ricos que eles terão que digeri-lo cuidadosamente. Vamos fazer com que esses dados funcionem e, entretanto, capacitar a todos para saberem qual é o melhor conselho, e para saberem que há mais gente lá fora se eles quiserem se conectar. Eu me sinto... bem. Emocionada e aterrorizada em igual medida. Esse é um notável novo capítulo na viagem corajosa, louca, sã, incômoda e confusa que estou escolhendo."

"Good for Now", blog de Jessica Morris[1]

Minha amiga Jessica sofreu uma convulsão no norte de Nova York em janeiro de 2016 e tem documentado sua abordagem de Saúde Social para combater seu tumor cerebral desde então. Nove meses antes, quando comecei a escrever este livro, meu marido fez uma grande cirurgia cardíaca. A Saúde Social ajudou a salvar a vida dele. Observei-o na unidade de terapia intensiva de um dos principais centros cardíacos do mundo, impotente. Ele estava cercado por máquinas, que piscavam e emitiam sinais sonoros continuamente, monitorando tudo. Estava rodeado de espaço, para que, se necessário, uma cirurgia adicional no próprio leito pudesse ser realizada (foi brevemente necessário), e estava ligado, de forma contínua, a um enfermeiro que o fornecia cuidados particulares.

Nesse meio-tempo, uma supervisão de monitoramento de terapia intensiva foi fornecida pela equipe médica, que se reuniu em grupos para consultar uns aos outros sobre cada minuto de desenvolvimento. Ele foi visitado por um cirurgião que encarna a própria essência da Saúde Social — alguém que, através da nossa rede familiar, conhecemos, e que veio verificar o seu progresso. Iain Hutchison, professor de cirurgia oral maxilo-facial, passou décadas unindo as atitudes mentais e psicológicas em relação a lesões e doenças com a mais avançada tecnologia disponível.

Uma vez, sentado em um avião, estava conversando com um passageiro. Quando descobriu que era um engenheiro aeroespacial, e que tinha patenteado um dispositivo para detectar fissuras precoces no metal de aeronaves, Iain, que fundou a The Facial Surgery Research Foundation [Fundação para a Pesquisa Sobre Cirurgia Facial], imediatamente entrou em contato para criar uma parceria usando a tecnologia para detectar fissuras precoces e microscópicas na boca que se transformariam em câncer.

Foi Iain quem usou seu sexto sentido e seu instinto para saber que eu tinha pneumonia e sepse quando o chamei de Aldeburgh e expliquei o que sentia. "Vá para o hospital agora", disse ele. Quando demorei um pouco, por causa das crianças, ele começou a gritar: "Entre na merda do carro!" Vários anos mais tarde, foi ele quem primeiro detectou os problemas médicos de meu marido Alaric, novamente usando o instinto combinado com profundo conhecimento médico dos sintomas descritos.

Depois de três dias tensos, meu marido estava pronto para ir para a "unidade de terapia intensiva", localizada alguns andares abaixo. Enquanto empacotávamos tudo, a última enfermeira do turno, sentada à mesa de uma estação de trabalho de onde podia controlar tudo, interveio. Ela precisava verificar uma coisa.

A intervenção de emergência à beira do leito ocorrida após a cirurgia introduziu novos medicamentos e novos tubos, o que significava que a sequência traçada poderia não ser a correta. Meu marido foi salvo graças a isso.

Queria chorar de gratidão e admiração.

A Saúde Social é apenas um padrão de gestão da conexão. É um reconhecimento de que nós, humanos, precisamos de sistemas, padrões, tentativas, erros, instinto, comunidade e um senso de propósito compartilhado no conjunto de "nutrientes" que colocamos no sistema que usamos para viver e trabalhar. Quando fazemos isso, acontecem coisas maravilhosas capazes de mudar, garantir e melhorar a nossa vida. Quando não o fazemos, a informação se degrada ou se perde, como aconteceu em Cambridgeshire, quando Ian Huntley saiu de suas fronteiras e tirou a vida de Jessica Chapman e Holly Wells. Ou para os funcionários da OMS, que ficaram tão enrolados em suas redes burocráticas que não deram ouvidos aos apelos ágeis, ligeiros e imediatos dos Médicos Sem Fronteiras na Guiné.

A *língua franca* global agora não é a fé ou um idioma comum, mas os sinais, ruídos e sistemas de conexão elétrica e sem fio. Tudo foi mapeado, descoberto e compartilhado, ou pelo menos assim parece. A geografia foi substituída por algo maravilhoso e preocupante: o *geotagging*. A nova queridinha tecnológica é a Internet das Coisas. Agora você pode rastrear suas roupas, o conteúdo de sua geladeira, seu rebanho de vacas ou suas células cancerosas. Só os místicos costumavam dizer que tudo estava interligado. Mas isso agora é verdade. Você pode não querer ser encontrado, visto, rastreado ou inserido em bases de *big data*. Mas isso já não é uma escolha que se possa fazer. A escolha que você pode fazer, no entanto, é como se comportar e como introduzir um fluxo saudável de ideias. Afinal de contas, são ideias o que a *The Economist* observa serem "mais poderosas do que sangue ou dinheiro". As ideias são a moeda pura de troca da informação. Sem a correta gestão ou comunicação dessa informação, ela cambaleia e cai.

Como as partes conectadas da sociedade se correlacionam e correspondem é um componente crítico da Saúde Social. O agente da polícia que, de repente, faz uma ligação com um crime que viu a dois condados de distância. A instituição de saúde que percebe que, se conectar toda as informações que dispõe do paciente, conseguirá um conjunto de dados que melhorará a compreensão da doença que está investigando. A cultura da reunião multinacional tipo a de "câmara municipal", através da qual os funcionários se conectam e compartilham as suas ideias e soluções para os problemas. Um futuro totalmente conectado é possível, mas ainda não está aqui. A oportunidade é compreender melhor as redes e utilizá-las de forma diferente — e mais eficaz.

A propósito, as próprias estruturas de rede não discriminam entre bela arte, inovação digital, redes terroristas e belicismo, assim como não distinguem o ebola de um resfriado comum. As redes reproduzem uma miríade de padrões, replicando e amplificando tudo usando uma série de centros de conexão e nós, os usuários, para passar sequências de informação, desde o DNA e o código informático até à mais contagiosa de todas as redes, o "boca a boca".

Dos sistemas de rastreamento eletrônico em um armazém da Amazon em Koblenz, Alemanha, até o Primeiro Oficial de um Airbus A380 em um voo longo através do Pacífico, que está sempre conectado ao controle de tráfego aéreo no solo do Panamá. Ou a empreendedora em Mumbai usando *cookies* para rastrear visitas ao seu site de *merchandising*, conectada por "conversas" aleatórias interceptadas pela GCHQ na Inglaterra sobre uma "célula" em Bruxelas. Ou o negociante de arte fazendo upload de imagens em Nápoles para um museu no Qatar para um curador revisar. Ou uma jovem estudante assistindo a uma aula virtual de Harvard em sua sala de estar no Rio de Janeiro, bebendo uma lata de refrigerante que está conectada à Internet das Coisas, que por sua vez envia a ela uma mensagem de aplicativo lembrando-a de reabastecer quando seu suprimento fica baixo.

Nossas vidas individuais totalmente conectadas são, de certa forma, mais fáceis de documentar, avaliar e modificar do que nossas vidas comunitárias ou corporativas, que são dominadas por "sistemas operacionais" e culturas incorporados e integrados. A conectividade é tomada como certa, mas pode causar imensa desconexão e falha de comunicação, a menos que uma cadeia humana e eletrônica de inteligência e interconexão esteja totalmente unida, conectada. Estamos começando a ver uma mudança quântica nos padrões de policiamento, saúde, antiterrorismo, saúde, segurança e educação, em que novas formas de colaboração e compilação de informação substituem as velhas estruturas de silo. Mas não temos esquemas nacionais ou globais, apenas um conjunto emergente de padrões agrupados que ainda não foram mapeados por completo. Podemos estar todos conectados, mas poucos de nós estamos unidos.

Prevejo um futuro plenamente conectado que tenha absorvido a tecnologia e, no entanto, esteja reconectado com o ser humano que a utiliza. Isso pode significar automóveis sem motorista, ou pode significar a concepção de melhores sistemas sociais manuais para ajudar os idosos que, segundo nos dizem, serão grandes beneficiários dessa nova e corajosa tecnologia. Não pode ser um tipo de externalização em detrimento do "outro" mais velho — o humano.

Prevejo também um futuro interligado em que as pessoas, tanto coletivamente, nas organizações, como individualmente, utilizem um conjunto de competências constituído por conhecimentos e informações de diversas fontes em que possam confiar, mas em combinação com um instinto que nunca é ignorado ou marginalizado por conveniência política ou prática. Um futuro em que as reuniões íntimas e de pequena escala, que ocorrem durante períodos prolongados, têm tanto valor como reuniões frenéticas de curto prazo ou conferências de grande escala, todas concebidas para fazer as coisas rapidamente e para gerar resultados de cima para baixo em vez de resultados alongados, laterais e lineares.

O futuro conectado será um futuro bem viajado. Ficar parado e em casa não pode ser uma substituição, mesmo que a inteligência artificial faça com que a atual tecnologia de vídeo cara a cara pareça antiquada. Seria maravilhoso se, em vez de tentar chegar depressa a todo lugar, viajássemos devagar. Os mares transportam mais computadores e carros do que pessoas, mas os oceanos cobrem mais superfície do planeta do que qualquer outra coisa. Regressemos aos mares, em navios cheios de pessoas aprendendo, trabalhando e passando férias em conjunto, em vez de nos deixarmos dominar pelos beberrões "Dreamliners" dos céus.

Depois há o café. O café não vai desaparecer das nossas vidas, mas o lugar onde se toma café tem que voltar ao que era antigamente, um lugar de conexão sem classes, de intercâmbio cultural, daquilo que Sandy Pentland chama, com razão, de "física social". E a academia — o centro aristotélico de florescimento, de Arête. Escrevo estas palavras finais sentada no café da minha academia local. O centro social é ainda acidental, incidental: a ação principal fica no andar de cima, com os equipamentos e as aulas, ou no andar de baixo com a piscina. Quando este livro for publicado, vou pedir para vir aqui falar sobre ele. Quero que a minha academia seja uma feira de livros, uma biblioteca, tal como quero que o banco na rua principal fique aberto depois do horário de encerramento e dê aos economistas a oportunidade de nos explicarem o negócio das finanças, ao cidadão, à curiosa alma social, fora do horário transacional e organizado em forma de silo.

Finalmente, as redes. Vivemos, viajamos, falamos, digitamos e postamos textos nas redes. Hoje dependemos quase inteiramente delas. Modos de conexão, meios de conexão, todos são redes que avançam com a energia e o impulso dos primeiros motores a vapor, que se lançaram nas novas redes brilhantes do século XIX, as ferrovias. Nossas redes do século XXI são uma série de carruagens interligadas, cada uma delas conectada para formar um todo maior e mais coordenado. Os membros de uma família que telefonam uns aos outros todos os dias. Uma filial que faz parte de uma família corporativa maior. A família política global. A maior parte da sociedade civil e da sociedade política, bem como o mundo empresarial, estão organizadas em redes interligadas de "carruagens" conectadas.

O futuro conectado não é um dramático conjunto único de florações idealistas, mas pequenos passos, dados em conjunto, interligados para refletir nossa individualidade em uma era de massas.

Como a abelha, ou os cristais suaves de um floco de neve em queda. Sozinhos, mas moldados pela estrutura e pelo padrão, ligados até ao fim.

NOTAS

1. Ver: jessicamorrisnyc.wordpress.com, publicado pela primeira vez no site da comunidade www.lotsahelpinghands.com. Ver também: www.ourbrainbank.com.

APÊNDICE

PENSAMENTO HEXAGONAL SEIS EXERCÍCIOS PRÁTICOS EM TORNO DA SAÚDE SOCIAL

Estamos todos tão orientados para alcançar objetivos que não é de estranhar que muitas vezes me peçam "dicas". A própria palavra me faz tremer, porque de alguma forma reduz o que eu espero que sejam ideias grandes, amplas e abertas a ideias enclausuradas, rápidas. No entanto, a natureza humana tende a querer tanto o grandioso como o granular. Então, aqui estão seis princípios e práticas principais para "levar" e usar para agir no futuro imediato, se você quiser se apressar e começar a *fazer algo* sobre seu próprio estado de conexão correta, de sobrecarga, ou de qualquer estado entre esses.

Você sabe tudo sobre dar dois passos para a frente e um para trás. Bem-vindo ao mundo real. Pense na famosa piada sobre uma mulher parando um taxista em Nova York e pedindo orientação para chegar ao famoso Carnegie Hall, ao que ele responde: "Senhora, você tem que praticar. Praticar. Praticar."[1] Conseguir Saúde Social tem tudo a ver com uma abordagem de "mudar o estilo de vida, não fazer dieta". Trata-se de usar os princípios do Hexágono da Saúde Social: o "nó superior" do *conhecimento*, das *redes* e do *tempo* que está sendo travado pelos "mecanismos de enfrentamento" da comunicação, da gestão e do sexto sentido, e da concepção do seu próprio sistema.

O primeiro passo para mudar de uma abordagem não saudável de uma vida conectada para uma vida mais funcional é admitir a tentativa e o erro e começar a praticar. Comportamentos que se conectam e fluem, em vez de ficarem na forma de silo, são o que você deve almejar. Pense em "estilo de vida", não em "dieta". Não tem como saber como sua equipe vai reagir a algo até que você experimente. Eu não fazia ideia de que precisava abandonar a minha ficha da academia até ver que não a tinha seguido durante várias semanas, e ainda assim percebi que tinha a motivação para usar os equipamentos: precisava desenhar o meu próprio sistema. Então tente desenvolver estratégias e táticas que façam você sentir que está dando mais passos para frente do que para trás, e se parabenize por ser sua própria cobaia, seu próprio experimento viável.

Nesse momento, deve ser uma boa ideia se perguntar qual é o seu motivador exato para querer ter alguma estratégia de Saúde Social acontecendo em sua vida — em casa, no trabalho ou em ambos. Você está no ponto de ruptura e precisa de algum tipo de sistema de emergência? Ou esse é o caso das pessoas que vivem e/ou trabalham com você? Essa é uma distinção fundamental a se fazer. Os passos que você toma se estiver em crise, se precisar sobreviver a algo — para sobreviver a um período obviamente estressante — serão ações de curto prazo destinadas a escorar o básico. Se, no entanto, você puder olhar mais adiante do futuro puramente imediato, poderá analisar bem e se planejar. Pergunte a si mesmo em que modo você se encontra agora. A tirania de uma linha do tempo curta muitas vezes leva as pessoas à crise: você tem que passar em uma prova em determinado prazo, ou seu chefe está exigindo resultados dentro de um período de tempo em que você não pode alcançá-los de forma razoável. Ou, tal como acontece com a dieta e o preparo físico, você quer resultados mais rápidos do que o seu corpo pode fornecer de modo sustentável. Por isso, organizar os objetivos de uma forma realista e sensata, em vez de com base em desejos ou nos termos de outra pessoa, fará a diferença entre ser capaz de sobreviver ou prosperar em relação às mudanças que quer levar a cabo.

A vida em geral gira ao redor de um eixo flutuante moderno, algo mais lateral do que linear. Começa no amplo e grandioso, é claro: um vigésimo primeiro aniversário, um casamento, um lançamento, uma eleição ou uma campanha. Grandes momentos, grandes planos, grandes alvos. Mas também acontece de forma incremental, em pequenos passos. Os escritores sobre gestão Chip e Dan Heath captam isso muito bem no que eles chamam de comportamentos de "O Cavaleiro" ou "O Elefante". Uma pessoa, a líder, pensa grande, age grande, e muitas vezes está acima demais para ver o que seus seguidores, o rebanho, veem e sentem. Chamo um de grandioso e o outro de granular.

De volta ao ponto de equilíbrio: você precisa de ambos. Não sugiro apenas pensar pequeno — sou totalmente a favor de grandes ideias. Mas lembre-se de que só as alcançará reunindo seu rebanho de elefantes (filhos, funcionários, alunos, qualquer que seja o seu grupo) ao longo do caminho, o que só conseguirá caso se conecte com eles nos termos deles e faça destes seus termos também. Nossos corpos operam uma série de ações infinitesimais para sincronizar o movimento: oitenta ossos e cerca de oitocentos músculos compõem o corpo humano. Quando pensamos em como fazer as coisas no trabalho, muitas vezes é melhor olhar para uma ou duas coisas que podemos fazer *hoje*, em vez de mirar na visão grandiosa de um "amanhã" indistinto.

Se nos sentimos dormentes ou desconectados, é uma sensação de estresse. O livro de Johann Hari, *Na fissura*, insiste — corretamente, a meu ver — que o componente central do vício em drogas é o sentimento excessivo que há em alguém (o viciado), que precisa ser anestesiado e anulado.[2] Estar conectado na Era da Sobrecarga é sobreviver e prosperar de uma forma totalmente presente, totalmente sentimental. Na prática, isso significa sair de um emprego que não está funcionando bem, um sistema que precisa ser revertido, ou uma maneira de fazer coisas que precisam ser mudadas. Os sentimentos devem ser escutados, ou não será possível mudar nada.

Da próxima vez que você estiver em uma reunião e alguém disser algo idiota, faça uma pausa por um momento e tente atravessar a ponte que os separa. Tente ver o mundo a partir da perspectiva da outra pessoa. Tenho praticado muito isso com meus colegas de trabalho, meus filhos adolescentes e meu marido — essa técnica funciona, confie em mim. A ideia de intimidade é terrivelmente intrusiva para as pessoas, ainda mais porque muitas vezes escondemos o que sentimos de nós mesmos. Ter a coragem de compartilhar (mas sem compartilhar demais) está se tornando mais comum e necessário. Isso porque, para confiar nas pessoas e construir capital de relacionamento, você precisa dar algo de si. A generosidade e a reciprocidade são motores de mudança.

Quando deixei de fumar, há centenas de anos, tive uma excelente professora chamada Gillian Riley,[3] que me fez perceber que estava habituada a enquadrar as escolhas que eu fazia em torno do tabagismo em termos de "impotência". Ela apontou que, apesar de me sentir "obrigada" a fumar em certos momentos (era uma jovem de trinta e poucos anos na época), havia momentos em que eu *não* fumava: quando escolhi, através de convenções sociais, não acender um cigarro em um cinema onde era proibido fumar, por exemplo.

Ela me fez perceber que a forma como nos comportamos socialmente é apenas isso — uma escolha. As pessoas que perdem o seu autocontrole nas redes sociais e começam a perseguir os outros estão, apesar das suas compulsões, optando por extravasá-las. Você tem um poder de escolha maior sobre como se comporta como uma alma social do que sobre onde nasceu e sua saúde subjacente. A escolha é valiosa: não a desperdice. Você pode optar por fazer algumas mudanças e ter mais Saúde Social — ou não.

Mais uma coisa: tamanho é documento. Esqueça a pressa de construir e ter escala na sua vida. Realmente não importa quantas pessoas seguem você no Twitter ou "curtem" você no Facebook, a menos que esteja sendo puramente transacional, não relacional, em sua abordagem. Você pode ter *sentimentos* sobre isso, é claro, mas o verdadeiro negócio está em pequenos grupos do tipo número de Dunbar, de aproximadamente 150 pessoas. Se tivermos em mente que o número de países no mundo não ultrapassa os duzentos, e que o número de horas em uma semana permanece, obstinadamente, sendo 168, então esse tipo de tamanho para as relações faz (sem trocadilhos) um sentido infinito.

SEIS PRÁTICAS PRINCIPAIS DE SAÚDE SOCIAL

1. A agenda como um corpo

Não posso enfatizar o quão significativa é a agenda e o horário em sua vida pessoal e profissional, quer você se sinta sobrecarregado pela Era da Sobrecarga ou não. Quando pensamos em comida em relação ao preparo físico, todos entendemos que o primeiro passo é controlar o que se come. Ter outra pessoa no controle (a não ser que seja uma celebridade com um séquito de nutricionistas pessoais) é, sem dúvida, algo errado.

A maioria das pessoas com mais de seis meses de idade é capaz de controlar e calibrar o que coloca na boca e no estômago. Não acontece o mesmo com a agenda. A cultura da terceirização diária cresceu, o que contribui maciçamente para a forma como as pessoas perdem o controle de seu tempo e como planejam os movimentos do seu dia a dia. Se for para fazer algo imediatamente, faça o seguinte: olhe para os padrões em sua agenda, para o que eles significam para você, e decida alguns que funcionam melhor. Uma hora no início ou no fim do dia para gerenciar seu e-mail, talvez, ou um período de dois ou mesmo três dias para apenas pensar (sim!), são formas de limpar o seu paladar dos compromissos exagerados que só causam inchaço, bloqueio e sobrecarga.

2. Desconexão

Pode parecer estranho defender a desconexão, mas é exatamente isso que quero que considere. Você pode precisar do equivalente mental de um jejum, de diminuir em vez de botar mais gás.

As organizações que permanecem ligadas, como hospitais e departamentos governamentais, são muitas vezes as que enfrentam ataques periódicos de desligamento catastrófico. Nunca abrandam, nunca se afastam e nunca tentam ganhar perspectiva. Têm dificuldades em dizer: "Não estamos fazendo isso bem, temos que fazer algumas mudanças."

Quando as fazem, as coisas melhoram. Estou pensando no exemplo do hospital que consistentemente teve um desempenho abaixo do esperado e fez horas extras em operações programadas. Quando olharam para o problema, perceberam que a incorporação de uma forma de desconexão era a resposta — decidiriam que precisariam ter uma das salas de operações sempre vazia.[4] À primeira vista, isso parecia absurdo, como se exacerbasse o problema. Mas não foi o que aconteceu. Fez com que as mentes se concentrassem em manter os horários e permitiu que tivessem espaço para acomodar emergências.

A nível pessoal, não somos computadores pessoais. Temos que nos desligar regularmente. A religião organizada pode ter muitas falhas, mas um dia de descanso ou um período sabático não é, a meu ver, um deles. Acho que um "*tecnossabático*" regular, desconectado da tecnologia, reconectando-me a um tipo de vida enquanto me desconecto de outro, é nada menos do que recomendado e necessário. Lamento imediatamente quando o substituo e ignoro. Não tenho fé religiosa, mas tenho fé na importância da desconexão da vida conectada demais. Simplesmente não é possível ficar "sempre ligado" e conectado sem se sentir fora de sincronia com nossas próprias psiques, corpos e mentes. Existe o perigo de nos venderem uma existência de tal forma interligada que ficamos ligados, como computadores e luzes de escritório, causando caos ambiental. Conectar-se por um sexto da semana a si mesmo, à sua família, sua comunidade, sem o suporte, benefício ou acompanhamento da tecnologia é essencial para sobreviver e prosperar na Era da Sobrecarga.

3. Diversidade de pensamento

Envolva-se com pessoas que pensam de forma diferente de você, que sabem coisas diferentes, que são mais jovens ou que vêm de um contexto diferente. Isso não quer dizer que você deva trazer conflitos para sua vida; argumentos e beligerância podem levar ao oposto do consenso. Mas você sabe quando há uma mentalidade similar demais, ou muito "*groupthink*" e "*hivemind*". Use seu Sexto Sentido do Hexágono da Saúde Social para ler a linguagem corporal das pessoas de uma sala, para sentir se os colegas estão resistindo a algo ou se têm outras ideias, e os convide a terem voz e falarem sobre qualquer falha. Em outras palavras, crie grupos de jazz, não uma orquestra formal. E como se faz isso? Fale com pessoas diferentes. Repare em pessoas diferentes. O garçom. O motorista de táxi. O estagiário. Leia mais amplamente para notar as ideias "periféricas", bem como as ideias mais comuns. Aprenda a pensar de uma forma mais diversificada, bem como a seguir o mesmo padrão que toma como certo. Se você apenas recruta pessoas com certas qualificações, pense melhor. Se você se recusa a permitir que seus filhos joguem jogos de computador que não entende e, portanto, desaprova, tente pedir que eles os expliquem a você. Em outras palavras, *seja periférico.* Posso dizer honestamente que, tendo construído minha carreira desde a base, fotocopiar manuscritos de oitocentas página e abrir a correspondência eram boas maneiras de prestar atenção, aprender e escutar. As pessoas pensam que estar no centro da ação é essencial, mas descobri que isso pode nos desconectar de onde a ação realmente está, que é em todos os lugares. É por isso que falo com motoristas de táxi e com o pessoal de apoio que ficam nas recepções dos coquetéis. Costumo recrutar pessoal *freelancer* falando aleatoriamente com as pessoas. Tento reparar nas coisas da mesma forma com que a ciência em rede repara: pelas arestas, pelas fronteiras e pelas ligações entre elas.

4. Desenhe o seu favo de mel

Onde e como você trabalha não poderia ser mais essencial. Lembre-se de como é importante ser produtivo, sentir-se essencial, conectar-se com o que você faz. Se trabalha em um lugar que odeia, seja por causa do trabalho em si, do local ou do caminho para chegar até ele, entenda que isso vai impactar seu desempenho tanto quanto estar na dieta errada ou ter pouca motivação na academia. Só me tornei vagamente ligada ao exercício físico ao rasgar a ficha concebida pelo *personal trainer* e desenhar pessoalmente meu próprio programa. A mesma coisa se aplica ao trabalho. Olhe para o padrão, para a forma e para o local onde e como você trabalha. Se é em um edifício feio, ou se faz um trajeto horrível para chegar até ele, note a maneira como isso o afeta e pense em táticas de design para mitigar esse problema. Pode baixar alguns *podcasts* fantásticos para ouvir ou ler *Trabalhe quatro horas por semana*, de Tim Ferriss,[5] e se certifique de estar trabalhando de forma produtiva e flexível — para satisfação dos seus colegas e chefes — de qualquer outro lugar.

5. O seis social

Na política, um armário de cozinha não é só um móvel. É a própria arquitetura das pessoas e dos elementos que o rodeiam. É a quantidade e a qualidade de sua rede pessoal que compõem as pessoas que você pode chamar para aconselhamento, amizade crítica, inteligência e mentoria. A acadêmica da rede Zella King desenhou uma abordagem instigante sobre isso, que chama de "a sala de reuniões pessoais".[6] Curiosamente, Zella acredita que há apenas um grupo de seis a doze pessoas na sala de reuniões pessoais de qualquer pessoa. Eu chamaria isso de ter seus "Seis Sociais" — ou seja, seis grupos de pessoas que sabe que estão orbitando você de alguma forma. Pode ser algo como:

- *Amigos íntimos e familiares.*
- *Amigos e familiares mais amplos.*
- *Prioridade profissional:* Pessoas em quem você deve pensar mais e com as quais deve se manter conectado nos próximos três a seis meses.
- *Social profissional:* Pessoas com quem você pode ser o seu "ser misto" — compartilhando confiança pessoal e discutindo assuntos profissionais. Essas são pessoas preciosas para a sua produtividade.
- *Pessoas reconectadas:* Quem são as pessoas que estão enterradas em uma lista de e-mails que você viu há muito tempo, das quais não consegue lembrar, mas que permanecem relevantes para o seu trabalho hoje? Convide-as para um café, para voltarem a se ligar. Encontre-as cara a cara!
- *Pessoas da lista de desejos:* É preciso coragem para "estender a mão" a alguém que você não conhece e ter que enfrentar a rejeição, mas isso pode e deve ser feito, desde que faça sua pesquisa e indique claramente sua "razão". Comece identificando seis pessoas

relevantes para as quais possa ser o melhor embaixador do seu local de trabalho e as encontre. Em outras palavras, seja corajoso, mas mantenha as coisas reais.

Os Seis Social

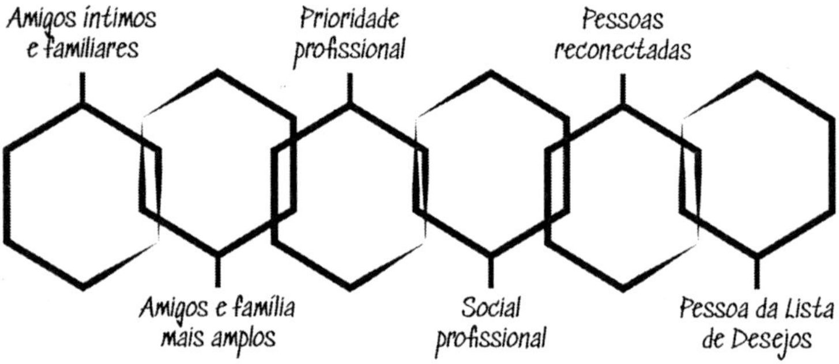

Figura Apêndice 1 A hierarquia da comunicação
© JULIA HOBSBAWM, 2016.

Seus seis sociais não serão apenas individuais, mas também mudarão. Estes são os grupos — idealmente não mais do que "Números de Dunbar" em grupos de 150 de cada vez (ou mesmo no total) — que são organizados e descarregados a partir das várias redes emaranhadas em que essas relações normalmente residem: talvez o seu Outlook, mais o seu LinkedIn, bem como algumas pessoas do Yammer ou de outro grupo privado ou rede social pública. O termo "laços dormentes" é outro daqueles termos atraentes de análise de redes sociais e, como "laços fracos", transmite algo contraintuitivo sobre o comportamento das redes sociais — sempre pensamos que são pessoas novas ou um número maior de relacionamentos que podem render sucesso, seja ele pessoal ou profissional. Afinal, as agências de namoro se orgulham de com quantas pessoas você pode "combinar" de uma só vez, tomando como certo que quanto mais puder escolher, melhor será. Esse pode ser o caso algoritmicamente, mas é no máximo isso. Lembre-se da confiança, dos laços familiares e do aspecto de parentesco das redes:

mantenha seus laços estreitos. Mas quando se trata de laços adormecidos, reacenda-os. Na prática, telefone para alguém com quem já não fala há algum tempo. Marque um café para colocar a conversa em dia. Mantenha seus relacionamentos em movimento e progrida, em vez de deixá-los inertes sobre os trilhos de uma rede eletrônica, desconectados da coordenação da mão e do olhar humano.

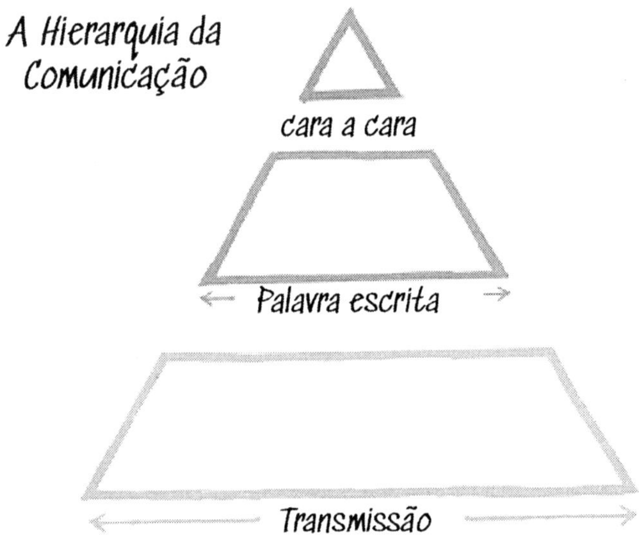

Figura Apêndice 2 A hierarquia da comunicação

Os laços ativos falam mais por si mesmos — você já sabe que está ligado a eles. Eles já estão no seu círculo social, ou são pessoas com quem você interage diariamente no trabalho. O que importa é que puxa, mental ou fisicamente, esses nomes da maior massa de conexões que tem, e se conecta ou se reconecta. Quem são os três grupos que acabam com laços ativos ou dormentes? Primeiro de tudo, familiares. Pode ser literalmente apenas sua família ou uma metáfora para aqueles que você considera prioritários. Segundo: amigos. Mais uma vez, isso pode ser literal ou social — algumas pessoas mantêm grupos distintos, mas por "amigos" quero dizer algo como a mistura que você vê no Facebook: pessoas de quem você é amigo, em termos de sair para tomar café, bem como amigos do ensino médio que são amigos para toda a vida. Em um contexto de trabalho, este grupo é intermediário: não necessariamente uma prioridade absoluta, mas pessoas com as quais você está conectado, que desejam fortalecer seus laços e/ou manter esse nível de proximidade. Por último, o terceiro grupo: os colegas. Mais uma vez, isso não precisa ser literal. Esse terceiro grupo significa que seus laços com eles — ativos ou dormentes — são menos íntimos do que com os outros dois grupos. Em outras palavras, você não iria confiar neles, ou dar a eles uma informação importante antes de dá-la a alguém mais acima em sua rede, com quem você tem laços fortes que remontam há muito tempo. Esse grupo pode ser o mais importante: você pode ajudar as pessoas desse grupo tanto quanto elas podem ajudá-lo; elas podem estar distantes porque são mais jovens ou porque têm menos influência que você. Elas ainda sabem coisas, conhecem pessoas, têm ideias, ou podem ser o oposto — pessoas que você gostaria de conhecer melhor, mas cuja existência você já "reconhece".

6. O painel de conhecimentos

Sabemos do que todos nós precisamos, no fundo: conectar-nos mais cara a cara em um mundo de Facebook; passar tempo com pessoas em quem confiamos e com quem podemos construir relacionamentos, em vez de em algum tipo de vórtice transacional ou fugaz em que a ideia de "*networking*" se torna uma tarefa hedionda em vez de uma questão de simplesmente cuidar bem de si mesmo. Nós entendemos isso, assim como sabemos que podemos fazer a mesma coisa com nosso preparo físico e bem-estar mental.

Compreender que é necessário haver um padrão e um processo em torno da forma como tratamos o nosso *conhecimento*, nossas *redes* e nosso *tempo* é o primeiro passo vital. Passei muitos anos miseráveis me afogando na possibilidade de dietas e opções de exercício antes de decidir criar um padrão baseado no que compreendia, sabia e tinha aprendido. Estava fazendo cinquenta anos quando criei esse padrão, mas isso me fez perceber o valor da forma e do design — daí aquilo a que chamo de Pensamento Hexagonal.

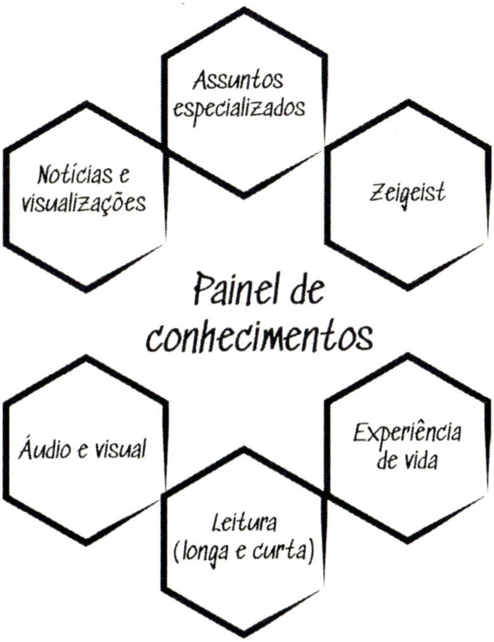

Figura Apêndice 3 Painel de conhecimentos.

Isso é ainda mais verdadeiro com o conhecimento. Contamos calorias, monitorizamos nossas "cinco doses por dia" de frutas e legumes (embora seja uma construção de marketing gigante e não algo científico, como campanhas públicas de alimentação saudável, isso tem sido tremendamente eficaz).[7] Comecei a desenhar um padrão em torno da gestão do conhecimento que poderia ser instrumental em vez de teórico. O resultado é a abordagem do "painel de conhecimentos". Em vez de encarar todas as notícias, opiniões e plataformas de mídia diariamente, como um muro de sobrecarga que pode cair sobre você a qualquer momento, ele divide a informação em seis tipos principais para permitir que verifique uma distribuição mais uniforme em uma base diária ou semanal. Como tudo no Pensamento Hexagonal, o padrão é tão importante quanto o ajuste particular: você pode criar suas próprias versões do painel de controle, de acordo com seu próprio ramo de trabalho, ou como achar melhor. Espero, no entanto, que continue a ser um guia útil.

1. Notícias e visualizações

Conheço pessoas que só olham para as "páginas de trás" de um jornal (ou para o seu equivalente digital) — ou seja, para a página de esportes. O que está na frente não lhes parece interessante. As notícias e as atualidades são, até certo ponto, a força vital da sociedade. As notícias passam através dela, quer gostemos ou não. Terrorismo, globalização, finanças — tudo isso acontece com notícias. Por favor, acompanhe o que acontece no seu país e no exterior, além do que acontece no éter político. Não quero transformar todo mundo em decisores políticos, mas quero que todo mundo evite a miopia. Lembre-se: a alienação é o novo esgotamento.

2. Assuntos especializados

Esse é o mais fácil. Todos nós nos mantemos a par dos assuntos especializados de que gostamos. A publicação comercial de periódicos, sites e blogs continua a florescer em relação a outras mídias porque sabemos nos manter inteligentes e atualizados com elas. Ninguém é levado a sério se não lê sobre o assunto de interesse, embora o conhecimento seja agora tão ilimitado que só é possível arranhar a superfície.

3. *Zeitgeist*

Confesso que tenho praticamente nenhum interesse em esportes. Posso ser um pé no saco quando falo sobre a razão pela qual penso que as competições de futebol incubam um nacionalismo insalubre, ou sobre por que considero as regras do críquete indecifráveis. No entanto, reconheço que todos têm suas paixões, seus súditos que as inflamam. A chave para se conectar plenamente com alguém é perceber qual é a paixão da pessoa. Não para fingir interesse, mas para ter uma chance de encontrar algum terreno comum — ou conexão, na ausência dele (afinal de contas, lembre-se de como opostos se atraem).

4. Assistir e ouvir

Se você se lembrar da hierarquia da comunicação que foi delineada no início da segunda parte deste livro, talvez fique aliviado de saber que assim como existem apenas três formas centrais de comunicação para humanos — cara a cara, escrita ou via transmissão de mídia social (é a linguagem e as imagens entre elas que são infinitas) —, o mesmo acontece com as formas reais de informação. A primeira é qualquer coisa que vemos ou ouvimos. Esses meios — principalmente TV e rádio, mas igualmente vídeo no celular, *podcasts*, cinema ou audiolivros — importam porque são uma forma diferente de consumir informação. Você não toma só sopa: isso forneceria nutrientes para o seu corpo de uma maneira única. A experiência de assistir a um programa de notícias, ou ouvir alguma cultura que aumente o *zeitgeist* — são dimensões diferentes, e devem fazer parte da sua "dieta" de informação regular.

5. Leitura (longa e curta)

O ritmo e a dimensão das palavras também mudaram. Ler o que é assinalado como uma "leitura longa" em um meio de notícias como o *The Guardian* ou o *The New Yorker* pode levar trinta minutos ou mais, e ocupa um espaço mental e exige um ritmo diferente do que um *feed* do Twitter ou uma rolagem do BuzzFeed em um celular. Os dois precisam ser tomados em conjunto. Lembre-se: frutas *e* legumes; exercícios aeróbicos *e* musculação.

6. Compartilhar, ver, viver

Finalmente, o cara a cara da informação — ver algo ao vivo, compartilhá-lo. Nunca vou esquecer uma palestra ao vivo de Simon Schama sobre pinturas de retratos, ou a ocasião em que assisti a Maya Angelou, a falecida poetisa laureada americana, lendo *Still I Rise* para três mil mulheres em Lewisham, no sul de Londres, nos anos 1980, ou quando ouvi Andrew Solomon falar sobre diferença e exclusão no Hay Festival.

Com essa mistura de informações, um *painel de conhecimentos* que pelo menos tenta organizar o que o ex-secretário dos EUA Donald Rumseld chamou de "desconhecido conhecido", torna a navegação na Era da Sobrecarga um pouco mais controlável. Um pouquinho mais conectada. Talvez até — com um pouco de sorte — totalmente conectada.

NOTAS

1. As origens da piada "Como chego ao Carnegie Hall?" (Resposta: "Praticando") são pouco claras, mas atribuídas à violinista Mischa Elman, www.carnegiehall.org.
2. HARI, 2015.
3. As consultas de Gillian Riley pelo Skype para ajudar a parar de fumar e comer menos podem ser encontradas em www.drgillianriley.com e seus livros incluem Willpower [Força de vontade] (RILEY, 2003) e How to Stop Smoking and Stay Stopped for Good [Como parar de fumar e não voltar nunca mais] (RILEY, 2007).
4. Gillian Tett se refere a isso em seu livro (TETT, 2016).
5. FERRISS, 2016. Ver também: www.fourhourworkweek.com.
6. Ver: www.personalboardroom.com.
7. A campanha para comer mais frutas e vegetais — cinco por dia — foi originalmente uma estratégia de marketing concebida em resposta a um documento da Organização Mundial da Saúde em 1990 para tentar combater doenças cardíacas. Foi lançada em 1991 pela Produce for Better Health Foundation [Fundação Produzir para uma Saúde Melhor], que colaborou com o National Cancer Institute [Instituto Nacional do Câncer].

POSTSCRIPT

UMA VISTA DA PONTE

Algo aconteceu em 1964, e sua própria construção serviu de metáfora para a Saúde Social moderna. Foi o ano em que nasci, e o ano da "Lei de Moore" e a duplicação do poder do computador que duraria cinquenta anos. A ponte do Forth em Fife foi construída por uma grande força de trabalho de milhares de pessoas. De secretários da classe trabalhadora a contadores da classe média, de engenheiros industriais a operários; juntos eles forjaram alianças ao longo dos seis longos anos necessários para construir uma das maiores pontes suspensas do mundo em um canto minúsculo da Escócia.

Além do projeto em si, que era claramente atraente e bem executado, esse grupo, reunido pela ocorrência do trabalho, tinha uma diversidade de formações e habilidades, de disposições e idades, o que contrariava a escolha natural que muitas pessoas fazem de estar junto de pessoas iguais — *homofilia*, como é chamada pelos sociólogos. A experiência deles espelha a das unidades bem geridas que, em sua maioria, são muito produtivas, como as unidades do exército. Contraste isso com o pensamento grupal de alguns serviços sociais ou departamentos de polícia, como apresentei nos exemplos anteriores. Quanta diversidade de pensamento existe? Esse é outro ponto-chave para a Saúde Social.

A ponte do Forth se tornou necessária devido à implacável marcha da modernidade: uma travessia de balsa tinha transportado viajantes de um dia sobre a água durante séculos. Mas foi invadida em poucos anos pelo volume de automóveis que tinha sido introduzido pela nova prosperidade dos anos 1950.

O atual mestre da ponte e engenheiro-chefe disse o seguinte: "É como uma ponte de corda sobre os Andes, mas é feita de aço."[1] O antigo e o moderno. A própria base da boa saúde. Se pensarmos na estrutura como sendo o núcleo da Saúde Social, sobre um casamento entre atitude e comportamento, entre mentalidade e ação, entre hardware e software, e se aprendermos como a Saúde Social acontece, não apenas no mundo da saúde e do *fitness*, mas nos mundos mais amplos dos negócios, da engenharia, da educação e no lar, podemos começar a ver como um futuro conectado pode parecer. Um futuro para o qual possamos ansiar e em cuja construção possamos estar plenamente empenhados.

NOTAS

1. Barry Colford, mestre da ponte, citado em "The Other Forth Bridge — 50 Years of the Remarkable Road Crossing" ["A outra ponte Forth — cinquenta anos da notável travessia], de Steven Brocklehurst, publicado pela bbc Scotland News em 5 de setembro de 2014.

BIBLIOGRAFIA

LIVROS

ALLEN, David. *A arte de fazer acontecer: estratégias para aumentar a produtividade e reduzir o estresse.* Rio de Janeiro: Sextante, 2015.

AULETTA, Ken. *Googled.* Londres: Virgin Books, 2010.

BAKER, Wayne E. *Networking Smart.* Nova York: McGraw-Hill, 1994.

BALL, Philip. *Critical Mass: How One Thing Leads to Another.* Londres: Arrow Books, 2005.

BALMOND, Cecil; SMITH, Jannuzzi. *Informal.* Nova York: Prestel, 2007.

BARABÁSI, Albert-László. *Linked: The New Science of Networks.* Cambridge, MA: Perseus Publishing, 2002.

______. *Bursts: The Hidden Patterns Behind Everything We Do, From your E-mail to Bloody Crusades.* Nova York: Plume, 2011.

BARTON, Allen H.; DENITCH, Bogdan; KADUSHIN, Charles (Editores). *Opinion-Making Elites in Yugoslavia.* Nova York: Praeger, 1973.

BATTY, Michael. *The New Science of Cities*. Cambridge: MIT Press, 2013.

BAUMEISTER, Roy F.; TIERNEY, John. *Willpower: Rediscovering Our Greatest Strengths*. Londres: Allen Lane, 2012.

BORGATTI, Stephen P.; EVERETT, Martin G.; JOHNSON, Jeffrey C. *Analysing Social Networks*. Londres: SAGE Publications Ltd., 2013.

BROOKS, David. *O animal social: A história de como o sucesso acontece*. Rio de Janeiro: Objetiva, 2014.

BROWNE, John; STADLEN, Tommy; NUTTALL, Robin. *Connect: How Companies Succeed by Engaging Radically with Society*. Londres: W.H. Allen, 2016.

BRYNJOLFSSON, Eric; MCAFEE, Robin. *A segunda era das máquinas: Trabalho, progresso e prosperidade em uma época de tecnologias brilhantes*. Rio de Janeiro: Alta Books, 2015.

BURT, Ronald S. *Brokerage and Closure: An Introduction to Social Capital*. Oxford: Oxford University Press, 2005.

______. *Neighbor Networks: Competitive Advantage Local and Personal*. Oxford: Oxford University Press, 2011.

CAIN, Susan. *O poder dos quietos: Como os tímidos e introvertidos podem mudra um mundo qe não para de falar*. Rio de Janeiro: Sextante, 2019.

CAIRNCROSS, Frances. *The Death of Distance: How the Communications Revolution Will Change Our Lives*. Londres: Orion, 1997.

CARSWELL, Douglas. *The End of Politics and the Birth of iDemocracy*. Londres: Biteback Publishing, 2012.

CASTELLS, Manuel. *The Rise of the Networked Society*. Oxford: Wiley Blackwell, 2010.

CHALINE, Eric. *The Temple of Perfection: A History of the Gym*. Londres: Reaktion Books, 2015.

CHRISTAKIS, Nicholas A.; FOWLER, James H. *O poder das conexões: a importância do networking e como ele molda nossas vidas*. Rio de Janeiro: Elsevier, 2009.

CIALDINI, Robert B. *Influence: The Psychology of Persuasion*. Boston, MA: Allyn and Bacon, 2001.

COLLINS, Jim. *Empresas feitas para vencer: por que algumas empresas alcançam a excelência... e outras não*. Rio de Janeiro: Alta Books, 2018.

COLLINS, J.C.; PORRAS, J.I. *Feitas para durar: práticas bem-sucedidas de empresas visionárias*. Rio de Janeiro: Rocco, 2015.

COLVILE, Robert. *The Great Acceleration: How the World is Getting Faster, Faster*. Londres: Bloomsbury Publishing, 2016.

COVEY, S.R. *Os 7 hábitos das pessoas altamente eficazes*. Rio de Janeiro: BestSeller, 2005..

CRAWFORD, Matthew. *The World Beyond your Head: How to Flourish in an Age of Distraction*. Londres: Penguin Random House, 2015.

CROSS, Rob; PARKER, Andrew. *The Hidden Power of Social Networks: Understanding How Work* Really *Gets Done in Organisations*. Boston, MA: Harvard Business School Press, 2004.

DE BOTTON, Alain. *Os prazeres e desprazeres do trabalho*. Rio de Janeiro: Rocco, 2015.

DUNBAR, Robin. *How Many Friends Does One Person Need? Dunbar's Number and Other Evolutionary Quirks*. Londres: Faber & Faber, 2010.

______. *The Science of Love and Betrayal*. Londres: Faber & Faber, 2012.

DURKHEIM, Emile. *O suicídio: estudo de sociologia*. São Paulo: WMF Martins Fontes, 2019.

EASLEY, David; KLEINBERG, Jon. *Networks, Crowds, and Markets: Reasoning About a Highly Connected World*. Nova York: Cambridge University Press, 2010.

EGAN, Gerard. *Face to Face: The Small-Group Experience and Interpersonal Growth*. Belmont: Wadsworth Publishing Company, 1973.

ENDERS, Giulia. *O discreto charme do intestino: tudo sobre um órgão maravilhoso*. 2ª ed. São Paulo: WMF Martins Fontes, 2017.

FERGUSON, Niall. *The House of Rothschild: Money's Prophets, 1798–1848*. Nova York: Viking Penguin, 1998.

______. *A grande degeneração: a decadência do mundo ocidental*. Rio de Janeiro: Planeta, 2014.

FERRANTE, Elena. *A amiga genial*. Rio de Janeiro: Biblioteca Azul, 2015.

FERRIS, Joshua. *E nós chegamos ao fim*. Rio de Janeiro: Nova Fronteira, 2019.

FERRISS, Tim. *Trabalhe 4 horas por semana: fuja da rotina, viva onde quiser e fique rico*. 3ª. ed. Rio de Janeiro: Planeta, 2016.

FESTINGER, Leon. *A Theory of Cognitive Dissonance*. Stanford: Stanford University Press, 1957.

FIELD, Ophelia. *The Kit-Cat Club*. Londres: Harper Perennial, 2008.

FLAHERTY, G. Michael. *The Textures of Time: Agency and Temporal Experience*. Philadelphia: Temple University Press, 2011.

FLETCHER, Tom. *Naked Diplomacy: Power and Statecraft in the Digital Age*. Londres: William Collins, 2016.

FLORIDI, Luciano. *The 4th Revolution: How the Infosphere is Reshaping Human Reality*. Oxford: Oxford University Press, 2014.

______. (Editor). *The Onlife Manifesto: Being Human in a Hyperconnected Era*. Londres: Springer Open, 2015.

FURNHAM, Adrian. *The Psychology of Managerial Incompetence: A Sceptic's Dictionary of Modern Organizational Issues*. Londres: Whurr Publishers, 1998.

GANSKY, Lisa. *Mesh: por que o futuro dos negócios é compartilhar*. Rio de Janeiro: Alta Books, 2012.

GARTON ASH, Timothy. *Free Speech: Ten Principles for a Connected World*. Londres: Atlantic Books, 2016.

GATRELL, Vic. *The First Bohemians: Life and Art in London's Golden Age*. Londres: Penguin, 2013.

GAWANDE, A. *Mortais*. Rio de Janeiro: Objetiva, 2015.

GERBER, M. E. *O mito do empreendedor*. Paranea: Fundamento, 2011.

GILL, A. A. *A. A. Gill is Away*. Londres: Orion Publishing, 2002.

______. *Breakfast at the Wolseley*, Londres: Quadrille, 2008.

______. *To America With Love*. Londres: Simon & Schuster, 2013.

GLADWELL, Malcolm. *O ponto da virada: como pequenas coisas podem fazer uma grande diferença*. 2011.

______. *Fora de série: Outliers*. Rio de Janeiro: Sextante, 2011.

______. *What the Dog Saw and Other Adventures*. Londres: Allen Lane, 2009.

GLEICK, James. *A informação: uma história, uma teoria, uma enxurrada*. São Paulo: Companhia das Letras, 2013.

GODIN, Seth. *Permission Marketing: How to Turn your Ideas Into Marketing Epidemics*. Londres: Simon & Schuster, 2002.

______. *Unleashing the Ideavirus*. Londres: Simon & Schuster, 2002.

GOFFMAN, Erving. *Representação do eu na vida cotidiana*. 13ª ed. Petrópolis: Vozes, 2014.

GOYAL, Sanjeev. *Connections: An Introduction to the Economics of Networks*. Woodstock, Oxon: Princeton University Press, 2007.

GRANT, Adam. *Dar e receber: uma abordagem revolucionária sobre sucesso, generosidade e influência*. Rio de Janeiro: Sextante, 2014.

GRATTON, Lynda. *The Shift: The Future of Work is Already Here*. Londres: Collins, 2011.

GRATTON, Lynda; SCOTT, A. *The 100-year Life: Living and Working in an Age of Longevity*. Londres: Bloomsbury Information, 2016.

HAGEL III, John; BROWN, John Seely; DAVISON, Lang. *The Power of Pull: How Small Moves, Smartly Made, Can Set Big Things in Motion*: Nova York: Basic Books, 2010.

HALPERN, David. *Social Capital*. Cambridge: Polity Press, 2005.

______. *Inside the Nudge Unit: How Small Changes Can Make a Big Difference*. Londres: W.H. Allen, 2015.

HANDY, Charles. *Understanding Organizations*. Nova York: Oxford University Press, 1993.

______. *The Second Curve: Thoughts on Reinventing Society*. Londres: Random House, 2015.

HARALAMBOS, Michael; HOLBORN, Martin; CHAPMAN, Steve; MOORE, Stephen. *Sociology: Themes and Perspectives*. Londres: Collins, 2008.

HARARI, Yuval N. *Sapiens: uma breve história da humanidade*. São Paulo: L&PM, 2015.

HARFORD, Tim. *Adapte-se: por que todo sucesso começa com um fracasso*. Rio de Janeiro: Record, 2015.

HARI, Johann. *Na fissura: uma história do fracasso no combate às drogas*. São Paulo: Companhia das Letras, 2018.

HARKIN, James. *Niche: Why the Market No Longer Favours the*

Mainstream. Londres: Little, Brown, 2011.

HEATH, Chip; HEATH, Dan. *Switch: como mudar as coisas quando a mudança é difícil*. Rio de Janeiro: Alta Books, 2019.

______. *Decisive: How to Make Better Decisions*. Londres: Random House Books, 2013.

HEFFERNAN, Margaret. *Wilful Blindness: Why We Ignore the Obvious at Our Peril*. Londres: Simon & Schuster, 2011.

______. *Beyond Measure: The Big Impact of Small Changes*. Londres: Simon & Schuster, 2015.

HERTZ, Noreena. *De olhos bem abertos: como tomar decisões inteligentes em um mundo confuse*. São Paulo: Fontanar, 2014.

HILTON, Steve. *More Human: Designing a World Where People Come First*. Londres: W. H. Allen, 2015.

HOFFMAN, Reid; CASNOCHA, Ben. *Comece por você: adapte-se ao futuro, invista em você e transforme sua carreira*. Rio de Janeiro: Alta Books, 2019.

HOMES, A.M. *May We Be Forgiven*. Nova York: Viking. Honoré, Carl (2013), *The Slow Fix*. Londres: Collins, 2012.

HORNER, Avril; ROWE, Ann (Editoras). *Living on Paper: Letters from Iris Murdoch 1934–1995*. Londres: Chatto & Windus, 2015.

HOWELL, David. *Old Links and New Ties: Power and Persuasion in an Age of Networks*. Londres: I.B. Tauris, 2014.

IBARRA, Herminia. *Act Like a Leader, Think Like a Leader*. Boston, MA: Harvard Business School Publishing, 2015.

JAMES, Oliver. *Office Politics: How to Thrive in a World of Lying, Backstabbing and Dirty Tricks*. Londres: Vermillion, 2013.

JENKINS, Henry; FORD, Sam; GREEN, Joshua. *Cultura da conexão: criando valor e significado por meio da mídia profissional*. São Paulo: Aleph, 2014.

Johnson, STEVEN. *Emergência: a dinâmica de rede em formigas, cerébros, cidades e softwares*. Rio de Janeiro: Zahar, 2003.

______. *De onde vêm as boas ideias*. Rio de Janeiro: Zahar, 2011.

______. *Future Perfect: The Case for Progress in a Networked Age*. Londres: Allen Lane, 2012.

JUDT, Tony. *Ill Fares the Land*. Londres: Allen Lane.

KADUSHIN, Charles (2012), *Understanding Social Networks: Theories, Concepts, and Findings*. Nova York: Oxford University Press, 2010.

KAHNEMAN, Daniel. *Rápido e devagar: duas formas de pensar*. Rio de Janeiro: Sextante, 2012.

KATZ, Bruce; BRADLEY, Jennifer. *The Metropolitan Revolution: How Cities and Metros Are Fixing Our Broken Politics and Fragile Economy*. Washington, DC: The Brookings Institution, 2013.

KEEN, Andrew. *Vertigem digital: Por que as redes sociais estão nos dividindo, diminuendo e desorientando*. Rio de Janeiro: Zahar, 2012.

______. *The Internet is not the Answer*. Nova York: Atlantic Monthly Press, 2015.

KHANNA, Parag. *Connectography: Mapping the Global Network Revolution*. Londres: Weidenfeld & Nicolson, 2016.

KRZNARIC, Roman. *O poder da empatia: a arte de se colocar no lugar do outro para transformar o mundo*. Rio de Janeiro: Zahar, 2015.

LANIER, Jaron. *Gadget: você não é um aplicativo*. Rio de Janeiro: Saraiva, 2011.

LEADBEATER, Charles. *We-Think: Mass Innovation, Not Mass Production* (2ª ed.). Londres: Profile Books, 2009.

LEADER, Darian; CORFIELD, David. *Por que as pessoas ficam doentes?* Rio de Janeiro: BestSeller, 2009.

LEVINE, Caroline. *Forms: Whole, Rhythm, Hierarchy, Network*. Princeton, NJ: Princeton University Press, 2015.

LEVITIN, Daniel. *A mente organizada: como pensar com clareza na era da sobrecarga de informação*. Rio de Janeiro: Objetiva, 2015.

LEWIS, Michael. *Flash Boys: revolta em Wall Street*. Rio de Janeiro: Intrínseca, 2014.

LIEBERMAN, Matthew D. *Social: Why Our Brains are Wired to Connect*. Oxford: Oxford University Press, 2013.

LIPNACK, Jessica; STAMPS, Jeffrey. *The Networking Book*. Nova York e Londres: Routledge & Kegan Paul, 1986.

______. *The Age of The Network: Organising Principles for the 21st Century*. Nova York: John Wiley & Sons, 1994.

LOMAX, Alan. *Folk Song Style and Culture*. New Brunswick, NJ: Transaction Publishers, 1978.

MASON, Paul. *Pós-capitalismo*. São Paulo: Companhia das Letras, 2017.

MCGONIGAL, Jane. *A realidade em jogo: por que os games nos tornam melhores e como eles podem mudar o mundo*. Rio de Janeiro: BestSeller, 2012.

MCLUHAN, Marshall. *Counterblast*. Londres: McLelland and Stewart, 1969.

MCRAE, Hamish. *What Works: The Secrets of the World's Best Organisations and Communities*. Londres: HarperPress, 2010.

MIKE, S. *Social Class in the 21st Century*. Londres: Pelican, 2015.

MIND Gym. *The Mind Gym: Relationships*. Londres: Sphere, 2009.

MORENO, Jacob. *Who Shall Survive? A New Approach to the Problem of Human Interrelations*. Washington, DC: Nervous and Mental Disease Publishing Co., 1934.

MRS MONEYPENNY; MCGREGOR, Heather. *Mrs Moneypenny's Careers Advice for Ambitious Women*. Londres: Portfolio Penguin, 2012.

MULGAN, Geoff. *Communication and Control: Networks and the New Economies of Communication*. Nova York: Guilford Press, 1991.

______. *Connexity*. Boston, MA: Harvard Business School Press, 1998.

______. *The Locust and the Bee: Predators and Creators in Capitalism's Future*. Woodstock, Oxon: Princeton University Press, 2013.

MUNRO, Alice. *Felicidade demais*. São Paulo: Companhia das Letras, 2010.

NEWMAN, Mark; BARABÁSI, Albert-László; WATTS, Duncan J. *The Structure and Dynamics of Networks*. Princeton, NJ: Princeton University Press, 2006.

NUSSBAUM, Martha C. *Upheavals of Thought: The Intelligence of Emotion*. Cambridge: Cambridge University Press, 2001.

NYE, Joseph. S. Jr. *O futuro do poder*. Rio de Janeiro: Benvirá, 2011.

O'MALLEY, Michael. *The Wisdom of Bees*. Londres: Penguin Books, 2010.

PARISER, Eli. *O filtro invisível: o que a internet está escondendo de você*. Rio de Janeiro: Zahar, 201e.

PARK, Benjamin (Editor). *Appleton's Cyclopaedia of Applied Mechanics: a Dictionary of Mechanical Engineering and the Mechanical Arts*. Nova York: D. Appleton and Company, 1880.

PARKER, Tony. *The Unknown Citizen*. Londres: Hutchinson. Parker, Tony (1985), *The People of Providence*. Londres: Penguin. Paul, Lalline (2014), *The Bees*. Londres: Fourth Estate, 1963.

PENTLAND, Alex. *Social Physics: How Good Ideas Spread – Lessons from a New Science*. Nova York, Penguin Press, 2014.

PETERS, Tom. *The Tom Peters Seminar: Crazy Times Call for Crazy Organizations*. Londres: Macmillan, 1994.

PINK, Daniel H. *Motivação 3.0 – Drive: a surpreendente verdade sobre o que realmente nos motiva* . Rio de Janeiro: Sextante, 2019.

PINKER, Susan. *The Village Effect: Why Face-to-Face Contact Matters*. Londres: Atlantic Books, 2015.

PRELL, Christina. *Social Network Analysis: History, Theory and Methodology*. Londres: SAGE Publications, 2012.

PRYKE, Stephen. *Social Network Analysis in Construction*. Chichester: Wiley-Blackwell, 2012.

PUTNAM, Robert D. *Bowling Alone: The Collapse and Revival of American Community*. Nova York: Simon & Schuster, 2001.

QUAMMEN, D. *Ebola: The Natural and Human History*. Londres: The Bodley Head, 2014.

RAINIE, Lee; WELLMAN, Barry. *Networked: The New Social Operating System*. Cambridge, MA: MIT Press, 2012.

RICHARDSON, Ian; KAKABADSE, Andrew; KAKABADSE, Nada. *Bilderberg People: Elite Power and Consensus in World Affairs*. Abingdon: Routledge, 2011.

RILEY, Gillian. *Willpower*. Londres: Vermillion, 2003.

______. *How to Stop Smoking and Stay Stopped for Good*. Londres: Vermillion, 2007.

ROBBS, George. *British Culture and the First World War*. Londres: Palgrave Macmillan, 2002.

ROBERTSON, Ivan; COOPER, Cary. *Well-Being: Productivity and Happiness at Work*. Basingstoke: Palgrave Macmillan, 2011.

ROSENBERG, Howard; FELDMAN, Charles S. *No Time to Think: The Menace and Media Speed and the 24-hour News Cycle*. Nova York: Continuum, 2008.

ROSS, Lee; NISBETT, Richard E. *The Person and the Situation: Perspectives of Social Psychology*. Londres: Pinter and Martin, 2011.

RYCKMAN, Pamela. *Stiletto Network: Inside the Women's Power Circles That Are Changing the Face of Business*. Nova York: Amacom, 2013.

SANDEL, Michael. *O que o dinheiro não compra: os limites morais do mercado*. Rio de Janeiro: Civilização Brasileira, 2012.

SCARLETT, Hilary. *Neuroscience for Organizational Change: An Evidence-Based Practical Guide to Managing Change*. Londres: Kogan Page, 2016.

SCHAMA, S. *Scribble, Scribble, Scribble: Writings on Ice Cream, Obama, Churchill and My Mother*. Londres: The Bodley Head, 2010.

SCHMIDT, Eric; COHEN, Jared. *A nova era digital: como será o future das pessoas das nações e dos negócios*. Rio de Janeiro: Intrínseca, 2013.

SCOTT, Laurence. *The Four-Dimensional Human: Ways of Being in the Digital World*. Londres: Heinemann, 2015.

SENNETT, Richard. *Juntos: os rituais, os prazeres e a política da cooperação*. 2ª ed. Rio de Janeiro: Record, 2012.

SHIRKY, Clay. *Lá vem todo mundo: o poder de organizar sem organizações*. Rio de Janeiro: Zahar, 2012.

______. *A cultura da participação: criatividade e generosidade no mundo conectado*. Rio de Janeiro: Zahar,, 2011.

SIEGEL, Lee. *Against the Machine: Being Human in the Age of the Electronic Mob*. Londres: Serpent's Tail, 2008.

SILLS, David L. (Editor). *International Encyclopedia of the Social Sciences*. Nova York: Crowell Collier and Macmillan, 1968.

SKYRME, David J. *Knowledge Networking: Creating the Collaborative Enterprise*. Oxford: Butterworth Heinemann, 1999.

SONTAG, Susan. *Doença como metáfora*. São Paulo: Companhia das Letras, 2007.

SAINT GEORGE, Andrew. *Royal Navy Way of Leadership*. Londres: Random House, 2013a.

STANDAGE, Tom. *Writing on the Wall: Social Media, the First 2,000 years*. Londres: Bloomsbury Publishing, 2013.

STEWART, Thomas. *Intellectual Capital: The New Wealth of Organizations*. Nova York: Doubleday/Currency, 1997.

SUROWIECKI, J. *The Wisdom of Crowds*. Londres: Abacus, 2005.

SUSSKIND, Richard; SUSSKIND, Daniel. *The Future of the Professions: How Technology Will Transform the Work of Human Experts*. Oxford: Oxford University Press, 2015.

TALEB, Nassim Nicholas. *A lógica do Cisne Negro: o impacto do altamente improvável*. Rio de Janeiro: BestSeller, 2015.

______. *Antifrágil: coisas que se beneficiam com o caos*. Rio de Janeiro: Best Business, 2015.

TETT, Gillian. *The Silo Effect: Why Every Organisation Needs to Disrupt Itself to Survive*. Londres: Abacus, 2016.

THALER, Richard H. *Misbehaving: a construção da economia comportamental*. Rio de Janeiro: Intrínseca, 2019.

THALER, Richard H.; SUNSTEIN, Cass R. *Nudge: como tomar melhores decisões sobre saúde, dinheiro e felicidade*. Rio de Janeiro: Objetiva, 2019.

THARP, Twyla. *The Creative Habit: Learn It and Use It for Life*. Nova York: Simon & Schuster, 2006.

TOFFLER, Alvin. *Future Shock*, Londres: Bodley Head, 1970.

TRENTMANN, Frank. *Empire of Things: How We Became Consumers, from the Fifteenth Century to the Twenty-First*. Londres: Allen Lane, 2016.

TURKLE, Sherry. *Alone Together: Why We Expect More from Technology and Less from Each Other*. Nova York: Basic Books, 2011.

______. *Reclaiming Conversation: The Power of Talk in A Digital Age*. Nova York: Penguin Press, 2015.

TROLLOPE, Anthony. *Can you Forgive Her?* Londres: Penguin Books, 1986.

WAJCMAN, Judy. *Pressed for Time: The Acceleration of Life in Digital Capitalism*. Londres: University of Chicago Press, 2015.

WALLMAN, James. *Stuffocation: Living More with Less*. Londres: Penguin Books, 2015.

WARREN, P.; SIMPERL, J. Davies E. *Context and Semantics for Knowledge Management*. Berlin: Springer, 2011.

WASSERMAN, S.; FAUST, K. *Social Network Analysis*. Cambridge: Cambridge University Press, 1994.

WATTS, Duncan. *Six Degrees: The Science of a Connected Age*. Londres: Vintage, 2004.

WESTEN, Drew. *The Political Brain: The Role of Emotion in Deciding the Fate of the Nation*. Nova York: Perseus Book Group, 2007.

WILLIAMS-ELLIS, Clough. *Architect Errant*. Londres: Constable, 1971.

WOLFF, Michael. *Television Is the New Television: The Unexpected Triumph of Old Media in the Digital Age*. Nova York: Portfolio Penguin, 2015.

WU, Timothy. *The Master Switch: The Rise and Fall of Information Empires*. Londres: Atlantic Books, 2010.

ZBOROWSKI, M.; HERZOG, E. *Life is With People: The Culture of the Shtetl*. Nova York: Schocken Books, 1962.

ARTIGOS E PAPERS

ADLER, Paul S.; HECKSCHER, Charles. "Towards Collaborative Community". In: ______. The Firm as a Collaborative Community: Reconstructing Trust in the Knowledge Economy. Oxford: Oxford University Press, 2005. pp. 355-416.

ADLER, Paul; KWON, Seok-Woo. "Social Capital: The Good, the Bad and the Ugly", USC Marshall School of Business, Marshall Research Paper Series, Working Paper MKY 03-09, 2009.

ALTER, Alexandra. "The New Explosion in Audio Books: How They Re-emerged as a Rare Bright Spot in the Publishing Business", *Wall Street Journal*, 1° agosto, 2013.

AN, W.; DOAN, L. "Health Surveillance through Social Networks", *Social Networks*, v. 42, p. 8–17, 2015.

ASCH, Solomon E. "Opinions and Social Pressure", *Scientific Ame-*

rican, v. 5, n. 193, p. 31-35, 1955.

BALL, Philip. "How Honeycombs Can Build Themselves", *Nature*, 17 de julho, 2013.

BALLANTINE, Matt. "Who Shares Wins". Leading Edge Forum, julho, 2016.

BAR–YAM, Yaneer. "Transition to Extinction: Pandemics in a Connected World". *Medium*, julho, 2016.

______. "How Community Response Stopped Ebola". *Medium*, julho, 2016

BAUMEISTER, Roy E. *et al.* "Ego Depletion: Is the Active Self a Limited Resource?", *Journal of Personality and Social Psychology*, v. 74, n. 5, p. 1252–1265, 1998.

BENTON, R. A. "Uniters or Dividers? Voluntary Organizations and Social Capital Acquisition", *Social Networks*, v. 44, p. 209–218, 2016.

BIAN, Y.; X. HUNAG and L. ZHANG. "Information and Favouritism: The Network Effect on Wage Income in China", *Social Networks*, v. 40, p. 129–238, 2015.

BILBAO-OSORIO, Benat; DUTTA, Soumitra; LANVIN, Bruno. (Editores). "The Global Information Technology Report 2014: Rewards and Risks of Big Data", Insight Report, World Economic Forum, 2014.

BILLINGS, Molly. "The Influenza Pandemic of 1918", *University of Standford*, 1997. Disponível em: www.virus.stanford.edu.

BOHN, A. *et al.* "Making Friends and Communicating on Facebook: Implications for the Access to Social Capital", *Social Networks*, v. 37: p. 29–41, 2014.

BRASHEARS, M. E.; QUINTANE, E. "The Microstructures of Network Recall: How Social Networks Are Encoded and Represented in Human Memory", *Social Networks*, v. 41, p. 113–126, 2015.

BRYNJOLFSSON, Erik; MCAFEE, Andrew. "Will Humans Go the Way of Horses? Labor in the Second Machine Age", *Foreign Affairs*, julho/agosto, 2015.

BURT, Ronald S. "Structural Holes Versus Network Closure as Social Capital". In: ______. *Social Capital, Theory and Research*. Nova York: Aldine de Gruyter, 2001.

Burt, Ronald S. “Time as a Contingency Factor in Network Advantage”, *Strategic Leadership Research Papers*, University of Chicago Booth, 2015.

BURT, Ronald S.; MERLUZZI, Jennifer. “Embedded Brokerage: Hubs Versus Locals”. In: ______. *Research in Sociology of Organisations.* Chicago: Chicago Booth, 2013.

CANNING, David; BENNATHAN, Esra. “The Social Rate of Return on Infrastructure Investments”. In: ______. *Infrastructure and Growth: A Multicountry Panel Study*. World Bank, RPO 680–9, 2000.

CHRISTAKIS, Nicholas. “The Spread of Obesity in a Large Social Network over 32 Years”, *New England Journal of Medicine*, v. 357: pp. 370–379, 2007.

CHOLLE, Francis P. “What Is Intuition and How Do We Use It?”, *Psychology Today*, 31 agosto, 2011.

COLEN, B. D. “An Indictment of Ebola Response”, *Harvard Gazette*, 22 de novembro, 2015. Disponível em: www.news.harvard.edu.

COLLINS, Andrea; POTOGLOU, Dimitris; FRYERS, Andy. “Reducing the Impact of Visitor Travel: Reflections on Hay Festival, Hay-on-Wye, Wales”. *Cardiff University Study*, 2016. Disponível em: www.hayfestival.com.

CROSS, Rob *et al.* “Knowing What We Know: Supporting Knowledge Creation and Sharing in Social Networks”, *Organizational Dynamics*, v. 30, n. 2, pp. 100–120, 2001.

CROSS, Rob; THOMAS, Robert. “A Smarter Way to Network: Successful Executives Connect with Select People and Get More Out of Them”, *Harvard Business Review*, julho–agosto, 2011.

D’ANCONA, Matthew. “Forget History, in the New Politics Only the Now Matters”, *The Guardian*, 10 de agosto, 2015.

DASGUPTA, Partha; SERAGELDIN, Ismail (Editores). *Social Capital: A Multifaceted Perspective*. Washington, DC: The World Bank, 1999.

DEMING, David J. “The Growing Importance of Social Skills in the Labor Market”, National Bureau of Economic Research Working Paper 21473, 2015.

DELL WOMEN’S ENTREPRENEUR NETWORK. “The Gender Global

Entrepreneurship and Development Index (GEDI)", Global Entrepreneurship and Development Institute, 2014.

DESMARAIS, B. A. *et al.* "Measuring Legislative Collaboration: The Senate Press Events Network", *Social Networks*, v. 40, pp. 43–54, 2015.

DOBBS, Richard *et al.* "The World at Work: Jobs, Pay and Skills for 3.5 Billion People", McKinsey Global Institute, 2012.

DUNBAR, Robin *et al.* "The Structure of On-line Social Networks Mirrors Those in the Offline World", *Social Networks*, v. 43, pp. 39–47, 2015.

EDWARDS, Luke "What is Elon Musk's 700mph Hyperloop? The Subsonic Train Explained", *Pocket-lint*, 10 de maio, 2016. Disponível em: www.pocket-lint.com.

ESMAN, Milton J. "Social Capital and Empowerment", Cornell University, 2003. Disponível em: www.siteresources.worldbank.org.

FANG, Lily; HUANG, Sterling. "Gender and Connections among Wall Street Analysts", INSEAD *Faculty & Research Working Paper*, 2011.

FARRAR, Jeremy. "The Future of Global Health", They Festival, 2016.

FISCHER, M.; SCIARINI, P. "Unpacking Reputational Power: Intended and Unintended Determinants of the Assessment of Actors' Power", *Social Networks*, v. 42, pp. 60–71, 2015.

FOWLER, James H.; CHRISTAKIS, Nicholas A. "Dynamic Spread of Happiness in a Large Social Network: Longitudinal Analysis of the Framlingham Heart Study Social Network", *British Medical Journal*, v. 338, n. 7685, pp. 23–27, 2009.

GAUDEUL, A.; GIANNETTI, C. "The Role of Reciprocation in Social Network Formation, with an Application to LiveJournal", *Social Networks*, v. 35, p. 317–330, 2013.

GËRXHANI, K.; BRANDTS, J.; SCHRAM, A. "The Emergence of Employer Information Networks in an Experimental Labour Market", *Social Networks*, v. 35, pp. 541–560, 2013.

GLADSTONE, Rick. "Liberian Leader Concedes Errors in Response to Ebola", *The New York Times*, 11 de março, 2015.

GLADWELL, Malcolm. "Six Degrees of Louis Weisberg", *The New Yorker*, Annals of Society, 11 de janeiro, 1999.

GLOVER, Bill. "Cabot Strait Cable and 1857–58 Atlantic Cables", 2010. Disponível em: atlantic-cable.com.

GRANOVETTER, Mark S. "The Strength of Weak Ties", *American Journal of Sociology*, v. 78, n. 6, pp. 1360–1380, 1973.

HARTMANS, Ruud; KAMPERMAN, Luc. "People Organise Their Own Flow", *Boss Magazine*, n. 36, 2009.

HATCH, Mary Jo. "Exploring the Empty Spaces of Organizing: How Improvisational Jazz Helps Redescribe Organizational Structure", *Organization Studies*, v. 20, n. 1, p. 75–100, 1999.

HEALTH AND SAFETY EXECUTIVE. "Work-related Stress, Anxiety and Depression Statistics in Great Britain 2016", 2016. Disponível em: www.hse.gov.uk.

HEDSTRÖM, P.; COLLET, F. "Old Friends and New Acquaintances: Tie Formation Mechanisms in an Interorganizational Network Generated by Employee Mobility", *Social Networks*, v. 35, pp. 288–299, 2013.

HOLT-LUNSTAD, J. T. B. SMITH and J. B. LAYTON (2010), "Social Relationships and Mortality Risk: A Meta-Analytic Review", *PLoS Medicine* 7(7).

HUSSLAGE, B. *et al.* "Ranking Terrorists in Networks: A Sensitivity Analysis of Al Qaeda's 9/11 Attack", *Social Networks*, v. 42, pp. 1–7, 2015.

IBARRA, Herminia "'Men and Women of the Corporation' and 'The Change Masters': Practical Theories for Changing Times", *The Academy of Management Executive (1993–2005)*, v. 18, n. 2, pp. 108–11, 2004.

IBARRA, Herminia; HUNTER, Mark. "How Leaders Create and Use Networks", *Harvard Business Review*, Article ref. nº 1727, 2006.

JONES, Diana. *Sociometry and Social Network Analysis: Applications and Implications*, ANZPA Journal, 15 de dezembro, 2006.

JOSEPH Banks, the Plant Collector Who Made the Exotic Everyday in British Gardens. *Kew Magazine*, 2009. Disponível em: www.kew.org.

KANTOR, Jodi; STREITFELD, David. "Inside Amazon: Wrestling Big Ideas in a Bruising Workplace", *New York Times*, 15 de agosto, 2015.

KELLAND, Kate. "Doctoring WHO. The World Health Organization's Critical Challenge: Healing Itself", *Reuters*, 8 fevereiro, 2016.

KELLAWAY, Lucy. "A Blast of Common Sense Frees Staff from Appraisals", *Financial Times*, 26 de julho, 2015.

KENDALL, Sue. "Mapping the History of Wellbeing", OECD *Insights: Debate the Issues*, 2 de outubro, 2014.

KRANTZ, Matt. "Google's 16% Leap Lifts Nasdaq to New High", *USA Today*, 17 de julho, 2015.

KREBS, Valdis. "Visualizing Human Networks", *Release 1.0 Esther Dyson's Monthly Report*, v. 12, pp. 2–96, 1996.

LIM, Chaeyoon; PUTNAM, Robert D. "Religion, Social Networks, and Life Satisfaction", *American Sociological Review*, v. 75, n. 6, pp. 914–933, 2010.

LINGE, Nigel. "The Trans-Atlantic Telegraph Cable: 150th Anniversary Celebration, 1858–2008".

LU, Y.; RUAN, D.; LAI, G. "Social Capital and Economic Integration of Migrants in Urban China", *Social Networks*, v. 35, pp. 357–369, 2013.

MCCLURG, S. D.; LAZER, D. "Editorial: Political Networks", *Social Networks*, v. 36, p. 1–4, 2014.

MCKISSACK, Ian J. "Conformity in Ghana", *British Journal of Clinical Psychology*, v. 10, n. 1, 1971.

MCKNIGHT, Jenna. "Architects for Society Designs Low-Cost Hexagonal Shelters for Refugees", *dezeen*, 14 de abril, 2016.

MEDEIROS, João. "How Geographic Profiling Helps Find Serial Killers", *Wired*, 10 novembro, *American Cancer*, 2014.

MENDES, Elizabeth. "Personalised Medicine: Redefining Cancer and Its Treatment". *American Cancer Society*, 2015.

MORRIS, Alex. "Tales from the Millennials' Sexual Revolution", *Rolling Stone*, 31 de março, 2014.

MORRIS, Jessica. "Living with Uncertainty", 2016. Disponível em: www.jessicamorrisnyc.wordpress.com.

MULLIN, Benjamin. "Buzzfeed Undergoes Company-wide Reorganisation, Separating Entertainment from News", 23 de agosto, *Poynter*, 2016. Disponível em: www.poynter.org.

NCD RISK FACTOR COLLABORATION. "Trends in Adult Body-Mass Index in 200 Countries from 1975 to 2014: A Pooled Analysis of 1698 Population-Based Measurement Studies with 19.2 Million Participants",

The Lancet, v. 387, p. 1377–1396, 2016.

NIEKAMP, A. *et al.* "Sexual Affiliation Network of Swingers, Heterosexuals Practicing Risk Behaviours That Potentiate the Spread of Sexually Transmitted Infections: A Two-Mode Approach", *Social Networks*, v. 35, p. 223–236, 2013.

OBERGFELL, Ralf. "Experience: I Was Out to Sea When the Tsunami Struck", *Guardian Weekend*, 23 de janeiro, 2016.

OECD. "The Future of Productivity", Versão Preliminar, Autores Correspondentes: Muge Adalet McGowan, Dan Andrews, Chiara Criscuolo, Giuseppe Nicoletti, 2015. Disponível em: www.oecd.org.

OFFICE FOR NATIONAL STATISTICS. "National Well-Being", 2014. Disponível em: www.ons.gov.uk.

OWEN-SMITH, J.; COTTON-NESSLER, N. C.; BUHR, H. "Network Effects on Organisational Decision-Making: Blended Social Mechanisms and IPO Withdrawal", *Social Networks*, v. 41, pp. 1–17, 2015.

PARSFIELD, M. *et al.* "Community Capital", Community Capital: The Value of Connected Communities RSA, 2015. Disponível em: www.thersa.org.

PENNY, Laurie. "Fighting Words: Yes, Most Moaning Millennials are Middle Class. But That's Exactly What Should Worry This Government", *The New Statesman*, p. 18–31, março, 2016.

PENTLAND, Alex (Sandy). "To Signal is Human: Real-Time Data Mining Unmasks the Power of Imitation, Kitch and Charisma in Our Face-to-Face Social Networks", *American Scientist*, v. 98, p. 204–211, 2010.

PERRY, Keith. "Stampede as Kate Bush Tickets Sell Out in 15 Minutes", *The Telegraph*, 28 de março, 2014.

PROSSER, David. "How Freelancers Are Taking Over the World", *Forbes*, 24 de junho, 2015.

RANDALL, Chris; CORP, Ann; SELF, Abigail. "Measuring National Well-Being: Life in the UK, 2014", *Office for National Statistics*, 2014.

REAGANS, R.; MCEVILY, B. "Network Structure and Knowledge Transfer", *Administrative Science Quarterly*, v. 48, pp. 240–267, 2003.

REAGANS, Ray; ZUCKERMAN, Ezra W. "Networks, Diversity, and

Productivity: The Social Capital of Corporate R&D Teams", *Organization Science*, v. 12, n. 4, pp. 502–517, 2001.

RIVERS, I.; NORET, N. "I h8 u: Findings from a Five-Year Study of Text and E-mail Bullying", *British Educational Research Journal*, v. 36, n. 4, pp. 643–671, 2010.

ROGERS, Paul; PURYEAR, Rudy; ROOT, James. "Infobesity: The Enemy of Good Decision", *Bain Insights*, 11 de junho, 2013. Disponível em: www.bain.com.

RUTLEDGE, Pamela. "Social Networks: What Maslow Misses", *Psychology Today*, 8 de novembro, 2011. Disponível em: www.psychologytoday.com.

SABATINI, Fabio; SARRANCINO, Francesco. "Will Facebook Save or Destroy Social Capital? An Empirical Investigation into the Effect of On-line Interactions on Trust and Networks", *University of Rome*, 2013.

SAINT GEORGE, Andrew. "Leadership Lessons from the Royal Navy", *McKinsey Quarterly*, janeiro, 2013b.

SANKAR, C. P.; ASOKAN, K.; KUMAR, K. S. "Exploratory Social Network Analysis of Affiliation Networks of Indian Listed Companies", *Social Networks*, v. 43, pp. 113–120, 2015.

SCHAWBEL, Dan. "The Top 10 Workplace Trends for 2015", Forbes, 2015.

SCHLAIN, Tiffany. "Tech's Best Feature: The Off Switch", *Harvard Business Review*, 1 de março, 2013. Ver: hbr.org/2013/03/techs-best-feature-the-off-swi.

SCHWEER, Margaret. *et al.* Building a Well-Networked Organisation, 21 de dezembro, 2011.

SCHWEINBERGER, M.; PETRESCU-PRAHOVA, M.; VU, D. Q. "Disaster Response on September 11, 2001 through the Lens of Statistical Network Analysis", *Social Networks*, v. 37, pp. 42–55, 2014.

SHAFAK, Elif. "As Storytellers, We Speak for Pluralism and Democracy", *The Guardian*, 21 de março, 2015.

SHIPILOV, A. *et al.* "Network-Building Behavioural Tendencies, Range, and Promotion Speed", *Social Networks*, v. 39, pp. 71–83, 2014.

SIEM, Brooke. "Abbye "Pudgy" Stockton is the Reason Why Women Lift Weights", Barbend, 6 abril, *Barbend*, 2016. Disponível: www.barbend.com.

SILVERMAN, Lauren. "Young Adults with Autism Can Thrive in High-Tech Jobs", NPR *Morning Edition*, 22 de abril, 2013.

SLOAN MANAGEMENT REVIEW. "Building a Well-Networked Organisation", por Margaret Schweer, Dimitris Assimakopoulos, Rob Cross and Robert J. Thomas, 21 de dezembro, 2011.

SMITH, Aaron. "Gig Work, On-line Selling and Home Sharing", *Pew Research Centre*, 17 de novembro, 2016.

SMITH, Craig. "By the Numbers: 41 Impressive Tinder Statistics", 29 de maio *expandedramblings*, 2016.

SMITH, Emily Esfahani. "Social Connections Make a Better Brain", *The Atlantic*, 29 de outubro, 2013. Disponível em: www.theatlantic.com.

STERN, Corey. "The 21 Biggest Family-Owned Businesses in the World", *Business Insider*, 14 de julho, 2015.

STEWART, James B. "Facebook has 50 Minutes of Your Time Each Day. It Wants More", *New York Times*, 5 de maio, 2016.

SUTHERLAND, Rory. "The Most Important Test That HS2 Doesn't Pass", *The Spectator*, 21 de novembro, 2015.

The 2016 Doloitte Millennial Survey: Winning Over the Next Generation of Leasers.

THE ROYAL SOCIETY. "Knowledge, Networks and Nations: Global Scientific Collaboration in the 21st Century", The Royal Society, Policy Document 3/11, 2011.

THIELMAN, Sam. "Facebook Fires Trending Team, and Algorithm Without Humans Goes Crazy", *The Guardian*, 29 de agosto, 2016.

TINTI, Peter. "The Toxic Politics of Ebola", *Foreignpolicy*, 6 de outubro, 2014.

TRENTMANN, Frank. "The Transatlantic Cables Built in the mid-19th Century Shrank Time and Space", *History Today*, 16 de setembro, 2016.

UZZI, Brian. "Social Structure and Competition in Interfirm Networks: The Paradox of Embeddedness", *Administrative Science Quarterly*, v. 42, n. 1, pp. 35–67, 1997.

VANHOUTTE, Bram. "Social Capital and Well-Being in Belgium

(Flanders): Identifying the Role of Networks and Context", *Katholieke Universiteit Leuven, Faculteit Sociale Wetenschappen*, 2011.

VANHOUTTE, Bram; HOOGHE, Marc. "The Influence of Social Structure, Networks and Community on Party Choice in the Flemish Region of Belgium: A Multilevel Analysis", *Acta Politica*, pp. 1–28, 2012.

WARWICK, Josh; ALLEN, Philip. "Meet the 21-Year Old YouTuber Who Made Millions Playing Video Games", *The Telegraph*, 16 de outubro, 2014.

WATTS, Duncan J.; STROGATZ, Stephen H. "Collective Dynamics of 'Small-World' Networks", *Nature*, v. 393, pp. 440–442, 1998.

WEARE, C.; LOGES, W. E.; OZTAS, N. "E-mail Effects on the Structure of Local Associations: A Social Network Analysis", *Social Science Quarterly*, v. 88, n. 1, pp. 222–243, 2007.

WEICK, Karl E. "Improvisation as a Mindset for Organizational Analysis", *Organizational Science*, v. 9, n. 5, 1998.

WEISBERG, Jacob. "Hopelessly Hooked", *New York Review of Books*, fevereiro-março, 2016.

Wellcome Trust. "House of Commons Science and Technology Committee: Antimicrobial Resistance - Response by *Wellcome Trust*", 2013.

WOLF, Christopher. "What If I Told You Gen-Z Matters More Than Millennials", Emerging Theme Radar Report, *Goldman Sachs*, 2 de dezembro, 2015.

WORLD ECONOMIC FORUM em colaboração com Boton Consulting Group. "Managing the Risk and Impact of Future Epidemics: Options for Public–Private Co-Operation", *World Economic Forum, Industry Agenda*, 2015.

WORLD ECONOMIC FORUM. "The Internet of Things is Here". Disponível em: www.weforum.org.

WORLD HEALTH ORGANIZATION. "Antimicrobial Resistance: Global Report of Surveillance", *World Health Organisation*, 2014.

ZACK, Michael H. "Jazz Improvisation and Organizing: Once More from the Top", *Organization Science*, v. 11, n. 2, pp. 227–234, 2000.

AGRADECIMENTOS

Cada pessoa listada aqui me permitiu transformar peças de um quebra-cabeça complexo e mutável que viveram na minha cabeça durante uma década de pensamento sobre a conectividade moderna em palavras numa página. Sinto que tenho uma dívida com todas elas. Qualquer acerto, devo a elas. Quaisquer erros e omissões, só posso culpar a mim mesma.

Família

Alaric Bamping, meu marido, que sempre segura as pontas, apoia meus interesses e segura a minha mão.

Roman, Anoushka e Wolfie, que perguntaram repetidamente "Mãe, como vai o livro?"

Andy Hobsbawm, a quem recorro em primeiro lugar sempre que me deparo com uma nova inteligência tecnológica e que tem sido meu irmão mais velho protetor por mais de meio século.

Marlene, minha mãe, que leu cada palavra antes de todo mundo e se conectou plenamente com o mundo mesmo na velhice.

Todo o clã Schwarz original e os primos descendentes e cônjuges que não são apenas familiares, mas amigos: Wal, Dot, Habie, Ben, Tanya, Niall, Zac, Laura e, ao longo da árvore genealógica, Charlotte, Izzy, Patsy.

E à memória do meu falecido pai, Eric Hobsbawm, porque eu estaria mentindo se dissesse que não estava, no fundo, escrevendo isso em parte para ele e em parte para os outros membros da família que me influenciam após a morte tanto quanto quando estavam vivos — especialmente a minha avó Lily Schwarz, a melhor frequentadora de salões literários em toda a Saint John's Wood e, antes disso, em toda Viena.

Personal trainers

Toby Mundy, meu agente, que me ajudou a concretizar este projeto com sua energia, bondade e clareza perpétuas. Gratidão e admiração em igual medida ao time Bloomsbury: Ian Hallsworth, meu editor; Alexandra Pringle e Nigel Newton, que receberam inicialmente a ideia com tanto entusiasmo; Rachel Nicholson, Jude Drake, Vicky Beddow, Emily Bedford, Maria Hammershoy, Giles Herman, Heather Cushing, Merv Honeywood: grandes editoras e editores estão vivos e bem. Outros que detalhadamente abordaram aspectos do livro, lendo rascunhos, sacando um bisturi literário educado em momentos cruciais, que usam sua inteligência com leveza, e que me orientaram diplomaticamente: Stephen Barber, Margaret Bluman, Helen Brocklebank, Pamela Dow, Giles Gibbons, Martin Harris, Roman Hobsbawm Bamping, Henry Mason, Matt Peacock, Judy Piatkus, Wendell Steavenson, Alice Sherwood, Andrew Saint George, Stefan Stern, Frank Trentmann, Rachael Ward e James Woudhuysen.

Primeiros usuários

Muitas das ideias deste livro foram moldadas por conversas ao longo de vários anos com pessoas que podem nem sequer saber o quão influentes têm sido no meu pensamento. Gostaria de lhes agradecer aqui. Matt Ballantine, Mitch Besser, Richard Carvalho, Louise Casey, Caroline Corby, Finn Craig, Brendan Finegan, Emma Gilpin-Jacobs, Elsbeth Johnson, Jude Kelly, Gemma Lines, Caroline Michel, Heather "senhora Moneypenny" McGregor, Ben Moss, Gwyn Miles, Adrian Monck, Harry Ritchie, Julia Neuberger, Cliff Oswick, Matthew Rycroft, Anya Stiglitz, Jack Stoerger e Richard Straub.

Ombros de gigantes

Há um grupo particular de escritores, acadêmicos e pensadores em cujos ombros intelectuais tantos de nós estamos em pé, e que pessoalmente me deram incentivo e contribuição sucinta às minhas ideias e a este livro exatamente quando mais importava: Matthew d'Ancona, Yasmin Alibhai-Brown, Bronwen Maddox, Niall Ferguson, Misha Glenny, Lynda Gratton, Andrew Keen, David Halpern, Charles Handy, Herminia Ibarra, Dambisa Moyo, Jennifer Rubin, Simon Schama, Nassim Nicholas Taleb, Marc Ventresca e Barry Wellman.

Alunos da aula de Keep Fit

As seguintes pessoas sempre me dão um dose extra de energia, sabedoria e amizade. O seu apoio reforçou-me em particular para este livro. Decca Aitkenhead, Ashton Bainbridge da FMCM, Sarah Benton, Jane Brien, Colin Byrne, James Caplin, Caitlin Davies, William Eccleshare, Liz De Planta, Sarah Dudney, Liesel Evans, Angela Ferreira, Esther Freud, Adam Gemmell, Viv Groskop, Charles e Liz Handy, Stephen Hargrave, Zoë Heller, Mark Honigsbaum, Lennie Goodings, Kirsty Lang, Fiona Legg, Sophie Levey, Kimberly Quinn, Rachel Johnson, Sarah McTavish, Fiona McMorrough, Jessica Morris, Sanjay Nazerali, Sally Osman, Shyama Pereira, Ed Pilkington, Sophie Radice, Hannah Rothschild, Jenni Russell, Natalia Schiffrin, Saskia Sissons, Harriet Spicer, Luke Syson, Suzanna Taverne, Brigitte Trafford, Claire Fox, Julia Llewellyn Smith e Laline Paul. E, claro, todos no departamento de Inteligência Editorial. Nunca há um momento chato com Charlie Burgess, Hayden Brown, Andrew Davidson, Stephen Fleming, Harvey Goldsmith, Tommy Helsby, Laura Musins, Geraldine Sharpe-Newton, Fiona Thorne e Peter York.

Agradecimentos especiais

A Antonia Jennings pela pesquisa preliminar; ao meu "Leitor Alfa" John Bamping pela sua leitura; a Ravi Veriah Jacques pela ajuda nas permissões e na pesquisa final; aos órgãos, às editoras e às agências que deram permissão para reproduzir citações: Ed. Victor Ltd. (Iris Murdoch); Europa Editions (Elena Ferrante) The Sunday Times Magazine (Tanya Gold); The New York Review of Books (Jacob Weisberg); Barbara Hogenson Agency (Carl Sandberg); The Estate of Corine McLuhan (Marshall McLuhan); BBC Radio 4 "Thought for the Day" (Lucy Winkett); Namoi Feil, sobre cujo "método de validação" escrevo no início do capítulo 4 para "a alma social", e Valdis Krebs por me contar sua história no capítulo 6, "Networks e Networkers"; Jessica Morris por me permitir reproduzir de seu blog "Good for Now"; a Herminia Ibarra pela permissão para reproduzir sua ilustração "How Connective is Your Network?" e a Theo Borgvin-Weiss pelas ilustrações de "The Hexagon of Social Health", "The Hierarchy of Communication", "The Social Six", "The Knowledge Dashboard" e "The KNOT".

Por fim

A Helena Kennedy, QC do Mansfield College, na Universidade de Oxford, por ter me convidado para falar sobre as ideias do livro antes de mais nada, e a Jane Buswell, do Principal's Lodge, Mansfield, onde me retirei para escrever; a Kirsten Lass, da BBC Radio 4, por ter me dado a oportunidade de expor algumas das minhas ideias, e aos colegas e estudantes da Cass Business School, em Londres, da Universidade de Suffol, e aos meus novos colegas da Workforce Institute Europe. Agradecimentos finais à equipe do The Laboratory Spa and Gym em Muswell Hill, no norte de Londres, onde escrevi e editei muito, com a cabeça baixa e de fones de ouvido, e especialmente a Kasia e Sarah-Jane, que chegavam à minha mesa sem serem convidadas com — o que mais seria — uma forte xícara de café.